PALMEN

Tab: III.

LIVISTONA humilis.

Wilhelm Lötschert

PALMEN

Botanik · Kultur · Nutzung
2., durchgesehene und ergänzte Auflage

80 Farbfotos
18 Schwarzweißfotos
30 Zeichnungen

VERLAG EUGEN ULMER

Abb. Seite 2: Fächerpalme *(Livistona humilis)*.
Kolorierte Lithographie nach Ferdinand Bauer
von K. Ph. von Martius aus seinem großen Palmenwerk
„Historia naturalis palmarum".

Die Deutsche Bibliothek – CIP-Einheitsaufnahme

Lötschert, Wilhelm:
Palmen : Botanik, Kultur, Nutzung / Wilhelm Lötschert. –
2. durchges. und erg. Aufl. – Stuttgart : Ulmer, 1995
ISBN 3–8001–6532–5

Das Werk einschließlich aller seiner Teile ist
urheberrechtlich geschützt. Jede Verwertung außerhalb
der engen Grenzen des Urheberrechtsgesetzes ist ohne
Zustimmung des Verlages unzulässig und strafbar.
Das gilt insbesondere für Vervielfältigungen, Übersetzungen,
Mikroverfilmungen und die Einspeicherung und
Verarbeitung in elektronischen Systemen.

© 1985, 1995 Verlag Eugen Ulmer GmbH & Co.
Wollgrasweg 41, 70599 Stuttgart (Hohenheim)
Printed in Germany
Umschlagentwurf: A. Krugmann mit einem Foto des Autors
Lektorat: Ingeborg Ulmer
Satz: Setzerei Lihs, Ludwigsburg
Druck: Karl Grammlich, Pliezhausen

Vorwort

Wenige Tage, nachdem Professor Dr. Wilhelm Lötschert letzte Hand an das Manuskript gelegt hatte, verstarb er plötzlich und unerwartet. Sein ganzes Leben hatte er der Botanik in Forschung und Lehre verschrieben. Eines der von ihm bevorzugten Gebiete war die Geobotanik der Tropen. Auf vielen ausgedehnten Reisen lernte er die tropische Vegetation kennen. Dabei hatten es ihm die Palmen besonders angetan. So war es für ihn eine große Freude, daß der Verlag Ulmer ihm die Möglichkeit gab, seine in langen Jahren erworbenen Kenntnisse und Erfahrungen über diese große und eigenartige Pflanzenfamilie in einem Buche niederzulegen.

Im deutschsprachigen Raum war die Zeit für eine solche Schrift reif, denn das letzte nur den Palmen gewidmete Buch erschien Ende des vorigen Jahrhunderts. Wer sich näher über sie unterrichten wollte, war auf in den letzten Jahrzehnten im englischem Sprachraum erschienene Schriften angewiesen. So kommt ein modernes Buch über Palmen den Wünschen vieler Menschen entgegen, besonders auch derer, die sie auf ihren Reisen in tropische und subtropische Länder in den Gärten und am natürlichen Standort kennenlernten. Nicht zuletzt darauf zurückzuführen ist sicherlich das steigende Angebot junger Palmen in Töpfen auf dem Markt. Es zeigt die Zunahme des Interesses an diesen schönen und eigenartigen Pflanzen, die in besonderem Maße ein Schmuck unserer Wohnräume sind. So wird dieses Buch über Palmen nicht nur den Reisenden in ferne Länder, sondern erst recht Pflanzenliebhabern und Gärtnern willkommen sein.

Seit vielen Jahren war ich dem Autor freundschaftlich verbunden. In unseren Gesprächen, besonders denen der letzten Jahre, nahmen die Palmen und sein Buch darüber einen breiten Raum ein. Deshalb war es mir ein Bedürfnis, zusammen mit dem Verlag die Herausgabe dieses schönen Palmenbuches vorzubereiten.

Fritz Encke

Zur 2. Auflage

Zehn Jahre nach dem Erscheinen der 1. Auflage und nachdem das Buch seit einigen Jahren vergriffen ist, unternimmt der Verlag eine Neuauflage, da das Werk von Prof. Lötschert vielfach nachgefragt wird und auch heute noch einen wichtigen Platz in der Literatur über Palmen einnimmt. Über die Kultur als Kübelpflanzen sind mittlerweile mehrere Bücher erschienen, unübertroffen ist jedoch die Beschreibung der Gattungen und Arten an ihren heimischen Standorten.

Prof. Dr. Werner Rauh, Heidelberg, hat freundlicherweise die Arbeiten für die Neuauflage übernommen. Zahlreiche kleinere Unstimmigkeiten konnten so korrigiert werden. In die Beschreibungen wurden Hinweise auf Abbildungen eingefügt, die eine lange Suche nun unnötig machen. Neu sind in dieser Auflage ein systematischer Überblick über die Familie der Palmen, ein Bestimmungsschlüssel zu den im Buch beschriebenen Gattungen und das Sachregister.

Aus technischen Gründen, um nicht die gesamte Text- und Seitenfolge mit allen darauf bezogenen Verweisen ändern zu müssen, wurde darauf verzichtet, die inzwischen umbenannten Gattungen *Arecastrum* (jetzt *Syagrus*) und *Erythea* (jetzt *Brahea*) an die alphabetisch bedingte Stelle zu versetzen. Hier wurde lediglich ein Hinweis auf den jetzt gültigen Namen eingefügt.

Stuttgart im Sommer 1995
Der Verlag

Inhalt

Vorwort 5
Einführung 7

Kulturgeschichtliches über Palmen 8
Palmen in Religion, Mythologie und Brauchtum 8
Frühe Darstellung von Palmen in Kunst und Wissenschaft 9
Palmen auf Briefmarken 11

Verbreitung 13

Morphologie 17
Keimung und Entwicklung 17
Wachstum und Stammbildung 17
Stammbau und Stammformen 19
Bewurzelung 22
Blattform und Blattbau 23
Blüte und Blütenstand 25
Bestäubung 28
Frucht und Same 30

Ökologie 33

Palmen und Ameisen 36

Palmen als Nutzpflanzen 39

Palmen in Parks und Gärten der Tropen und Subtropen 44

Palmen in Gewächshäusern und Wintergärten des 19. Jahrhunderts 47

Vermehrung und Kultur 54
Vermehrung und Anzucht in der Erwerbsgärtnerei 54
Pflege im Zimmer 58
Pflege älterer Palmen im Gewächshaus 59
Krankheiten und Schädlinge 62

Die wichtigsten Palmen in alphabetischer Folge 63
Systematischer Überblick über die Familie 146
Bestimmungsschlüssel 147
Verzeichnis der deutschen Pflanzennamen 152
Verzeichnis der wissenschaftlichen Pflanzennamen 153
Literatur 156
Bildquellen 158
Sachregister 159

Einführung

Palmen zählen zu den auffallendsten Pflanzen der Tropen und gelten als Symbol tropischer Vegetation. Sie wachsen jedoch nicht nur im immerfeuchten Regenwald, sondern finden sich auch in Savannen, Steppen und sogar in Oasen.

Wegen der Schönheit ihrer Gestalt, aber auch wegen ihrer vielfältigen Nutzungsmöglichkeiten haben sie seit langer Zeit die Gunst der Menschen erlangt. Das beste Verhältnis zu Palmen haben die Naturvölker. Die Kinder wachsen unter ihnen auf, spielen mit Gegenständen, die aus Palmen gefertigt sind, und mit ihren Früchten. Wo der Wald weichen muß, werden die Palmen nach Möglichkeit geschont, und dabei wird immer die rechte Relation gefunden, die aus dem kreatürlichen Verhältnis von ehrfürchtiger Bewunderung und existenziellem Bedürfnis erwächst. Dennoch wird die Palme von den Naturvölkern in einer Vielfalt genutzt, die für uns schwer vorstellbar ist.

Linné nannte die Palmen »Principes«, d. h. Fürsten des Pflanzenreiches, eine Bezeichnung, die lange Zeit auch noch im systematischen Sinne gebraucht wurde. Alexander von Humboldt schreibt in seinen Ideen zur Physiognomik der Gewächse, daß die Palmenform »die höchste und adeligste« unter den Pflanzengestalten sei.

Im System des Pflanzenreiches wurde die Familie bisher als *Palmae* bezeichnet. Doch wird nach den Regeln der modernen Nomenklatur neuerdings die Bezeichnung *Arecaceae* benutzt, da der Familienname von einer Gattungsbezeichnung abgeleitet sein soll. Dies ist im Fall der Palmen die Gattung *Areca*, zu der die Katechu-Palme gehört. Andererseits besagen die nomenklatorischen Regeln, daß bestimmte durch langjährigen Gebrauch eingebürgerte Familiennamen weiterhin gültig sind. Unter Berücksichtigung dieses Tatbestandes können beide Familienbezeichnungen verwendet werden.

Zur Familie der Palmen zählen etwa 210 Gattungen und 2800 Arten. Von ihnen werden viele wegen ihres dekorativen Aussehens in tropischen und subtropischen Gebieten angepflanzt. Sie sind dort die Zierde von Parks und Gärten und können im Alter höchst eindrucksvolle Alleen bilden.

Wichtiger aber als diese sind die vom Menschen vielfältig genutzten Palmenarten. Es gibt keine Pflanzenfamilie, die so viele Nutzpflanzen enthält wie die der Palmen. So ist es nicht verwunderlich, daß manche Länder als Wappenpflanze eine Palme besitzen, wie z. B. Cuba, dessen Wappen die Königspalme ziert. Diese Palme wird zwar heute in allen tropischen Gebieten kultiviert, hat aber auf Cuba und den übrigen Großen Antillen den Schwerpunkt ihrer natürlichen Verbreitung.

Am Ende des vergangenen und zu Beginn des 20. Jahrhunderts wurden Zierpalmen in repräsentativen Räumen und auch in Glasgalerien kultiviert. Danach ist die Beliebtheit der Palmen als ornamentale Zierpflanzen zu Unrecht zurückgegangen. Sie waren fast nur noch in Botanischen Sammlungen und größeren Schaugärten zu sehen.

Der moderne Tourismus ermöglicht es vielen Bewohnern kühlerer Klimazonen, Vertreter dieses königlichen Pflanzengeschlechtes am Ort ihrer natürlichen Verbreitung kennen zu lernen. Dies mag der Grund dafür sein, daß Palmen heute wieder in großem Umfang angebaut, in vielen Geschäften angeboten und auf Fensterbänken, in größeren Räumen oder in eigenen Gewächshäusern kultiviert werden. Ihre Anzucht in spezialisierten Anzuchtgärtnereien wird durch die moderne Klimatisierungstechnik erleichtert. Ihre Samen und Früchte, die in der Regel nur kurz keimfähig sind, können auf dem Luftwege schnell befördert werden.

Kulturgeschichtliches über Palmen

Palmen in Religion, Mythologie und Brauchtum

Für die Menschen des Vorderen Orients und für die Indianer des tropischen Regenwaldes ist, wie bereits gesagt die Palme der Baum schlechthin. Er ist es wegen der Vielfältigkeit der Nutzungsmöglichkeiten und als Markierungs- und Orientierungspunkt. Die Vermenschlichung des Baumes und damit die Gleichsetzung von Mensch und Baum entsteht aus dem Lebensgefühl der naturverbundenen Völker früher geschichtlicher Epochen und heute noch lebender Naturvölker. Insbesondere bei zweihäusigen Bäumen, also gerade bei vielen Palmen liegt diese Assoziation nahe. Vor allem bei den Bewohnern des Vorderen Orients, deren Existenz eng mit der zweihäusigen Dattelpalme verbunden ist, spielt dieser Vergleich zwischen Mensch und Baum in Mythologie, Brauchtum und Religion eine wichtige Rolle.

Lange vor Beginn unserer Zeitrechnung war die Dattelpalme in Arabien angesiedelt, und die Semiten verehrten sie in mythisch-religiöser Weise nicht nur wegen ihrer großen Bedeutung als Nahrungsquelle, sondern sie leiteten von der Zweihäusigkeit den Bezug zum Menschen her. Aus alten Keilschriftaufzeichnungen läßt sich entnehmen, daß sie das belebende, aus dem zukkerhaltigen Saft der Palme hergestellte Getränk den »Trank des Lebens« nannten. Es gibt auch Hinweise dafür, daß die Semiten die Dattelpalme bei ihrem Vordringen nach Babylonien bereits antrafen. Die Existenz der Stadt Eridu als damaligem Seehafen beruht wahrscheinlich auf dem Vorhandensein von Dattelpalmenhainen an dieser Stelle, und ein Baum in diesem Hain galt seit Jahrhunderten als Orakel-Baum. Viele Orientalisten sehen in dem Dattelpalmenhain von Eridu die Quelle für die Biblische Legende vom Garten Eden. Wie nachhaltig in dieser Hinsicht religiöse Vorstellungen einfließen, zeigt sich auch darin, daß orthodoxe Mohammedaner davon überzeugt sind, daß die Datteln von El Medinah in Arabien die besten der Welt sind, nicht zuletzt deswegen, weil dies die Heimat von Mohammed war, der selbst die Früchte des Dattelbaumes bestens kannte.

Den Assyrern war die Zweigeschlechtigkeit der Dattelpalme, dieser damals schon wichtigen Kulturpflanze, ebenfalls bereits bekannt. Aus der Zeit von Assur-Nassirpal (883 bis 859 v.Chr.) ist ein Monument von hohem künstlerischen Niveau erhalten, auf dem die Bestäubung der weiblichen Dattelpalmen durch Priester mit Vogelmasken dargestellt ist. Die Darstellung beweist, daß bereits die Assyrer die Praxis übten, die Erträge in den Dattelpflanzungen durch künstliche Bestäubung zu steigern. Heute werden in Oasen nur wenige männliche Dattelbäume gehalten, um durch eine möglichst große Zahl weiblicher Bäume eine optimale Ernte zu erzielen. Die Darstellung von Priestern mit Vogelköpfen zeigt, daß die Bestäubung der Bäume eine kultische Handlung war. Zugleich drückt sich hierin die religiöse Bedeutung aus, die dem Vorgang beigemessen wurde, da die Dattelpalme eine der wichtigsten Lebensgrundlagen bildete. Möglicherweise war bereits zu dieser Zeit die fördernde Wirkung der Kreuzbefruchtung und der Bastardwüchsigkeit im Hinblick auf die Ertragssteigerung aufgrund entsprechender Erfahrung bekannt.

Den Griechen galt die Palme als Symbol des Sieges, weil nach Aristoteles Palmholz sich wegen seiner Zähigkeit unter Lasten weder krümmt noch beugt. Daher rührt wohl auch die Darstellung christlicher Märtyrer mit einer Palme. Auch Engel werden oft mit Palmwedeln in der Hand dargestellt, da Palmzweige seit alter Zeit auch als Symbol des Friedens angesehen werden.

Die Palmweihe zum Palmsonntag ist bereits in einem irischen Missale aus dem 7. Jahrhundert belegt mit Orationen, Weihwasserbesprengung und Beräucherung von Palmblättern. Der Palmsonntag ist nach den Palmen benannt, die Christus bei seinem Einzug in Jerusalem auf den Weg gestreut wurden. Am Palmsonntag werden in den südlichen Ländern Europas die Gotteshäuser noch heute mit Palmen geschmückt. Im jüdischen Bereich wurden sie als Schmuck beim Laubhüttenfest verwendet. Palmen werden auch in lateinamerikanischen Ländern heute noch am Palmsonntag geweiht. Es handelt sich dabei um Blätter oder junge Blütenstände der in den jeweiligen Ländern vorkommenden Arten.

Schließlich haben die Früchte der auf den Seychellen beheimateten Seychellennußpalme *(Lodoicea)* die menschliche Phantasie lange beschäftigt. Manche Könige sollen ein Schiff für eine Frucht gegeben haben. Man dachte, sie seien ein Gegengift gegen alle Gifte, und entsprechend ihrer Seltenheit wurden sehr hohe Preise dafür gezahlt. Die seltsamen Früchte trieben im Indischen Ozean. Man lebte in der Vorstellung, sie wüchsen an einem Baum unter Wasser und würden von einem Dämon bewacht, der sofort denjenigen mit dem Tod bestrafen würde, der sie berührte. Diese Vorstellung löste sich auf, als im Jahre 1743 die Inseln entdeckt wurden, auf denen die Palme wächst.

Frühe Darstellungen von Palmen in Kunst und Wissenschaft

Bei der großen Bedeutung, die den Palmen im täglichen Leben bei vielen Völkern zukommt, ist es nicht verwunderlich, daß Palmen immer wieder Denken und Phantasie beflügelt und dementsprechend in der Kunst ihren Niederschlag gefunden haben. Die erste uns bekannte bildliche Dar-

Früchte der Seychellennußpalme, *Lodoicea maldivica*, die zwischen 10 und 25 kg schwer sind.

Frühe Darstellung einer Dattelpalme. Holzschnitt aus einem Kräuterbuch aus dem 16. Jahrhundert.

Die erste Darstellung einer Palme in der europäischen Kunst findet sich bei Albrecht Dürer in seinem Bild von der Flucht nach Ägypten aus dem Jahr 1503. Dabei stellte er einen Wald nicht durch nebeneinander stehende einzelne Bäume dar, sondern vermittelte nach WÖLFFLIN zum ersten Mal in der Kunstgeschichte den Eindruck eines Waldbildes durch perspektivisch gestaffelte Anordnung der Bäume. Am linken Rand des Bildes ist eine Dattelpalme, am rechten ein Drachenbaum dargestellt. Beide Bäume sollen die Fremdartigkeit der Landschaft dokumentieren. Der Maler hat beide Baumarten nicht gesehen. Er hält sich an Vorbilder seines Lehrers Schongauer, auf den das »falsch befiederte« Palmblatt der Dattelpalme zurückgeht. Auch andere Maler aus der Zeit Dürers haben das Palmenmodell von Schongauer übernommen.

Eine frühe künstlerische Darstellung der Kokospalme findet sich im Hortus Indicus Malabaricus. Anhand von Kupferstichen ist im ersten Band, der 1678 erschien, auf mehreren Tafeln die Kokospalme in verschiedenen Entwicklungsstadien und Ansichten dargestellt. Auch Einzelheiten von Blüte und Frucht, ein vergrößertes Blatt sowie ein abgebrochener Stamm mit seinen zahlreichen Adventivwurzeln finden sich wissenschaftlich exakt dargestellt. Aus der Abbildung eines Gefäßes zum Auffangen des Palmsaftes geht hervor, daß die Herstellung von Palmwein aus dem Saft der Palme bereits damals bekannt war.

Der Hortus Indicus Malabaricus ist ein zwölfbändiges Werk des Holländers RHEEDE TOT DRAKESTEIN, das von 1678 bis 1703 erschien. Es wurde von Rheede in seiner Eigenschaft als Gouverneur der holländischen Kolonie Malabar herausgegeben und geht auf das große Interesse der Holländer an den Erzeugnissen ihrer Kolonien zurück. An seiner Entstehung waren verschiedene Künstler, aber auch wissenschaftliche Autoren beteiligt. Die Darstellung der Kokospalme in diesem Werk stellt in ihrer Dynamik eine besondere Leistung für diese frühe Zeit dar.

Schließlich finden sich Darstellungen von Palmen auch in den Kräuterbüchern. Sie sind als Holzschnitte im Vergleich zu den Abbildungen im Hortus Malabaricus relativ starr. Als letzter

stellung von Palmen findet sich auf einer Silberschale aus Phönizien, die aus der Zeit um 2700 v. Chr. stammt. Auf dem Rand dieser reich verzierten Schale ist eine Jagdszene abgebildet. Zwischen den nebeneinander stehenden Szenenbildern findet sich gut herausgearbeitet eine Fiederpalme, die der Entdecker der Schale, H. BRÜCHER, für Kokospalmen hält. Er betrachtet die Schale zugleich als Beleg dafür, daß die Kokospalme bereits um diese Zeit lange vor der Entdeckung Amerikas in der Alten Welt bekannt war. In der Tat sprechen die basale Stammverdickung der Palmen und die Größe der aus den Wedelkronen herabhängenden »Früchte« für Kokospalmen. Doch können mit den abgebildeten „Früchten" auch vereinfachte Fruchtstände von Dattelpalmen gemeint sein. Dies ist im Hinblick auf die frühe Zeit der Darstellung sehr wahrscheinlich.

faßte KASPAR BAUHIN in seiner Bearbeitung des Werkes von Jakob Theodor Tabernaemontanus, nach dem mehrere Pflanzenarten benannt sind, in seinem mehr als 3000 Arten umfassenden Kräuterbuch im Jahr 1664 die gesamte in den voraufgegangenen Kräuterbüchern niedergelegte Kenntnis und den Stand seiner Zeit zusammen. In seinem Werk sind drei Palmenarten abgebildet, unter denen sich die Dattelpalme und die Zwergpalme befinden. Die Dattelpalme wird als *Palma maior*, die Zwergpalme als *Palma minor* bezeichnet. Die Abbildungen sind wissenschaftlich exakt und spiegeln als Kunstwerke den damaligen Stand botanischer Kenntnis wider.

Palmen auf Briefmarken

Briefmarken sind Spiegelbilder von Geschichte und Kultur eines Landes. Auf ihnen ist deswegen nicht selten auch ein Ausschnitt aus Landschaft oder Vegetation dargestellt, vor allem charakteristische Pflanzen des Landes sind ein beliebtes Motiv. Abbildungen von Pflanzen auf Briefmarken tauchen erst relativ spät auf. Eine Ausnahme aber stellen gerade die Palmen dar, die bereits auf klassischen Marken zu finden sind. Hierin drückt sich die besondere Stellung aus, die den Palmen im Bereich ihrer natürlichen Verbreitung zukommt. Ihre Verwendung als Motiv drängte sich geradezu auf. Dies gilt besonders dann, wenn Palmen im Wappen des betreffenden Landes zu finden sind. Palmen auf Briefmarken dokumentieren außerdem die natürlichen Ressourcen des jeweiligen Landes oder das angenehme Klima, vor allem im subtropisch-mediterranen Bereich.

Auf Cuba ist die Königspalme (*Roystonea regia*) die Wappenpflanze des Landes. Sie ist dort im Gebiet ihrer natürlichen Verbreitung geschützt. Dem Reisenden, der mit dem Flugzeug in Havanna landet, bieten sich aus der Höhe die umfangreichen Bestände von Königspalmen in Gestalt eines »grünen Waldes« über den roten Lateritböden dar. So ist es kein Wunder, daß *Roystonea regia* bereits im Jahr 1899 auf einer Briefmarke der Republik Cuba erscheint. Ebenso findet sich im Wappen von Haiti eine stilisierte Palme, die sich von der Königspalme herleitet und als »Freiheitsbaum« bezeichnet wird. Dieser »Liberty Tree« taucht mit aufgerichteten Fiederblättern bereits 1891, mit normal ausgebreiteten Wedelkronen 1893 und 1898 auf den Marken von Haiti auf.

Die Wappenpflanze von Chile ist zwar das kletternde Liliengewächs *Lapageria rosea* mit seinen dickfleischigen, hängenden Blüten, doch ist die Honigpalme *Jubaea chilensis* in Chile eine so imposante Erscheinung, daß sie bereits auf Briefmarken aus dem Jahr 1936 dargestellt wird. Eine Parallele hierzu ist das Vorkommen der sehr auffälligen Seychellennußpalme (*Lodoicea maldivica*) als Endemit auf den Seychellen. Sie ist nicht zuletzt ihrer Früchte wegen so auffallend, daß sie sich als Motiv geradezu aufdrängt. Dementsprechend erscheint sie zum ersten Mal noch undeutlich, aber unverwechselbar im Jahre 1936 auf Briefmarken der Seychellen und in der Folgezeit von 1952 bis 1980 noch fünfmal, zuletzt in verschiedenartiger Darstellung. Auf einem Block und der zugehörigen Serie sind weibliche fruchtende Bäume, ein Kronenausschnitt mit männlichen Blütenständen sowie die außergewöhnliche Frucht ganz und geöffnet abgebildet.

Naturgemäß stehen wichtige Nutzpalmen bei den tropischen Ländern als Briefmarkenmotive im Vordergrund. Zu ihnen zählen als wirtschaftlich wichtigste Vertreter die Kokospalme, die Ölpalme und die Sagopalme. Weitaus am häufigsten finden wir die Kokospalme (*Cocos nucifera*) dargestellt. Sie findet sich bereits 1904 bei Französisch Guayana, 1906 bei Dahomey am Golf von Guinea, stilisiert 1908 bei Samoa, 1909 bei Liberia und in der Folgezeit bis zur Gegenwart immer wieder. Auch das Besteigen der Kokospalme und die Ernte der Früchte werden dargestellt, so in klassischer Weise bei Belgisch Kongo im Jahr 1910 und in moderner Darstellung bei Bangladesch im Jahr 1975. Die Ölpalme (*Elaeis guineensis*) taucht als Charakterpflanze der Pfefferküste Westafrikas auf den Marken von Liberia 1892, 1896 und 1918 auf. Später findet sie sich in Verbindung mit der Wiedergabe einer Palmölfabrik z. B. im Jahr 1956 bei Französisch Westafrika wieder. Schließlich taucht die Sagopalme (*Metroxylon sagu*) sehr früh auf den Marken der Länder

Königspalmen im Botanischen Garten Rio de Janeiro.

auf, in denen sie für Ernährung und Export der Bevölkerung von großer Bedeutung ist. Beispiele hierfür sind Marken von Nordborneo aus den Jahren 1894 und 1897 und Labuan aus dem Jahr 1894. Hierin drückt sich die große Bedeutung aus, die der Sagopalme als halb domestizierter Nutzpflanze in diesen Gebieten zukommt.

Neben diesen volltropischen Vertretern der Arecaceen ist die Dattelpalme (*Phoenix dactylifera*) ein wichtiges Motiv der subtropisch-tropischen Trockengebiete. So finden wir sie z. B. bei Spanisch Marokko in den Jahren 1928 und 1933, der Französischen Somali-Küste 1947 und bei Israel 1959. Die Kanarische Dattelpalme (*Phoenix canariensis*) ist z. B. bei Frankreich 1946 in der Wiedergabe einer palmengesäumten Allee der Riviera und bei Spanien 1973 auf einer Marke zu finden. *Phoenix reclinata* findet sich auf Marken von Belgisch-Kongo aus dem Jahr 1931. Ein modernes Beispiel für die Palmennutzung als Motiv liefert die Ernte der Blätter der Carnauba-Wachspalme (*Ceroxylon alpinum*) bei Brasilien von 1982.

Die aus China stammende Hanfpalme (*Trachycarpus fortunei*) ist auf einer russischen Marke aus dem Jahr 1948 abgebildet, die die Küstenlinie von Sukhum und den Stalin-Highway von Sochi auf der Halbinsel Krim darstellt. Weitere Beispiele für landschaftsrepräsentative Wiedergaben durch die zugehörigen Palmen sind die Dumpalme (*Hyphaene thebaica*) auf einer Marke von Italienisch Somaliland aus dem Jahre 1954, die Romanzoffsche Kokospalme (*Arecastrum romanzoffianum*) auf einer Marke von Argentinien aus dem Jahre 1935 und einer Marke von Brasilien aus dem Jahre 1939, die Fädige Washingtonie (*Washingtonia filifera*) auf einer Marke der U.S.A. aus dem Jahre 1954. Die berühmte Palmenallee im Botanischen Garten von Rio de Janeiro, die aus der Königspalme und der Westindischen Kohlpalme (*Roystonea oleracea*) gebildet wird, findet sich auf brasilianischen Markenausgaben der Jahre 1937 und 1958, die dem Botanischen Garten von Rio de Janeiro gewidmet sind. Die Kohlpalme findet sich weiterhin auf Briefmarken von Dominica und der Dominikanischen Republik, denn dort wird der aus den Sproß-Scheiteln junger Kohlpalmen gewonnene Palmkohl gern als Gemüse verzehrt.

Palmen waren für die Griechen und Römer ein Symbol des Sieges; auf einer griechischen Marke aus dem Jahr 1937 ist ein Sieger der Olympischen Spiele in Verbindung mit Palmblättern dargestellt. Da die exakte Wiedergabe von Pflanzen und Tieren im Islam verboten ist, kann die Dattelpalme nur stilisiert dargestellt werden. Dementsprechend finden wir sie auf Briefmarken von Pakistan aus dem Jahr 1954 in Gestalt eines »Moslemischen Blattmusters« abgebildet.

Diese Beispiele aus der Kulturgeschichte zeigen, wie eng das Vorkommen von Palmen in einem Land mit dem Leben der Bewohner verwoben ist. Zugleich wird deutlich, wie nahe praktische wirtschaftliche Existenzfragen und religiöse oder mythische Vorstellungen beieinanderliegen oder gleitend ineinander übergehen.

Verbreitung

Dattelpalmen verschiedenen Alters in einer nordafrikanischen Oase.

Um die heutige Verbreitung der Palmen auf der Erde zu verstehen, müssen drei verschiedene Gesichtspunkte berücksichtigt werden: Die geologischen Veränderungen bzw. die Verschiebungen der Kontinente auf der Erdoberfläche und die damit verbundene stammesgeschichtliche Entwicklung des Pflanzenreiches; die Ausbreitungsmöglichkeiten der Palmfrucht; die klimatischen Bedingungen.

1. Die heutige Ausdehnung der Kontinente auf der Erde und ihre Trennung durch die Ozeane wurde erst in späten erdgeschichtlichen Perioden abgeschlossen. Im Jura bildeten die Kontinente noch eine weitgehend einheitliche Landmasse. Nach der heute als gesichert anzusehenden Kontinentalverschiebungstheorie von WEGENER begannen die heutigen Kontinente auseinanderzudriften. Gleichzeitig hatten sich in der unteren Kreide die Samenpflanzen und unter ihnen auch die Palmen bereits entwickelt. In der Folgezeit isolierten sich die Kontinente in ihrer heutigen Form und auf ihnen entwickelten sich in der Folge verschiedene Palmen-Gattungen und Palmen-Arten. So kommt es, daß Palmen heute auf allen Erdteilen verbreitet sind, in den Tropen der Alten Welt aber andere Gattungen und Arten vorkommen als in der Neuen Welt.

2. In Verbindung hiermit müssen die Ausbreitungsmöglichkeiten der Palmfrucht gesehen werden. Das natürliche Ausbreitungsvermögen der Früchte ist gering, da sie in der Regel relativ schwer sind. Lediglich die Früchte der Kokospalme, der Ölpalme und weniger anderer Arten verbreiten sich schwimmend über weite Strecken. So ist es verständlich, daß die einzelnen systematischen Sippen relativ eng begrenzte Verbrei-

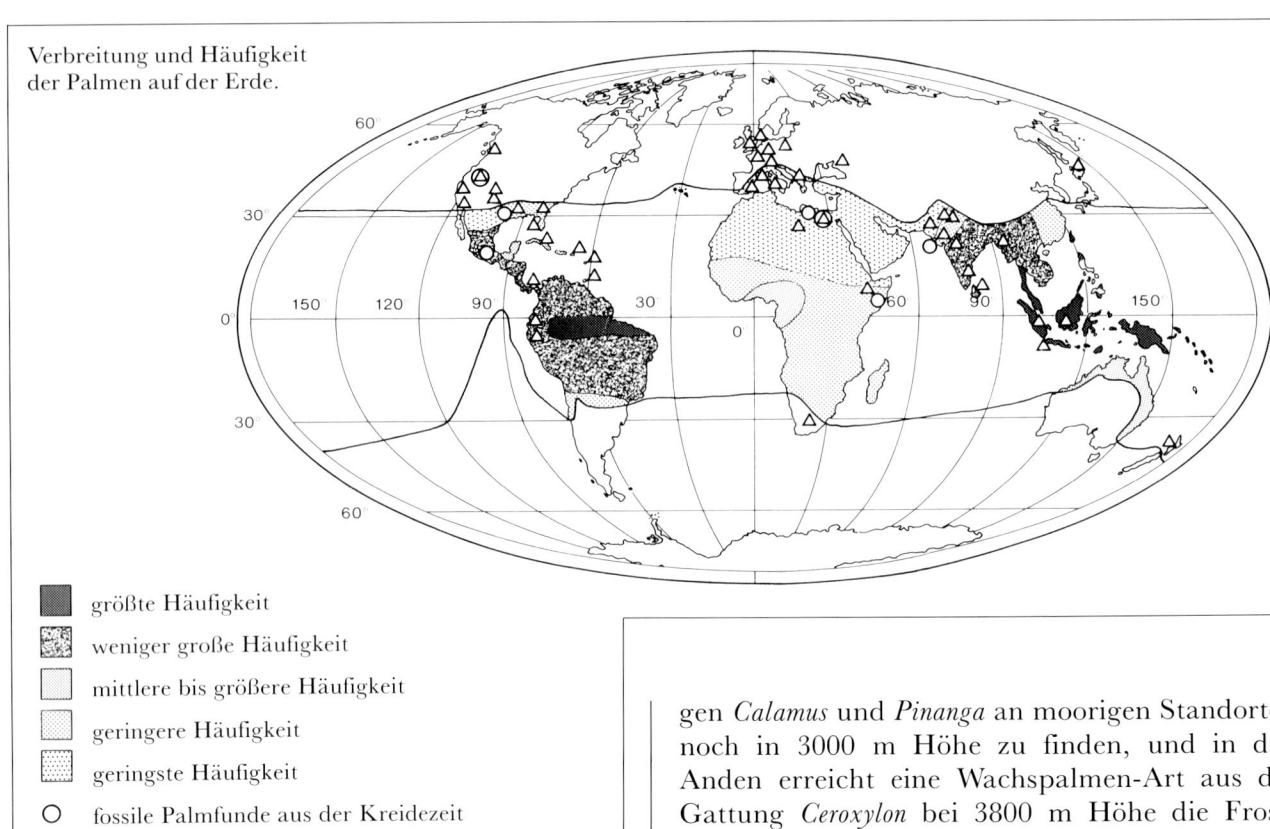

Verbreitung und Häufigkeit der Palmen auf der Erde.

- ■ größte Häufigkeit
- ▨ weniger große Häufigkeit
- □ mittlere bis größere Häufigkeit
- ░ geringere Häufigkeit
- ⋮ geringste Häufigkeit
- ○ fossile Palmfunde aus der Kreidezeit
- △ fossile Palmfunde aus dem Tertiär

tungsgebiete aufweisen. Dies erhöht zugleich die Gefahr ihrer Ausrottung, so daß vor allem gerade die Arten mit kleinem Areal besonders gefährdet sind.

3. Da die Palmen in der Regel nur geringe Kältegrade oder überhaupt keinen Frost vertragen, sind sie fast ausschließlich an tropische oder subtropische Gebiete gebunden. Hierbei muß berücksichtigt werden, daß mit zunehmender Höhe über dem Meeresspiegel die Temperatur abnimmt. Diese sogenannte geothermische Höhenstufung setzt den Palmen auch in den volltropischen Gebieten eine Höhengrenze, die in den Tropen der Neuen Welt im allgemeinen bei 2000 m Höhe liegt. In dieser Höhenlage kommen noch Palmen bei kühlfeuchtem, frostfreiem Klima vor. Dies sind vor allem die Bergpalmen der Gattung *Chamaedorea*. Im Himalaya-Massiv treten Palmen gemeinsam mit Kiefern und Eichen in 2300 m Höhe auf. In Borneo sind Angehörige der Gattungen *Calamus* und *Pinanga* an moorigen Standorten noch in 3000 m Höhe zu finden, und in den Anden erreicht eine Wachspalmen-Art aus der Gattung *Ceroxylon* bei 3800 m Höhe die Frostgrenze.

Betrachtet man die heutige geographische Verbreitung der Palmen unter diesen Gesichtspunkten, so wird ihr Verbreitungsgebiet besser verständlich. Allgemein werden sie als Sinnbild tropischer Vegetation angesehen. Aber ihr Verbreitungsgebiet, das Areal der Arecaceen, geht sowohl nach Norden als auch nach Süden deutlich über die Wendekreise hinaus. Allerdings besitzt die Familie ihren größten Artenreichtum einerseits im Amazonasgebiet und andererseits im indo-malaysischen Inselarchipel. Weniger artenreich ist das äquatoriale Afrika, eine Tatsache, die im Gegensatz dazu steht, daß bis 10 Grad nördlicher und südlicher Breite beiderseits des Äquators optimale ökologische Bedingungen bezüglich Temperatur und Luftfeuchtigkeit für Palmen gegeben sind. Im einzelnen gehen Verbreitung und Artenhäufigkeit aus der abgebildeten Verbreitungskarte hervor.

Weniger artenreich sind auch Zentralamerika, die Antillen, Zentral- und Südbrasilien, Madagaskar mit den Maskarenen und Seychellen. Vorderindien mit der Südabdachung des Himalaya sowie die tropischen Teile Nord- und Nordost-Australiens sind etwas artenreicher. Aber die Palmen treten dort nicht in solch großer Arten- und Individuenfülle auf wie in ihren beiden Mannigfaltigkeitszentren. Arm an Palmen sind vor allem die tropischen Trockengebiete Afrikas und Vorderindiens.

Auf den verschiedenen Inselgruppen Polynesiens treten jeweils nur bestimmte Gattungen auf, z. B. *Pritchardia* auf den Fidschi- und Sandwich-Inseln und Neuen Hebriden und *Clinostigma* auf Samoa. Sie sind somit als endemische Gattungen der genannten Inseln anzusehen. Auch auf Cuba gibt es eine große Anzahl endemischer Arten, z. B. aus der Gattung *Coccothrinax*.

In Europa kommen nur zwei Arten, nämlich die Zwergpalme (*Chamaerops humilis*) und *Phoenix theophrasti* vor. Erstere findet sich in Italien und Spanien, wo sie meist als stammlose junge Pflanze für die sogenannte Palmetto-Formation charakteristisch ist, letztere ausschließlich auf Kreta.

In der mittleren Tertiärzeit war Mitteleuropa reich an Palmen. Auch aus der älteren Tertiär- und Kreidezeit gibt es sichere fossile Funde aus Europa. Man hat sogar Reste bzw. Abdrücke von Palmen an der NW-Küste von Nordamerika und auf Hokkaido in Nord-Japan gefunden. Auch aus den heute extrem trockenen Gebieten der Sahara, aus Nubien und NW-Indien sind fossile Palmenreste erhalten. So wurden z. B. Palmhölzer in der Umgebung von Kairo und bei der Oase Dachel in der Wüste Lybiens gefunden (vgl. Verbreitungskarte). Sie stammen aus der Kreidezeit und zeigen an, daß damals in diesen Gebieten völlig andere klimatische Verhältnisse geherrscht haben müssen als heute. Bekannte Gattungen aus dem Tertiär tragen die Namen *Palmacites* und *Palmoxylon*.

Morphologie

Keimung und Entwicklung

In der Regel sind die Samen der Palmen mit einem umfangreichen Nährgewebe oder Endosperm ausgestattet, in dem der Keimling klein und unauffällig eingebettet liegt. Er besteht aus einem Sproßvegetationskegel, einer zwischen beiden liegenden winzigen Sproßachse sowie einem Keimblatt. Bei der Keimung schiebt das Keimblatt das junge Stengelchen und die in der Wurzelscheide gebildeten zarten Wurzeln vor sich her tief in die Erde hinein. Dort findet eine weitere, reichere Verzweigung des jungen Wurzelsystems statt. Gleichzeitig schiebt sich aus einer im Keimblatt entstehenden Spalte das erste junge Blatt (Primärblatt) hervor und strebt zum Licht. Das Keimblatt vergrößert sich vielfach und wird zu einem oft klumpenförmigen Saug- oder Haustorialorgan, welches mit Hilfe von Fermenten das umfangreiche Nährgewebe abbaut und die Nährstoffe der jungen Keimpflanze zuleitet. Dieser Vorgang kann sich in manchen Fällen über 2 bis 3 Jahre erstrecken, so bei dem Nährgewebe der Kokosnuß oder den noch größeren Samen der Seychellennuß (*Lodoicea maldivica*).

Der junge Keimling erstarkt zunehmend unter Bildung weiterer Folgeblätter, die den zarten Vegetationskegel einhüllen. Gleichzeitig verbreitert sich die Sproßachse zu einem kräftigen Postament, das mit der Sproßachse einer Küchenzwiebel vergleichbar, jedoch viel mächtiger und kompakter ist. Die Palmen unterscheiden sich also durch die Ausbildung eines derartigen Postaments von den übrigen Blütenpflanzen, und ihr Sproß wächst somit zunächst mehr in die Breite als in die Länge. Bei der Kokospalme dauert es fünf Jahre, bis das Basalpostament entwickelt ist, auf dem sich dann der Stamm erhebt. Besonders mächtige Postamente bilden die Seychellennußpalmen. Sie bleiben noch lange im Boden erhalten, wenn die Bäume längst abgestorben sind.

Die Hauptwurzel des Palmenkeimlings stirbt bald ab und wird durch zahlreiche Wurzeln, die aus der jungen verbreiterten Sproßachse hervorgehen, ersetzt. Dies ist eine bei allen Einkeimblättlern (Monocotylen) verbreitete Erscheinung. Charakteristisch für die Keimung und Jugendentwicklung der Palmen ist also, daß sie, bevor sie zur Stammbildung übergehen, einen breiten, scheiben- bis knollenartigen Sproß mit tiefreichenden Wurzeln bilden, der immer mächtiger wird. Er bildet gewissermaßen die »Grundlage« für den späteren Palmenstamm und ist im Endstadium an der Oberfläche mit einer stattlichen Blattrosette versehen, die über die Bodenoberfläche hervorragt. Auch die stammbildenden Palmen machen in der Jugend zunächst ein Rosettenstadium durch. Von diesem Normalfall der Jugendentwicklung gibt es allerdings zahlreiche Ausnahmen.

Wachstum und Stammbildung

Nachdem unter der Bodenoberfläche eine entsprechende Basalverbreiterung erfolgt ist, beginnt der Stamm in die Länge zu wachsen. Entscheidend ist hierbei, daß er gleich in seiner endgültigen Dicke heranwächst und nicht sekundär verdickt wird, wie dies bei dikotylen Bäumen der Fall ist. Dieser Vorgang vollzieht sich auf dem Wege

Hanfpalmen, *Trachycarpus fortunei*, in ihrer natürlichen Umgebung am heimatlichen Standort in Emlishan, China.

Jugendstadium einer Fiederpalme mit der an eine Zwiebel erinnernden basalen Sproßverbreiterung. Der in der Einsenkung liegende Vegetationskegel gliedert die Sproßbasis und die Blätter ab. Die Hauptwurzel ist schwach entwickelt und stirbt bald ab. An den Seiten der Sproßverbreiterung hat die Bildung der sproßbürtigen Wurzeln begonnen.

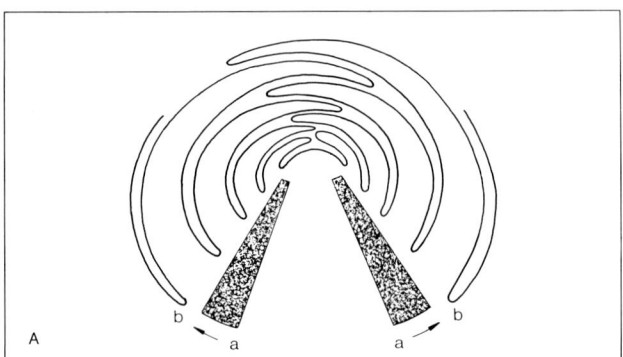

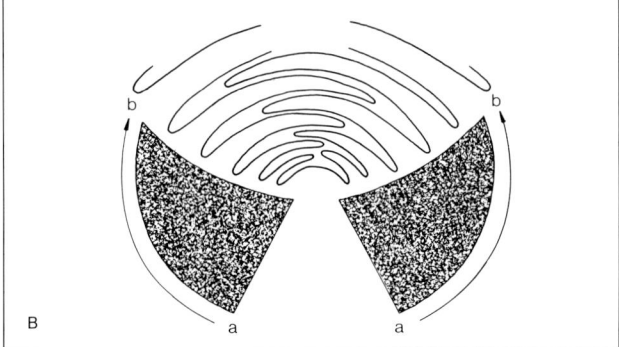

Primäres Dickenwachstum des Palmenstammes.
A *Frühes Stadium:* Das zwischen Mittelstrang (Corpus) und Außenhülle (Tunica) des Sprosses zusätzlich entstandene Bildungsgewebe (Meristem) hat das zwischen a und b liegende Zellgewebe abgegliedert.
B *Späteres Stadium:* Aus dem Meristemmantel zwischen Corpus und Tunica hat sich das gesamte zwischen a und b gelegene Gewebe entwickelt, so daß der Vegetationskegel tiefer liegt, als die äußeren vom Meristemmantel abstammenden Zellen. Die Pfeile versinnbildlichen die extreme zusätzliche Gewebebildung durch den Meristemmantel. Über dem von der konkaven Linie b – b umgrenzten Bereich sind die ineinandergefalteten jungen Blätter sichtbar, die den kuppelförmigen Vegetationskegel umhüllen.

des primären Dickenwachstums. Hierbei bildet der Sproßvegetationskegel an der Spitze ein Scheitelmeristem aus, das in großer Anzahl in der Längs- und Querrichtung Zellen abgliedert, die sich vergrößern und ausdifferenzieren. Hierdurch wächst der Achsenkörper nicht nur in die Länge sondern gleichzeitig auch in die Dicke. Dabei ist die Masse des seitlich produzierten Gewebes so groß, daß der Vegetationskegel seitlich überwallt wird und so in eine Vertiefung (Scheitelgrube) zu liegen kommt (Abb. oben rechts, B). Darüber hinaus wird unterhalb der Spitze des heranwachsenden Stammes zwischen dem inneren Gewebe (Corpus) und dem umgebenden Gewebemantel (Tunica) ein weiteres teilungsfähiges Gewebe (Meristem) gebildet. Es stellt den Meristemmantel dar, von dem weitere Zellen abgegliedert werden, so daß eine zusätzliche Verdickung eintritt. Beide Vorgänge bewirken die schnelle, unmittelbare primäre Verdickung des Stammes.

Auf diese Weise ist es möglich, daß mächtige Palmenstämme, z. B. der Königspalme oder der chilenischen Palme *Jubaea chilensis* gleich in ihrer endgültigen Dicke heranwachsen. Dabei zeigt der Stamm in Abhängigkeit von Ernährungs- und anderen Umweltbedingungen oft Anschwellungs- und Verjüngungszonen. Vielfach ist der Stamm an der Basis zunächst ein wenig dünner und erreicht erst in einiger Entfernung über dem Boden seine endgültige Dicke. Es gibt aber auch Fälle, in denen er unmittelbar über dem Boden eine deutliche Anschwellung aufweist.

Gleichzeitig werden im Anschluß an die Tätigkeit des Scheitelmeristems die Blätter gebildet. Sie können an der Spitze des Stammes stehend bald abfallen, so daß dessen Oberfläche glatt und meist grau erscheint. Dies ist beim säulenartigen Typ der Fall. Sie können aber beim Abfallen auch deutliche Narben hinterlassen, die bei dünnstämmigen Palmen fast den ganzen Stamm umgreifen. Dieser ist dann an der Oberfläche meist glatt, grün und glänzend und mit einer persistierenden Epidermis versehen.

Eine Besonderheit stellen mit Stacheln besetzte Stämme dar. Ihre Stacheln können sich entweder an der Stammoberfläche zwischen den Blattnarben bilden, so daß der Stamm eigenartig in bestachelte und unbestachelte Ringe bzw. Zonen gegliedert ist (bei *Astrocaryum aculeatum*), oder sie entstehen nach Abfallen der Blätter auch an der Stelle der Blattnarben (bei *Mauritia aculeata*). Da solche Arten oft auch noch bestachelte Blattbasen besitzen, können ihre Bestände undurchdringliche Dickichte bilden.

Stammbau und Stammformen

Der Stamm der Palmen unterscheidet sich im Querschnitt grundsätzlich von dem der dikotylen Bäume. Bei ihnen als Angehörigen der Zweikeimblättler liegen die Erstlingsleitbündel im Zentrum des Stammes rings um das Mark. Nach außen folgt zunächst das Holz, das unter anderem aus den wasserleitenden Elementen besteht. In ihnen strömt das Wasser von unten nach oben. Es folgt nach außen der Bast, in dem die Assimilate von oben nach unten transportiert werden. Zwischen Holz und Bast liegt als zellbildendes Gewebe das Kambium, das über viele Jahre teilungsfähig bleibt und nach innen Holz, nach außen Bast abgliedert. An der Peripherie wird der Baumstamm von der Borke abgeschlossen. Bei den Palmen sind die der Wasser- und Assimilatleitung dienenden Zellen in Leitbündeln vereinigt und mehr oder minder unregelmäßig über den gesamten Stammquerschnitt verteilt. Lediglich an der Peripherie bleibt ein an Leitbündeln armer Ring ausgespart. Der innere leitbündelführende Teil wird bei den Palmen als Zentralzylinder, der äußere als Rinde bezeichnet. Jahresringe fehlen (s. Abb. unten, rechts).

Von diesem Grundschema des Stammquerschnitts bei Palmen gibt es verschiedene Abweichungen. Insgesamt lassen sich vier verschiedene Typen im Querschnittbild unterscheiden.

1. Bei den Palmen mit stockartig gegliederten Stämmchen sind die Abschnitte zwischen den Knoten (Nodi) und Zwischenknoten (Internodien) sehr kurz. Die Knoten stehen somit dicht beisammen, und die Internodien besitzen oft sogar verkehrtkonische Gestalt. Die Stämmchen dieser kleinen Arten, zu denen z. B. die Bergpalmen gehören, sind flexibel und nicht sehr dick, meist 5 bis 10 cm im Durchmesser. Ihre Leitbündel liegen unregelmäßig verteilt in einem Markgewebe, die Festigungsfasern (Sklerenchymfasern) in der Mitte des Stämmchens sind dicker als die an der Peripherie. Die Außenhaut ist bis auf die Narben der abgefallenen Blätter glatt, grün und glänzend und bleibt zeitlebens erhalten.

Querschnitt durch den Stamm eines Baumes und einer Palme mit den durch Kreise angedeuteten Leitbündeln.

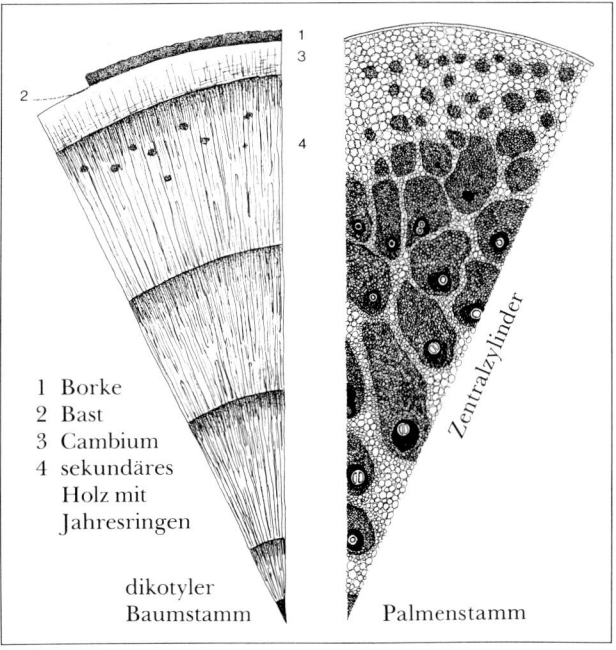

1 Borke
2 Bast
3 Cambium
4 sekundäres Holz mit Jahresringen

dikotyler Baumstamm

Zentralzylinder

Palmenstamm

2. Bei den kletternden Palmen, deren flexible Stämmchen Längen von über 150 m erreichen, ist die Gliederung ähnlich wie bei Typ 1, allerdings beträgt die Länge der Internodien 60 bis 180 cm, so daß die Blätter nicht am Stammende in einer Wedelkrone rosettig gedrängt, sondern zerstreut stehen. Bei ihnen sind die Leitbündel fast gleichmäßig über den ganzen Querschnitt des Stämmchens verteilt. Dies trägt dazu bei, daß sie eine außergewöhnliche Elastizität besitzen. Sie wird dadurch erhöht, daß die Sklerenchymfasern an der Peripherie sehr dünn und im Innern deutlich verstärkt sind. Die Rinde ist sehr dünn. Die Oberfläche des Stämmchens ist steinhart, glatt und glänzend wie mit Firnis überzogen. Dieser Stammbau findet sich bei den Rotangpalmen der Gattung *Calamus* und anderen kletternden Palmen. Ähnlich sind die Sproßachsen von Arten der amerikanischen Gattung *Desmoncus* gebaut.

3. Der typisch zylindrische, säulenförmige Palmenstamm fällt durch seine wunderbare Regelmäßigkeit und glatte meist graue Oberfläche auf. Er ist im Querschnitt kreisrund. Die Blattnarben sind klein und hinterlassen keine Spur. Die Rinde ist dünn und zuweilen mit Stacheln besetzt. Die Innenstruktur ist deutlich differenziert. Im Zentrum des Stammquerschnitts, der mehr als 80 cm Durchmesser erreichen kann, liegen zwischen den Markzellen weiche Leitbündel. Harte, mit Sklerenchymfasern versehene Leitbündel finden sich nur an der Peripherie. Sie liegen so dicht gedrängt, daß sie eine harte, undurchdringliche Schicht bilden. Die äußere Schicht von Festigungsgewebe ist sehr dünn. Zu diesem Typ gehören prachtvolle Zierpalmen wie die Königspalme (*Roystonea regia*).

4. Die Palmen mit Stämmen ähnlich der Kokospalme weichen von diesem Typ ab. Ihr Stamm ist unregelmäßig in Knoten und Zwischenknoten gegliedert. Seine Oberfläche erscheint von den dicht stehenden Blattgrundresten und von den Leitbündeln der abgefallenen Blätter zottig. Stämme von diesem Typ werden wie die von Typ 3 sehr hoch. Die Leitbündel sind über den gesamten Stammquerschnitt fast gleichmäßig verteilt, an der Peripherie allerdings etwas gedrängter liegend als im Zentrum. Die sie umgebenden Sklerenchymfaserschichten sind sehr dick, so daß die Leitbündel insgesamt sehr hart sind. Die Rinde an der Peripherie ist ebenfalls dick, allerdings unregelmäßig ausgebildet, oft verzerrt und außen verwittert. Infolge der gleichmäßigen Verteilung der Leitbündel ist der Stamm sehr fest und im Zentrum fast so hart wie an der Peripherie. Zu diesem Typ gehören die Kokospalme (*Cocos nucifera*), die Ölpalme (*Elaeis guineensis*) und die Schopfpalme (*Corypha umbraculifera*).

5. Die letzte Gruppe bilden die »stammlosen« Palmen, bei denen kein emporragender Stamm ausgebildet wird. Zu ihnen gehören zahlreiche Arten, die sich in zwei Untergruppen gliedern. Bei der ersten ist der Stamm gedrungen, oft fast knollenförmig, z. B. bei *Geonoma acaulis*. Ihr Artname acaulis(= stammlos) nimmt auf diese Tatsache Bezug. Die zweite Untergruppe besitzt einen kriechenden Stamm bzw. Sproß, der teilweise oberirdisch, teilweise unterirdisch verläuft. Der hintere, ältere Teil des Rhizoms wird oft von den Wurzeln emporgehoben und ragt über die Erdoberfläche empor. Der vordere Teil mit dem Vegetationskegel und den Blättern liegt meist dem Boden auf. Zu diesem Untertyp gehören manche Sabal-Palmen.

Abschließend bleibt festzustellen, daß praktisch alle Palmen einen Stamm besitzen, der allerdings sehr kurz und gestaucht sein kann. Typisch ist, daß der Stamm ungeteilt ist. Nur im Anschluß an Verletzungen kann es infolge des Austreibens von Achselknospen an der Stelle ehemaliger Blätter zur Ausbildung neuer Sprosse kommen. Es können sich dann über der Verletzungsstelle 4 bis 6 »neue Stämme« erheben, die zunächst an der Ansatzstelle dünner sind. Echt verzweigte Stämme besitzt nur die afrikanische Dumpalme (*Hyphaene thebaica*), die mit ihren wiederholt gegabelten Stämmen völlig aus dem gewohnten Bild der Palmen herausfällt und einen sonst nur bei Sporenpflanzen (z. B. Bärlapp, *Lycopodium*) vorkommenden Verzweigungsmodus besitzt (s. Abb. Seite 108).

Beispiel einer Fiederpalme.
Kolorierte Lithographie von F. Wagner aus dem großen Werk von K. Karsten, „Florae Columbianae terrarumque adiacentium specium selecta". Fächerpalme s. Seite 2.

Bewurzelung

Die bei der Keimung der Palme gebildete Hauptwurzel ist wie bei allen Einkeimblättrigen kurzlebig und stirbt früh ab. Sie wird durch sekundär gebildete Wurzeln (sproßbürtige Wurzeln) ersetzt, die sich an der Stammbasis bilden. Sie können dicht gedrängt in großer Anzahl entstehen, so daß der Baum auf einem regelrechten Wurzelpostament steht. Sie beginnen dann in mehr als 1 m Höhe über dem Erdboden, wie es z. B. bei der Kokospalme häufig am Strand in den Tropen zu beobachten ist. Diese Wurzeln wachsen nicht sekundär in die Dicke sondern behalten ihren ursprünglichen Durchmesser von etwa 1 cm bei. Dafür werden sie in außergewöhnlich großer Zahl gebildet. So hat man bei der Kokospalme bis 8000 und bei der Ölpalme bis 13 000 sproßbürtige Wurzeln festgestellt. Sie zeichnen sich durch außergewöhnliche Zähigkeit aus, besitzen keine Wurzelhaare und gehen aus dem ältesten Teil des Palmenstammes hervor.

Von der Kokospalme ist bekannt, daß ihre Wurzeln 6 bis 8 m Länge erreichen und sich zwei- bis viermal im rechten Winkel verzweigen. Sie streichen über das Areal der von der Krone bedeckten Fläche hinaus. Daneben können sich an den wenig verzweigten Wurzeln der Kokospalme senkrecht nach oben strebende, kleine 4 bis 6 mm große Atemwurzeln bilden, die ein lockeres Rindengewebe besitzen und dem Gasaustausch dienen. Solche Atemwurzeln sind in wesentlich größerer Ausbildung von Mangrove-Pflanzen bekannt.

Ein sehr interessantes Wurzelsystem besitzt die Ölpalme. Sie entwickelt ähnlich wie die Kokospalme zunächst aus der Stammbasis entspringende runde, kabelähnliche Adventivwurzeln. Da die Pflanze an schlammigen, weichen Standorten wächst, streben diese Wurzeln ausläuferartig in die Tiefe. An diesen Ausläuferwurzeln bilden sich einerseits weiter in die Tiefe vordringende Ankerwurzeln, andererseits Seitenwurzeln, die negativ geotrop senkrecht nach oben wachsen. Sie bilden unmittelbar unter der schlickigen Oberfläche ein horizontal verlaufendes, sehr fein verzweigtes Wurzelsystem, das der Nährstoffaufnahme dient.

Wie dieses Beispiel zeigt, sind die am Grunde des Stammes gebildeten Wurzeln bezüglich ihrer Anpassung an den Standort sehr variabel. Dies beweisen auch die zu Dornen umgewandelten Wurzelorgane, die bei manchen Palmen unter perhumidem Klima im Regenwald gebildet werden. So steht die im Regenwald von Sarawak wachsende Fiederpalme *Eugeissona minor* auf meterhohen verzweigten Wurzelgerüsten, die an die Wurzeln des Mangrovebaumes *Rhizophora mangle* erinnern. An trockenen Felsstandorten kriechen die kabelartigen Wurzeln wie Klammerorgane über den nackten Fels, bis sie in entsprechende Gesteinsspalten eindringen. Ein Beispiel hierfür ist die auf den westcubanischen Kegelkarstbergen

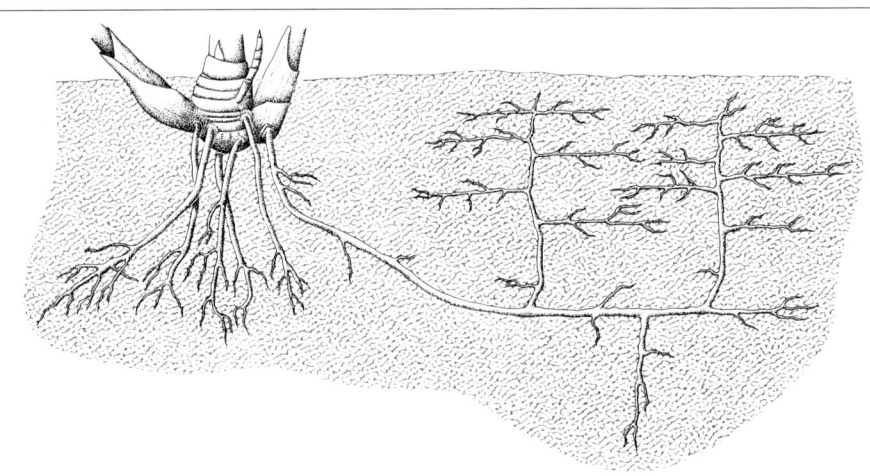

Das Wurzelsystem der Ölpalme *(Elaeis guineensis)*. Die an der Basis des Stammes entstehenden Adventivwurzeln wachsen in die Tiefe und bilden nach unten strebende Ankerwurzeln sowie nach oben gehende Seitenwurzeln zweiten Grades. An ihnen werden Wurzeln dritten und vierten Grades gebildet, die der Nährstoffaufnahme dienen.

endemische Palme *Gaussia princeps* mit leicht tonnenförmig aufgetriebenem Stamm.

Im tropischen Regenwald können die Wurzeln zu echten Wurzeldornen umgebildet werden. Diese können gebogen oder gerade und bis zu 30 cm lang sein. Am bekanntesten ist die Gattung *Cryosophila* aus Zentralamerika. Weitere Beispiele sind *Mauritia armata* und *Mauritia aculeata* sowie Angehörige der Gattung *Iriartea* aus dem Amazonasgebiet. Bei den Wurzeldornen bleibt nicht selten die verhärtete Wurzelhaube (Calyptra) über der Wurzelspitze stehen. Sie ist dann als morphologisch fixiertes Rudiment anzusehen, das die ursprüngliche Funktion, durch Zellauflösung zu verschleimen und dadurch das Eindringen der Wurzel in den Boden zu erleichtern, eingebüßt hat.

Blattform und Blattbau

Die Blätter der Palmen werden unterhalb des Vegetationskegels an der Spitze des Stammes abgegliedert und weiter ausdifferenziert. Sie stehen in der Regel spiralig angeordnet. Dies ist auch dann der Fall, wenn der Palmstamm an der Spitze eine prachtvolle Wedelkrone trägt. Bei manchen Kletterpalmen, so bei Vertretern der Gattungen *Calamus* und *Desmoncus*, stehen sie alternierend an der sehr langen Sproßachse.

Grundsätzlich besteht ein Blatt aus Blattgrund, Blattstiel und Blattspreite. Der Blattgrund umgreift bei vielen Palmen den Sproß als Scheide, die sehr groß sein kann. Er ist nicht selten deutlich verhärtet und umhüllt z. B. bei den genannten kletternden Gattungen in Form einer runden Scheide (Ochrea) das flexible Stämmchen. In vielen Fällen, vor allem bei den Gattungen mit rohrartigen Stämmen, hinterlassen die Blätter nach dem Abfallen stengelumgreifende braune Narben, so daß der Sproß braun und grün quergeringelt erscheint. In anderen Fällen ist der Blattgrund stark vergrößert, weich und flexibel. Vielfach setzt er dann senkrecht nach oben stehend scheinbar den Stamm fort. In diesem Fall wird er in der englischen Literatur als »Kronenschaft« bezeichnet. Er kann beträchtliche Größe erreichen und wird z. B. bei der Königspalme bis 2 m lang. Seltener ist er ebenso wie der Blattstiel und auch die Blattrippen mit Stacheln besetzt, zuweilen erscheint er wie Stiel und Spreite von einem feinen Haarfilz überzogen.

Die Blattspreite ist bei den einzelnen Gattungen und Arten sehr verschieden, doch lassen sich zwei Grundtypen unterscheiden. Im ausdifferenzierten Zustand ist die Spreite entweder fiederförmig oder fächerförmig gestaltet, so daß wir zwischen Fieder- und Fächerpalmen zu unterscheiden haben. Bei den meisten Fächerpalmen ist das Blatt mehr oder weniger tief zerteilt. Es kann aber auch am Rand lediglich mehr oder weniger tief eingeschnitten bis gezähnt sein, so daß es fast kreisrund erscheint. Dies ist z. B. bei Angehörigen der an feucht-heißen Standorten wachsenden Gattung *Licuala* der Fall. Im Extrem stehen die schmalen Fächerstrahlen im Kreis angeordnet. Auch kann sich der Blattstiel in den Fächer hinein fortsetzen. Dann ist das Blatt nach unten zurückgebogen (costapalmates Blatt). Bei man-

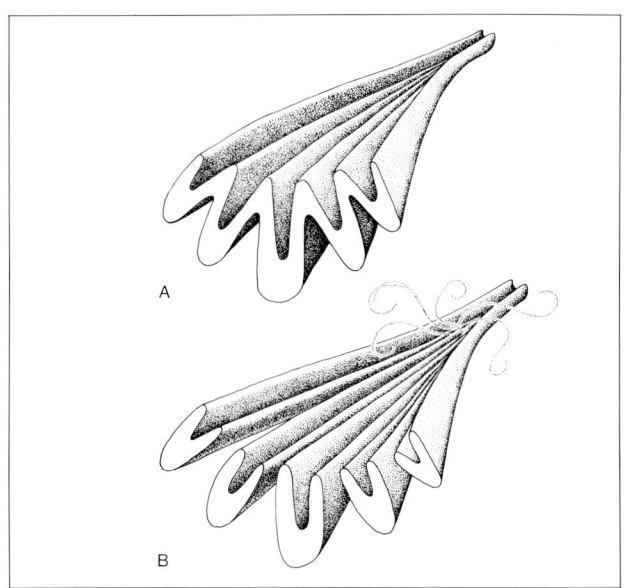

Schematische Darstellung zur Erläuterung der Faltentrennung bei Fächerpalmen. Die Aufgliederung in getrennte Fächerstrahlen im distalen Bereich der Spreite erfolgt durch Verschleimen der Zellen an den Oberkanten.
A *Frühes Stadium* mit geschlossener Spreite im Querschnitt.
B *Späteres Stadium* nach Auflösung des Gewebes an den Faltenkanten.

Fiederpalme *(Cocos nucifera)*   Fächerpalme *(Washingtonia filifera)*

Grundtypen der Blattform bei Palmen.

chen Arten findet sich an der Stelle, an der am Ende des Stieles der Blattfächer ansetzt, ein Fortsatz, der Hastula genannt wird.

Bei den Fiederpalmen geht der Blattstiel in eine Mittelrippe (Rhachis) über, an der opponiert oder auch wechselständig bzw. gebüschelt die Seitenfiedern stehen, so daß die Blätter einfach gefiedert sind. Die Gestalt der Fiedern kann sehr variieren. Sie können schmal lanzettlich bis linealisch, aber auch breit lanzettlich oder verkehrt keilförmig sein. Es gibt auch Palmen mit doppelt gefiederten Blättern. Zu ihnen gehört die Brennpalme *(Caryota urens)*. Ihre Fiedern weisen eine halbrhombisch-keilförmige Gestalt auf und erinnern an einen Fischschwanz. Im Hinblick auf ihre Stellung können die Fiedern in einer Ebene, aber auch V-förmig inseriert nach oben stehen. Bei manchen *Raphia*- oder *Arecastrum*-Arten werden die Fiedern über 1 m lang und hängen dann nach unten. Zu den Fiederpalmen gehören auch Arten mit scheinbar zweispaltigen Blättern, die morphologisch einpaarige Fiederblätter darstellen. Sie finden sich z. B. in der Gattung *Chamaedorea*. Bei vielen Arten sind die Basalfiedern verdornt, und es gibt alle Übergänge von Seitenfiedern zu Dornen.

Besondere Aufmerksamkeit verdient die Tatsache, daß das Palmenblatt zunächst als geschlossene Spreite angelegt wird. Es ist im jugendlichen Stadium hin- und hergefaltet (plicate Knospenanlage). Im Verlauf der weiteren Ausdifferenzierung löst sich das Gewebe an den Kanten auf. Die Auflösung erfolgt entweder an der Ober- oder Unterseite. Bei den meisten Fächerpalmen wie *Chamaerops*, *Pritchardia* und *Livistona* findet die Gewebeauflösung an den oberseitigen Faltenkanten statt. Die Fiedern sind, wie man sich ausdrückt »eingeschlagen« oder indupliziert. In diesen Fällen erfolgt die Auflösung der Kanten durch Verschleimung. Die Entstehung herabhängender Fasern bei diesen Palmen, vor allem bei *Pritchardia*, hängt mit der Zerteilung der Blattfläche bei der Ausdifferenzierung zusammen, und wir haben bei diesen Fasern die abgestorbenen Oberkanten der Falten vor uns. Deswegen wird auch verständlich, daß die Fäden nur bis zur Basis der Segmente reichen.

Anders liegen die Verhältnisse bei den Fiederpalmen. Auch sie werden zunächst in gefaltetem Zustand als geschlossene Fläche angelegt. Im Gegensatz zu den Fächerpalmen erfolgt die Desorganisation aber an den Unterkanten. Die Fiedern werden deswegen als zurückgeschlagen oder redupliziert bezeichnet. Beispiel hierfür ist *Cocos*. Außerdem läßt sich beobachten, daß bei jungen Fiederblättern das frisch ausdifferenzierte Blatt oft von einem ringsum verlaufenden Rahmen schwach verdickter, brauner Zellreste umgeben ist, die sich als Ganzes abziehen lassen. Wie diese Haut zustande kommt, ist noch nicht restlos geklärt.

In anatomischer Hinsicht können die Blattfiedern und Fächerstrahlen sehr verschieden gebaut sein. Meist zeigen sie im mikroskopischen Querschnitt unter der oberen Epidermis eine oder mehrere Lagen von Zellen, die der Wasserspeicherung dienen (Hypodermis). Darunter folgt eine Gewebeschicht, in der Streifen von Bastfasern und chlorophyllführenden Parenchymzellen einander ablösen. Die untere Hälfte des Querschnitts besteht aus mehr oder weniger gleichmäßigen, der Assimilation dienenden, chloroplastenhaltigen Zellen, in denen die Leitbündel relativ gleichmäßig verteilt liegen. Es gibt aber auch Blattfiedern und Fächerstrahlen, deren obere Hälfte im Querschnitt aus einem Wasserspeichergewebe und deren untere Hälfte aus einem chloroplastenhaltigen Assimilationsgewebe besteht. Die Spaltöffnungen liegen zwischen den Zellen der Epidermis auf der Unterseite. Hier wird auch bei den Fächerpalmen der Gattung *Copernicia* das Wachs ausgeschieden. Genaue mikroskopische Beschreibungen über den Blattbau der einzelnen Palmengattungen finden sich bei Tomlinson.

Die Größe der Blätter kann beträchtlich schwanken. Die Fiederblätter der weit verbreiteten Zier- und Zimmerpalme *Chamaedorea elegans* sind nur wenige Dezimeter groß. Sehr große Blätter besitzt die Fiederpalme *Raphia taedigera*. Sie erreichen 19 bis 22 m Länge und bis 12 m Breite. Die Blätter der Königspalme werden 8 bis 10 m lang. Solche mächtigen Blätter am Ende des Palmenstammes wirken wie Segel im Wind, so daß der Stamm und die ihn verankernden Wurzeln in hohem Maß auf Biegungs- und Zugfestigkeit hin beansprucht werden. Dies gilt auch für die in Brasilien beheimatete Palme *Euterpe oleracea* mit ihren bis 25 m hohen, wunderbar schlanken Stämmen, die in der Regel nur einen Durchmesser von 15 cm aufweisen.

Wegen ihrer derben Struktur haben sich die Blätter vieler fossiler Palmen als Abdrücke gut erhalten. Da das Palmenblatt eine sehr charakteristische Gestalt aufweist, sind fossile Palmen unschwer zu erkennen. Die frühesten Blattabdrücke stammen aus der Kreide. Fundstellen liegen z. B. im westlichen Mitteleuropa, aber auch in Grönland und Nordamerika (vgl. Verbreitungskarte Seite 14). Junge Blattreste von Palmen wurden z. B. in El Salvador in plio- bis pleistozänen Schichten gefunden. Im einzelnen sind die fossilen Blatt- und auch Stammabdrücke mit sehr verschiedenen Namen belegt worden, und die Nomenklatur ist vielfach noch ungeklärt.

Blüte und Blütenstand

Die Blüten der Palmen stehen in der Regel in Blütenständen (Infloreszenzen) vereinigt. Diese stellen meist eine Rispe, seltener eine Ähre dar. An ihren Achsen finden sich die Blüten meist spiralig, seltener zweizeilig angeordnet. Es ist überaus charakteristisch, daß der Blütenstand in der Jugend von einem großen Hüllblatt umgeben ist, das morphologisch dem Blattgrund entspricht. Es wird auch Spatha genannt. Diese ist in der Regel außen und innen glatt, doch gibt es auch Palmen, deren Hüllblatt an der Außenseite mit Stacheln besetzt ist. Dies ist z. B. bei der von Mexico bis Südbrasilien verbreiteten Palme *Astro-*

Zwergpalmen, *Chamaerops humilis* (oben), sind im Mittelmeergebiet weit verbreitet. Hier eine mehrstämmige Pflanze an einer Felswand auf Sizilien. *Phoenix theophrasti* (unten) kommt nur an der Ostspitze Kretas vor. Sie sind die einzigen in Europa heimischen Palmenarten.

caryum mexicanum der Fall. Bei den rispig verzweigten Infloreszenzen finden sich an der Basis der Seitenzweige relativ auffällige Tragblätter, die ebenfalls als Hüllblätter bezeichnet werden.

Die Blütenstände werden meist in den Achseln von Blättern angelegt und stehen im Jugendstadium vom Hüllblatt umschlossen als geschlossener Kolben (Spadix) entweder in der Wedelkrone oder unterhalb der Blätter am Stamm seitlich ab. Der abstehende Kolben ist so auffällig, daß die ganze systematische Gruppe, zu der die Palmen gehören, als Spadiciflorae (Kolbenblütige) benannt worden ist. Im Verlauf der weiteren Entwicklung öffnet sich das Hüllblatt des Kolbens und gibt den Blütenstand mit den zahlreichen Blüten frei. Daneben gibt es die Möglichkeit, daß Palmen nicht fortgesetzt seitlich Kolben entwickeln, sondern am Ende des Stammes einen einzigen mächtigen Blütenstand bilden und nach der Fruchtbildung absterben. Sie werden im Gegensatz zu den durch wiederholte seitliche Infloreszenzbildung ausgezeichneten pollakanthen Palmen als hapaxanth bezeichnet. Zu dieser relativ kleinen Gruppe gehört die Sagopalme (*Metroxylon sagu*), die vor der Entwicklung des Blütenstandes große Mengen an Reservestärke im Stamm gespeichert hat. Zur wirtschaftlichen Nutzung wird die Palme in diesem Stadium gefällt und aus dem längst gespaltenen Stamm Stärke ausgeschlämmt, die in gepreßtem Zustand als Perlsago in den Handel gelangt.

Palmen mit hapaxanthem Lebensrhythmus sind durch eine große Blütenzahl in der Infloreszenz ausgezeichnet. So besitzt *Corypha umbraculifera* einen 14 m langen Blütenstand mit 100 000 Einzelblüten. Bei *Corypha utan* können es sogar bis 10 Millionen Blüten sein. Nach dem Abblühen fällt das Hüllblatt ab oder bleibt mit der vertrocknenden Infloreszenz am Baum.

Die Einzelblüten sitzen auf kurzen Stielen an den Verzweigungen des Blütenstandes. Sie können aber auch in die bandartig verbreiterten Achsen der Infloreszenz mehr oder weniger tief eingesenkt sein. Sie stehen dann in den Vertiefungen einzeln oder zu Gruppen vereinigt, die bei genauer Analyse Wickel darstellen. Die Blüten sind entweder zwittrig oder eingeschlechtlich, d. h. es ist eine Differenzierung in männliche und

Verschaffeltia splendida bildet wie viele Palmen meist feuchter Standorte aus der Stammbasis entspringende, kabelähnliche stammbürtige Wurzeln aus.

Cyrtostachys renda, eine in dichten Gruppen wachsende Fiederpalme, hat feuerrote Blattbasen und ebenso rote Mittelrippen der Fiederblätter.

weibliche Blüten eingetreten. Die Verteilung der verschiedengeschlechtlichen Blüten ist unterschiedlich. So gibt es zweihäusige Palmen, d. h. die männlichen und weiblichen Blüten stehen auf verschiedenen Bäumen. Dies ist bei der Gattung *Phoenix* der Fall, zu der die Dattelpalme (*Phoenix dactylifera*) gehört. In anderen Fällen stehen die weiblichen Blüten am Grunde und die männlichen Blüten am Ende des Blütenstandes. Eine derartige Verteilung findet sich z. B. bei der Kokospalme (*Cocos nucifera*).

Die Blüten der Palmen sind, wie es für die Einkeimblättrigen charakteristisch ist, nach der Dreizahl gebaut. Auf zwei mal drei Perigonblätter folgen im typischen Fall nach innen zwei dreizählige Kreise von Staubblättern, die drei Fruchtblätter umgeben. Der Bau der Blüte läßt sich somit auf die Formel bringen: $P3 + 3A3 + 3G3$.

Von diesem Prototyp des Blütenstandes gibt es viele Ausnahmen. Wie bereits erwähnt, sind eingeschlechtige männliche oder weibliche Blüten häufig. Außerdem läßt sich vielfach beobachten, daß zwar Staubblätter und Fruchtblätter vorhanden sind, jedoch ist nur das eine der beiden Geschlechter fruchtbar. Das andere Geschlecht ist dann rudimentär. Der typische Aufbau der Palmenblüte ist auf Seite 28 dargestellt.

Im einzelnen können die Blüten sehr verschieden aussehen. Die drei äußeren Blütenblätter sind oft kleiner als die inneren. Dies ist überwiegend bei männlichen Blüten der Fall. Vielfach sind die Blütenblätter von lederartiger, trocken-

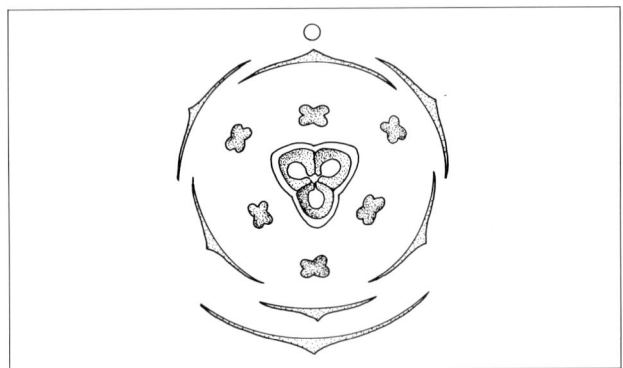

Diagramm einer zwittrigen Palmenblüte.
Die Blüte besteht aus zwei Kreisen von Blütenblättern, zwei Kreisen mit je drei Staubblättern und einem verwachsenen dreiblättrigen Fruchtknoten. In den zentralen Winkeln der Fruchtknotenfächer befindet sich je eine Samenanlage. Am Grunde liegt das Tragblatt, darüber die Tragachse der Blüte.

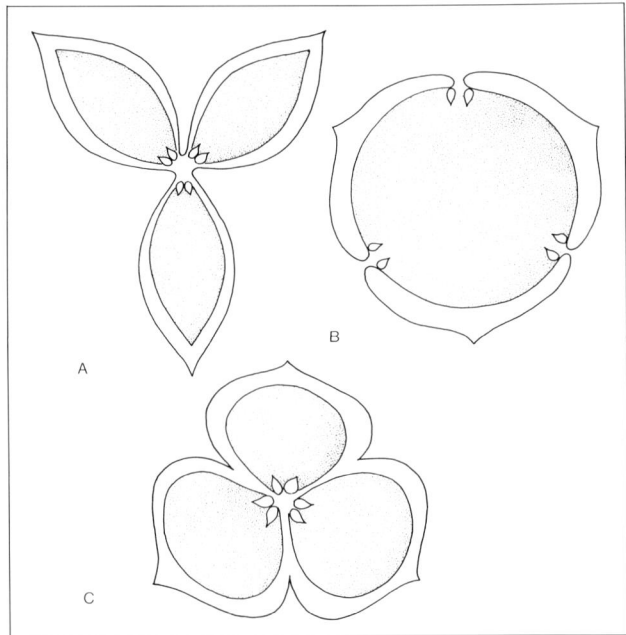

Ausbildungsmöglichkeiten des Gynäceums bei Palmen.
A Getrenntblättriges (apocarpes) Gynäceum (*Phoenix dactylifera*). B Verwachsenblättriges (paracarpes) Gynäceum (*Cocos nucifera*). C Verwachsenblättriges (syncarpes) Gynäceum (*Salacca zalacca*).

häutiger Konsistenz und wenig auffällig. In anderen Fällen haben sie blumenblattartiges Aussehen und besitzen dann eine gelbweiße, hellgelbe oder gelbe Färbung. In Blütenständen vereint sind sie aus großer Entfernung sichtbar. Die Zahl der Staubblätter ist oft auf drei reduziert, sie kann aber auch beträchtlich erhöht sein. Dies ist vor allem bei rein männlichen Blüten der Fall. So kommen bei der Elfenbeinpalme (*Phytelephas macrocarpa*) mehr als 150 Staubblätter in einer Blüte vor. Die im Zentrum stehenden drei Fruchtblätter (Carpelle) können getrennt oder miteinander verwachsen sein (Abb. rechts). Aus den getrennt stehenden Carpellen entwickeln sich in der Regel Beerenfrüchte wie bei der Dattelpalme, aus verwachsenblättrigen Fruchtknoten Steinfrüchte wie bei der Kokosnuß. Im letzteren Falle bilden die drei Fruchtblätter eine gemeinsame Höhlung (paracarpes Gynäceum, Abb. oben, B). Es gibt aber auch die Möglichkeit, daß die drei Fruchtblätter miteinander verwachsend jeweils bis zum Zentrum vorstoßen, so daß ein verwachsener dreifächeriger Fruchtknoten entsteht (syncarpes Gynäceum, Abb. oben, C). Daneben kommen auch mehrfächerige Fruchtknoten vor. Die drei Narben sitzen dem Fruchtknoten unmittelbar auf. Aus den syncarpen Fruchtknoten gehen nicht selten an der Oberfläche mit Schuppen besetzte Panzerfrüchte oder Panzerbeeren hervor.

Bestäubung

Bei der Öffnung des Kolbens verströmen nach DRUDE alle Palmen einen mehr oder weniger intensiven Duft. Man muß daher annehmen, daß die meisten von ihnen durch Insekten bestäubt werden. So ist z. B. Bestäubung durch Bienen mit Sicherheit nachgewiesen. Blühende Königspalmen sind stets von einem Schwarm von Insekten verschiedenster Art umgeben. Das Öffnen, Blühen und Abblühen des mächtigen Blütenstandes dauert mehrere Tage. Während dieser Zeit rieseln unentwegt die Blütenteile und Fragmente des Blütenstandes aus der Höhe herab, und es ist ein Erlebnis, den Blüh- und Bestäubungsvorgang dieser dekorativen Zierpalme im Gebiet ihrer natürlichen Verbreitung zu verfolgen. In vielen Fällen wird die Bestäubung aber auch durch den Wind vollzogen. Es ist auch nachgewiesen, daß die Übertragung des Pollens sowohl durch Insekten als auch durch den Wind erfolgen kann.

Der Bestäubungsvorgang bei einer zweihäusigen Palme wurde zum ersten Mal in der Mitte des 18. Jahrhunderts durch J. G. GLEDITSCH, den Direktor des Botanischen Gartens in Berlin, nachgewiesen. Er beobachtete, daß die in seinem Garten befindliche weibliche Zwergpalme blühte, jedoch nie Früchte ansetzte. Er ließ sich deswegen Pollen von einer männlichen Zwergpalme aus dem Botanischen Garten in Leipzig schicken und nahm eigenhändig die Übertragung des Pollens vor, dessen Transport neun Tage gedauert hatte. Das Befruchtungsvermögen des Pollens hält also länger an, als allgemein angenommen wird. Aus alten Angaben geht sogar hervor, daß die Einwohner einer belagerten persischen Stadt den Pollen der Dattelpalme ein Jahr lang in Gläsern aufhoben und weibliche Bäume damit befruchteten. Die weiblichen Dattelpalmen sind in den Oasen Nordafrikas und des Vorderen Orients stets in der Überzahl, weil auf engstem Raum möglichst hohe Erträge erzielt werden müssen. Man läßt immer nur einzelne männliche Palmen als Pollenspender stehen. Von den männlichen Bäumen berichten Reisende, daß die Wedelkronen in der Blütezeit in den frühen Morgenstunden von einer Wolke aus Pollenstaub eingehüllt sind.

Fruchtformen verschiedener Palmen.
A Steinfrucht der Kokospalme *(Cocos nucifera)* in der Aufsicht (links), im Längsschnitt (Mitte) und verkleinerte Aufsicht (rechts) von oben mit den drei Keimgruben.
B Dreifächerige Steinfrucht der Zuckerpalme *(Arenga pinnata)* in der Aufsicht und im Querschnitt.
C Beerenfrucht der Dattelpalme *(Phoenix dactylifera)* in der Aufsicht und im Längsschnitt. Embryo in dem als Dattelkern bezeichneten Samen.
D Panzerbeeren einer Palme der Gattung *Coelococcus* mit dachziegelartig angeordneten, abwärts gerichteten Schuppen.

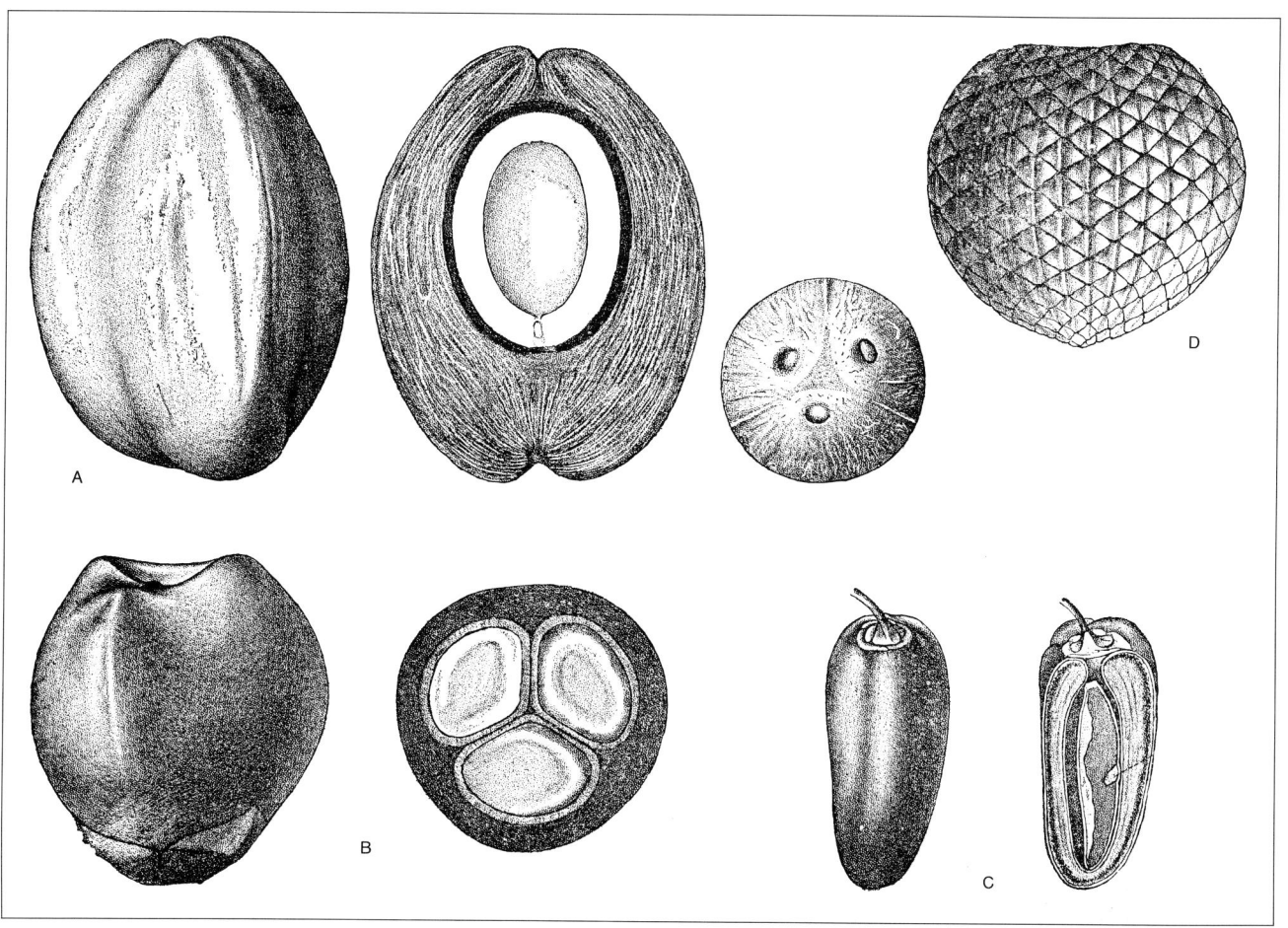

Frucht und Same

Aus den großen Blütenständen der Palmen entwickeln sich meist noch mächtigere Fruchtstände. Nach dem Abblühen sehen die ehemaligen Blütenstände sehr unterschiedlich aus. Die zwittrigen oder weiblichen Infloreszenzen sind in der Regel gleichmäßig mit Früchten besetzt. Tragen sie jedoch am Grund weibliche Blüten, so stehen die Enden der oft reich verzweigten Stände mit den männlichen Blüten als dürre Schwänze aus der Wedelkrone hervor. Bei den zweihäusigen Arten lassen sich an den männlichen Bäumen fast immer die abgeblühten vertrockneten Blütenstände beobachten.

Die Fruchtform steht in Beziehung zur Beschaffenheit des Fruchtknotens. Aus den verwachsenblättrigen Fruchtknoten gehen Steinfrüchte, aus den getrenntblättrigen Beerenfrüchte hervor. Sind die Beeren an der Oberfläche dachziegelartig mit Schuppen besetzt, bezeichnet man sie als Panzerfrüchte oder Panzerbeeren. Sehr häufig besitzen die Früchte fleischige Konsistenz. Sie werden dann häufig von Tieren gefressen oder vom Menschen verzehrt. In vielen Fällen weist der aus den Fruchtblättern hervorgehende äußere Teil der Fruchtschale eine faserige Beschaffenheit auf, und der innere Teil ist dann steinhart.

Ein typisches Beispiel einer Steinfrucht stellt die Kokosnuß dar. Sie stimmt im Aufbau mit der Mandel oder der Kirsche überein. Auf die glatte, wasserabweisende Außenhaut (Exocarp) folgt das faserige Mittelgewebe (Mesocarp). Dieses umschließt den harten Steinkern (Endocarp), in dem der große Same eingeschlossen ist. Das Endocarp kann aber auch in Form einer weichen Haut ausgebildet sein und ist dann wie z. B. bei der Dattel mit dem Samen verwachsen.

Der Same der Palmen ist nicht selten durch ein großes Nährgewebe ausgezeichnet. So besitzt die Seychellennußpalme *(Lodoicea maldivica)* die größten Samen im Pflanzenreich. Die Zellen des Nährgewebes (Endosperm) enthalten oft große Mengen an Ölen und Fetten, so bei den Gattungen *Elaeis* und *Cocos*, oder Stärke wie bei *Bactris*. Oft aber sind die Zellwände des Endosperms selbst stark verdickt, bestehen aus Hemizellulose

Blütenstände von *Phoenix canariensis*.

Fruchtstände von *Archontophoenix alexandrae*.

Blüten- und Fruchtstand von *Roystonea regia*.

Fruchtstände von *Howea forsteriana*.

Seychellennußpalme, *Lodoicea maldivica*, Früchte nicht ganz ausgereift.

Fruchtstände von *Chamaerops humilis*.

Blütenstände von *Trachycarpus fortunei*.

Fruchtstand von *Caryota mitis*.

und dienen als Nährstoffreserve. Sie werden bei der Keimung abgebaut. Ihre Wände sind mit langen Tüpfelkanälen versehen, und das Zellumen selbst ist verkleinert (Abb. unten). Die Tüpfelkanäle stellen die Verbindung zwischen den einzelnen Zellen dar.

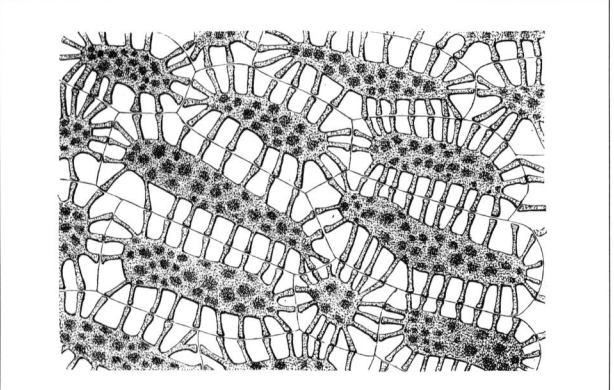

Ausschnitt aus dem steinharten Nährgewebe der Elfenbein- oder Steinnuß-Palme *(Phytelephas macrocarpa)*. Das Lumen der Zellen ist mit Eiweiß und Öl angefüllt. In den stark verdickten Zellwänden sind die Tüpfelkanäle zu erkennen.

In dem großen Endosperm liegt der Keimling eingebettet. Er ist in der Regel klein. Wenn die Frucht ein hartes Endocarp besitzt, ist an der Austrittsstelle des Keimlings eine Keimpore vorhanden. Aus ihr tritt der junge Embryo zunächst mit seiner Wurzel und dem vorderen Teil des Sprosses hervor. Bei der aus drei Fruchtblättern entstandenen Kokosnuß sind zwei Keimporen durch Sklerenchymfasern verstopft. Unter der dritten Keimpore liegt der Embryo als wenig differenziertes, abgestumpft eiförmiges Gebilde im Endosperm eingebettet. Die Austrittsstelle kann auch mit einem Keimdeckel versehen sein, der bei leichtem Druck des jungen Keimlings abgesprengt wird. Es gibt auch Palmfrüchte mit mehrfächerigem Steinkern. In jedem Fach steckt dann ein Same. In allen Fällen wird das Nährgewebe von dem heranwachsenden Keimling abgebaut und schließlich aufgebraucht. Dabei fungiert das Keimblatt als Saugorgan. Es vergrößert sich während des Heranwachsens der Keimpflanze beträchtlich und füllt als schwammiges, großes Haustorium schließlich den ganzen Innenraum des Samens aus.

Ökologie

Die ökologischen Ansprüche der Palmen spiegeln sich zunächst in ihrer Verbreitung wider. Sie zeigt, daß die Häufigkeitszentren in den warmen, immerfeuchten Tropen beiderseits des Äquators liegen. Afrika macht in dieser Hinsicht eine bisher ungeklärte Ausnahme. Die in der perhumiden tropischen Zone vorkommenden Arten sind somit an gleichmäßig hohe Temperaturen über 25 °C und gleichmäßig hohe Luftfeuchtigkeit angepaßt. Allerdings ist selbst in diesen Gebieten des tropischen Regenwaldes ein kurzfristiges Absinken der Luftfeuchtigkeit für 10 bis 14 Tage möglich. Vertreter dieser Gebiete sind die Kokospalme, die *Licuala*-Arten und die Ölpalme.

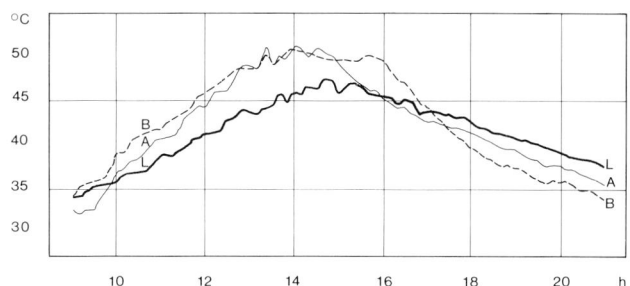

Tagesgang der Temperatur in der freien Luft und im Blatt einer Dattelpalme in der Negevwüste (Israel).
L Lufttemperatur.
A und B Temperatur im Innern von zwei Blättern.

Steigt man in der gleichen Klimazone oder auch im Bereich der wechselfeuchten Klimagebiete in den Gebirgen empor, so gelangt man in den Bereich der subtropischen und montanen Wälder mit ebenfalls hoher Luftfeuchtigkeit aber niedrigeren Temperaturen. Auch hier finden sich Palmen reichlich, z. B. die Bergpalmen der Gattung *Chamaedorea* in den Gebirgen Mexikos sowie den tropischen Regionen Mittel- und Südamerikas. Beiderseits der äquatorialen Waldzone schließen sich auf den Erdhalbkugeln nach Norden und Süden weite Gebiete mit nur in der Regenzeit grünen Monsun- und Trockenwäldern an. Sie sind ebenfalls reich an Palmen. Die in diesen Vegetationstypen vorhandenen Arten sind vor allem an große Schwankungen der Wasserversorgung angepaßt. Sie erhalten während der 5 bis 6 Monate dauernden Trockenzeit keinen Niederschlag. Ein Beispiel für Palmen in Gebieten mit wechselfeuchtem Klima ist die in Mittelamerika verbreitete Fiederpalme *Acrocomia mexicana*.

Schließlich gibt es auch in den Halbwüsten- und Wüstengebieten Palmen. Hierzu gehört der große Formenschwarm der Gattung *Phoenix*, dessen Verbreitung sich von den Kanarischen Inseln durch Nordafrika bis in die Wüstengebiete des Vorderen Orients und Indiens erstreckt. Beobachtungen über die Lebensweise der *Phoenix*-Arten zeigen allerdings, daß sie mit den Wurzeln immer das Grundwasser erreichen, während die Blattkrone der sengenden Wüstensonne ausgesetzt ist. Trotzdem können die Blätter z. B. der Dattelpalme (*Phoenix dactylifera*) nicht den ganzen Tag transpirieren. Bereits vormittags schließen sie ihre Spaltöffnungen, so daß die Transpirationskühlung fortfällt, und das Blatt sich stark erwärmt. Messungen haben ergeben, daß die Temperatur in den Blättern der Dattelpalme dann deutlich höher liegt als in der umgebenden freien Luft. Die Übertemperatur im Blattgewebe kann bis 11,5 °C betragen. Palmen verhalten sich somit im Hinblick auf die Temperatur- und Wasserversorgung sehr verschieden. Dies muß bei der Kultur berücksichtigt werden.

Leider ist es nicht möglich, Palmen in Mitteleuropa das ganze Jahr hindurch im Freiland zu halten. Die einzige an den Küsten des Mittelmeeres und in Innerspanien natürlich verbreitete Art, die Zwergpalme (*Chamaerops humilis*), erträgt zwar noch Temperaturen unter dem Gefrierpunkt,

Im Uferschlamm wachsende *Nypa fruticans* in Thailand.

Sabal palmetto in den Everglades-Sümpfen Floridas.

erfriert aber in strengen Wintern ohne Schutz bei uns im Freien. Am besten hält die aus China stammende Hanfpalme *(Trachycarpus fortunei)* in Europa im Freien aus. Sie ist an den vom Golfstrom erwärmten Westküsten Irlands und SW-Englands häufig anzutreffen.

Im einzelnen ist die Kälteresistenz zahlreicher Palmen inzwischen experimentell geprüft. Jede Art ist in Übereinstimmung mit dem Gebiet ihrer natürlichen Verbreitung verschieden kälteresistent. So werden die Blätter der Ölpalme *(Elaeis guineensis)* bereits bei −3 °C geschädigt und sterben bei −3,5 °C ab. Dagegen beginnt die Schädigung der Zwergpalme erst bei −9 °C und führt zum irreversiblen Kältetod bei −11,7 °C. Von den im Experiment geprüften Palmen sind die Hanfpalme und die Kleine Sabalpalme *(Sabal minor)* am stärksten kälteresistent. Ihre Blätter sterben erst bei −13 bis −14 °C ab. Wegen ihrer relativ geringen Frostresistenz sind Palmen auf Gebiete mit einem Temperaturminimum von −10 bis −15 °C beschränkt. Darüber hinaus ist inzwischen bekannt, daß die einzelnen Organe der Palmen eine unterschiedliche Kälteresistenz aufweisen. So erfriert der Vegetationskegel der Hanfpalme erst zwischen −11,5 bis −15 °C, während die Wurzel schon bei −6,5 bis −8 °C irreversibel geschädigt wird. Auch zwischen jungen und fertig ausdifferenzierten Blättern besteht ein Unterschied.

Neben Temperatur und Luftfeuchtigkeit spielt auch das Licht als Umweltfaktor für Verbreitung

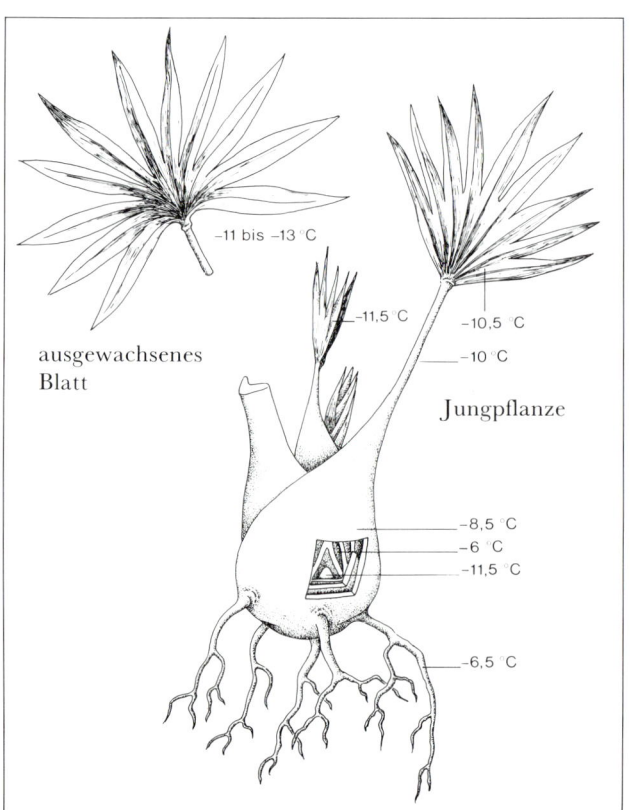

Kälteresistenz der verschiedenen Organe einer jungen Hanfpalme *(Trachycarpus fortunei)* und eines ausgewachsenen Blattes (links oben). Die für die Jungpflanze angegebenen Temperaturen zeigen den Beginn der Frostschädigung an. Für das ausgewachsene Blatt sind der Beginn der Schädigung und die Absterbetemperatur angegeben.

und Kultur der Palmen eine nicht zu unterschätzende Rolle. Entsprechend dem Vorkommen am natürlichen Standort verlangen Palmen, die im Unterwuchs des tropischen Regenwaldes oder von Bergwäldern auftreten, wenig Licht. Hierzu zählen u. a. die Gattungen *Licuala* und *Chamaedorea*. Die an freien, offenen Standorten wachsenden Palmen benötigen dagegen hohe Lichtintensitäten. Zu ihnen zählen z. B. die Kokospalme und die in Westindien zur Vegetation trockener, steppenartiger Gebiete zählende Palme *Acoelorraphe wrightii*. Anpassung an das Licht zeigen auch die im Regenwald Südostasiens verbreiteten Kletterpalmen der Gattung *Calamus* und der amerikanischen Gattung *Desmoncus* insofern, als sie mit Hilfe von Widerhaken in die Kronenregion des Waldes emporklettern und auf diese Weise zu besseren Lichtbedingungen gelangen.

Neben dem Klima spielt auch die Beschaffenheit des Untergrundes eine wichtige Rolle. Die Königspalme gedeiht nur auf fruchtbaren, tief verwitterten Lateritböden, die auch gleichzeitig die Feuchtigkeit halten. Ähnlich verhalten sich zahlreiche *Sabal*-Arten. An felsige Kalkstandorte ist die in Westkuba endemische Fiederpalme *Gaussia princeps* gebunden. Sie besitzt zugleich einen deutlich verdickten Stamm, in dem Wasser gespeichert wird. Es steht nur in der Regenzeit zur Verfügung und läuft überdies sehr schnell auf den glatten kahlen Kalkfelsen ab, auf denen die Pflanze ihren speziellen Standort hat.

Auf Sandböden wird in Südbrasilien die Palme *Arecastrum romanzoffianum* angetroffen. Sie geht dort sogar in die Dünengebiete hinein und verträgt eine gewisse Übersandung. Angehörige der Gattung *Copernicia*, zu der die Wachspalme gehört, kommen auch auf Serpentinböden vor. Bestimmte Arten sind in Kuba nur auf Serpentin anzutreffen. Verwitternde Serpentingesteine stellen ein trockenes, nährstoffarmes Substrat dar, auf dem die Vegetation oft nur aus Gräsern besteht oder Kümmerwuchs zeigt. In dieser schütteren Vegetation heben sich die *Copernicia*-Palmen eindrucksvoll ab.

Am Strand wachsend ist die Kokospalme nicht nur lichtliebend, sondern auch zugleich resistent gegen Meersalzeinwirkung. Sie verträgt allerdings keine hohen Salzkonzentrationen. Eine ausgeprägte Salzpflanze ist dagegen *Nypa fruticans*, die in den Gezeitenwäldern Südostasiens verbreitet ist und dort ausgedehnte Bestände bildet.

Die am Stamm vieler Palmen verbleibenden Blattgrundreste, die in Gestalt abstehender Blattgrundhälften oder fest ineinander verwobener Fasern den Stamm einhüllen, stellen einen besonderen Schutz gegen Feuer dar. In Savannen- und Steppengebieten treten oft Brände als natürliches Regulativ auf. Sie ziehen vom Wind angefacht schnell über die Flächen hinweg und erfassen lediglich die äußeren Teile der stammumhüllenden Blattrudimente. Der Stamm selbst wird dabei nicht geschädigt. Pflanzen mit derartigen Anpassungen werden als Pyrophyten bezeichnet.

Typischer Dattelpalmenhain entlang eines Gewässers.

Palmenwald oberhalb Mendoza in 2400 m Höhe.

Palmen und Ameisen

Ameisen sind in den Tropen allgegenwärtig. Insbesondere kleine Arten ergreifen Besitz von allen pflanzlichen Nischen. So ist es nicht verwunderlich, daß sie sich in allen Schlupfwinkeln, die Palmen bieten, einnisten. Sie bauen ihre Nester unter den trockenen, nicht abfallenden Spathen, unter den Fiedern alter abgetrockneter Blätter, zwischen persistierenden Blattbasen und zwischen kompakt stehenden, langsam reifenden Früchten. Gern halten sich kleine Arten zwischen den dicht stehenden Stacheln auf, welche die Blattscheiden der kletternden Palmen bedecken. Von dieser fakultativen Ausnutzung ökologischer Nischen bis zum gegenseitig angepaßten Zusammenleben von Ameisen und höheren Pflanzen gibt es alle Übergänge. Es kommt hinzu, daß die Aspekte wechseln, unter denen sich das Zusammenleben betrachten läßt.

Das Zusammenleben von Ameisen und Palmen ist in auffälliger Weise bei den Kletterpalmen ausgeprägt. So besitzen *Calamus angustifolius*, *Calamus laevigatus* und *Calamus javensis* zurückgebogene Basalfiedern, die der Rhachis anliegen. Auf diese Weise entstehen Hohlräume, die bestimmten Ameisenarten als Wohnkammern dienen. Diese Kammern werden unter Verwendung kleinster pflanzlicher Fragmente und mit Sekreten »befestigt«. Ähnlich liegen die Verhältnisse bei der Kletterpalme *Daemonorops ursina*. Sie besitzt schmale, öhrchenförmige Auswüchse an den Blattscheiden, die außergewöhnlich dornig sind und dem Sproß anliegen. Diese schwach konvex

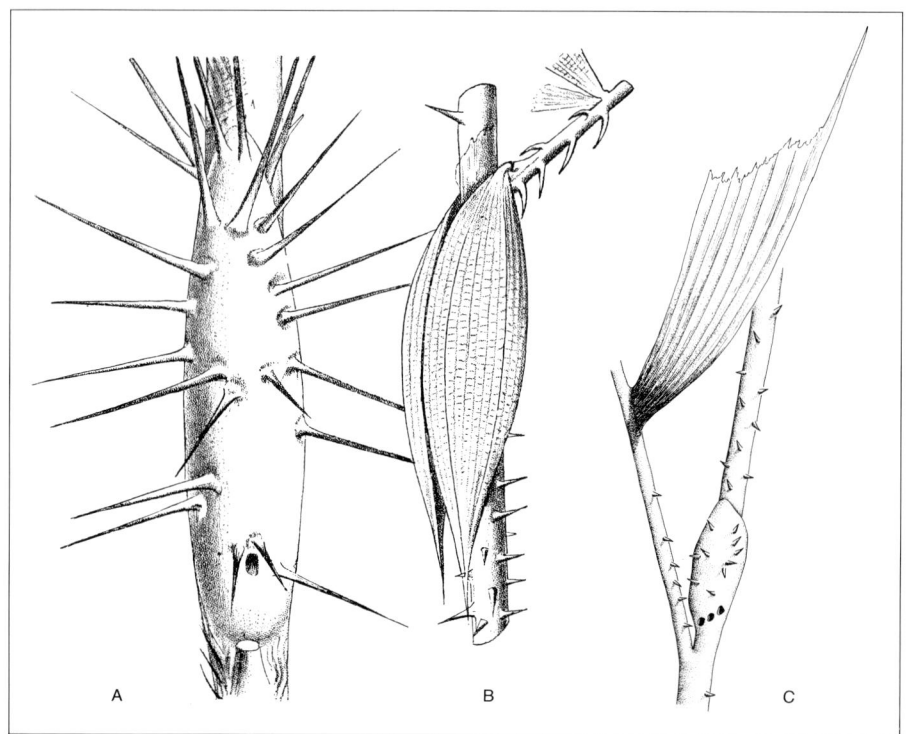

Myrmecophile Einrichtungen.
A *Korthalsia echinometra*. Ochrea mit Öffnung.
B *Calamus angustifolius*. Sproßabschnitt mit ansitzendem Blatt, dessen basale Fiedern vergrößert sind und dem Sproß nach unten anliegen.
C *Korthalsia scaphigera*. Sproßabschnitt mit Fiederblatt, dessen basaler Auswuchs als Ochrea dem Sproß anliegt. Ochrea mit drei kleinen Ameisenlöchern.

Abb. Seite 37:
Eine reizvolle Abbildung von *Ceratolobus glaucescens* aus dem prachtvollen Werk „Historia naturalis palmarum" des Münchner Botanikers Karl Friedrich von Martius (1794–1868). Es erschien in drei Bänden von 1823–1850. (Siehe auch die Abbildungen Seite 2 und 21.)

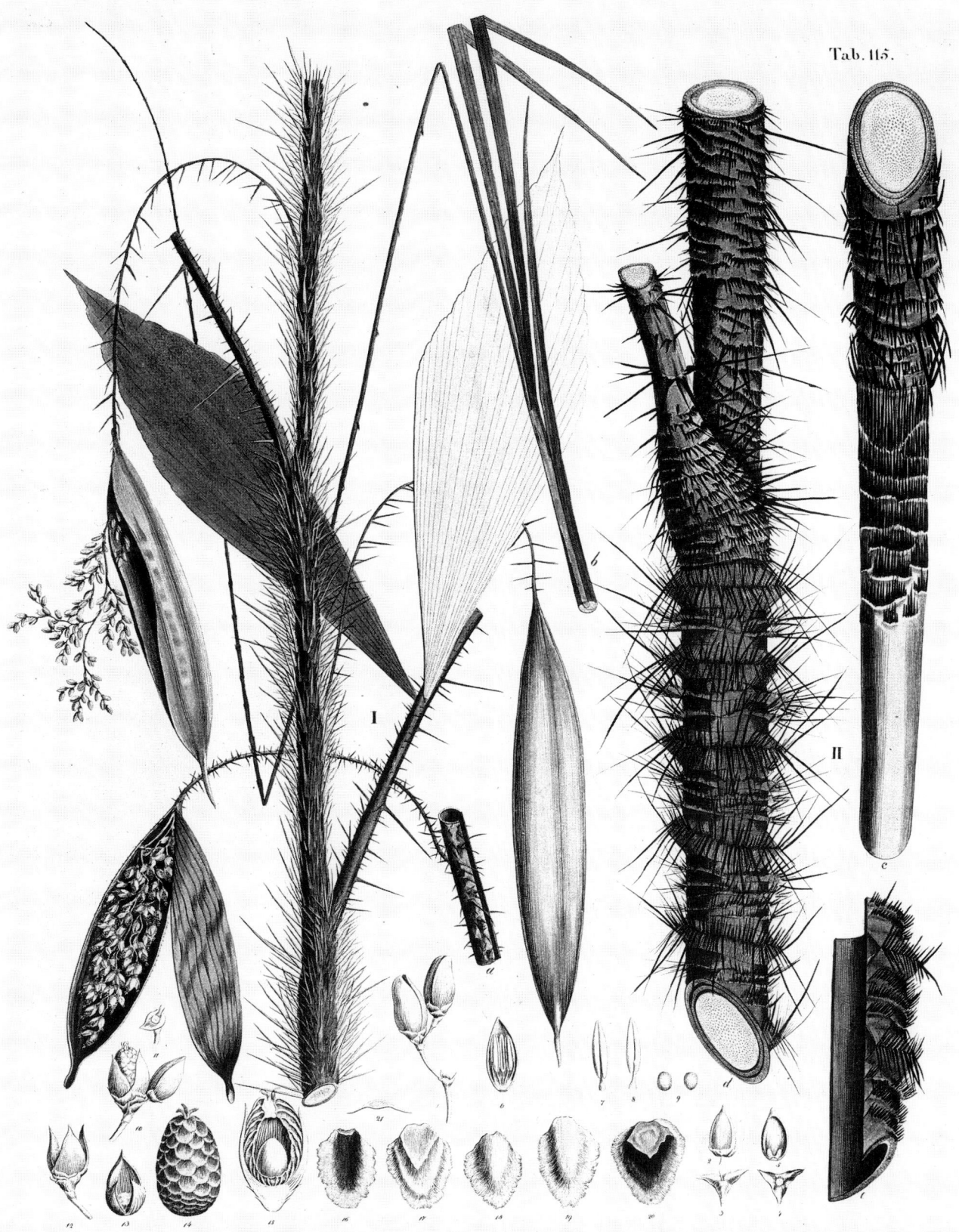

CERATOLOBUS glaucescens.

gebogenen Anhängsel überwölben einen engen tunnelförmigen Raum, der von winzigen Ameisen bewohnt wird.

Bekannter ist das Zusammenleben von *Korthalsia*-Arten und Ameisen der Gattungen *Camponotus* und *Tridomyrmex*. Bestimmte *Korthalsia*-Arten besitzen an der Stelle, an welcher der Blattstiel in die Blattscheide übergeht, eine dem Sproß anliegende röhrige Scheide, die Ochrea genannt wird. Diese Ochrea ist mit Stacheln versehen, die als Artmerkmal dienen, und bleibt am Sproß anliegend erhalten. Sie wird mehrere Zentimeter lang und reicht nahezu von einem Internodium zum andern. Auf diese Weise können mehr als 30 m lange *Korthalsia*-Sprosse von den vertrockneten Ochrea-Bildungen nahezu eingehüllt sein. Sie stellen ideale Wohnstätten für Ameisen dar, die im jugendlichen Stadium Löcher in die Basalpartie der Ochrea hineinbeißen. Solche präformierte, von Ameisen genutzte Bildungen werden als Domatien bezeichnet (Abb. Seite 36).

Tropenforscher berichten, daß die in ihnen lebenden Ameisen bei Annäherung bzw. Beeinträchtigung ein klopfendes Geräusch an den vertrockneten, sie schützenden Domatien erzeugen, das entlang des gesamten Sprosses schnell weitergegeben und offenbar als Warnsignal auch von den Völkern in den Kletterpalmen der Umgebung bis hinauf in die Kronen aufgenommen wird. Es wird von den Soldaten mit ihren größeren Mandibeln erzeugt.

Eine weitere »Anpassung« im Zusammenleben von Palmen und Ameisen besteht darin, daß Dornquirle an den Sproßachsen als Domatien genutzt werden. *Daemonorops verticillaris* besitzt an seinen Sprossen Ringe von Dornen, die so angeordnet sind, daß sie schräg nach unten bzw. oben stehend sich gegenseitig überdecken. Sie stellen gut geschützte Wohngalerien dar, und die gleichen Ameisen, welche die Ochrea-Bildungen von *Korthalsia*-Arten bewohnen, finden sich auch in diesen Ringen. Sie bauen außerdem ähnlich wie Termiten auf lange Strecken senkrecht verlaufende Tunnels von einem Ring zum andern.

Ohne Zweifel werden die Ameisen durch die Palmen geschützt. Ob jedoch auch die Palmen von dieser als Myrmecophilie bezeichneten Erscheinung einen Nutzen haben, ist nicht erwiesen. Es gibt Beobachtungen, nach denen Eichhörnchen und andere Säugetiere die von den Blattscheiden eingehüllten nährstoffreichen Vegetationskegel bevorzugt freilegen und verzehren. Von Ameisen bewohnte Pflanzen sollen von ihnen gemieden werden. Insgesamt ist das reizvolle Gebiet der Myrmecophilie bei Palmen noch nicht geklärt.

Früchte der Betelpalme, *Areca catechu*.

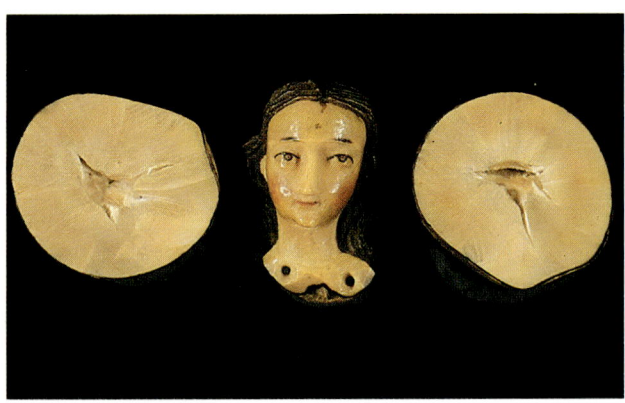

Früchte der Elfenbeinpalme, *Phytelephas macrocarpa*.

Frucht der Bastpalme, *Raphia farinifera*.

Palmen als Nutzpflanzen

Nur wenige Pflanzenfamilien werden in so vielfältiger Weise genutzt wie die Palmen. Dies gilt vor allem für das Gebiet ihrer natürlichen Verbreitung. In Mitteleuropa kann man sich nur schwer eine Vorstellung davon machen, wie mannigfaltig die Möglichkeiten der Nutzung sind. Dabei werden nicht nur die Früchte, sondern alle Vegetationsorgane außer den Wurzeln genutzt. Verwendet werden der Stamm, die Blätter und die Früchte. Sogar die Stacheln von der Stammoberfläche fanden als Pfeilspitzen Verwendung. Vor allem bezüglich der Nutzung der Blattorgane sind die Bewohner der jeweiligen Verbreitungsgebiete außerordentlich erfinderisch. Es werden sowohl der Blattgrund als auch die Blattspreite herangezogen und zwar sowohl im fertig ausdifferenzierten als auch im jugendlichen Stadium.

Als Beispiel für die Vielfältigkeit der Nutzungsmöglichkeiten mag zunächst die Verwendung der Königspalme *(Roystonea regia)* auf Kuba dienen. Alle Organe des 25 bis 30 m hohen Baumes außer der Wurzel werden genutzt. Der Stamm wird als Tragebalken beim Hausbau und zur Herstellung kleiner Hütten verwendet, die Fiederblätter zum Decken von Häusern und Hütten, aber auch zur Herstellung sehr verschiedener Flechtwerke. Die bis 2 m langen geschmeidigen Blattbasen der 6 bis 8 m langen Blätter dienen als Wandbekleidung für Feldhütten und zum Einpacken des berühmten Havanna-Tabaks in Ballen, nachdem er in den Wintermonaten auf den fruchtbaren Roterdeböden in Westcuba herangereift ist. Sie dienen weiter als Beinbekleidung, zur Herstellung von Besen, Körben und Hausschuhen, aber auch zum Einwickeln bzw. Verpacken der verschiedenartigsten Gegenstände. Die Früchte der Königspalme dienen in Kuba als Schweinefutter. Es läßt sich aber auch ein Speiseöl daraus pressen. Die Kokospalme bietet ähnlich vielfältige Nutzungs-

Früchte der Salakpalme, *Salacca zalacca*.

möglichkeiten wie die Königspalme. Sie wird deswegen in Indien als »Baum des Himmels« bezeichnet.

In Europa sind vor allem die Früchte der Kokospalme (*Cocos nucifera*) und der Dattelpalme (*Phoenix dactylifera*) bekannt. Aber auch die Früchte von *Brahea*- und *Euterpe*-Arten sowie von *Salacca edulis* und *Butia capitata* sind eßbar. Viele Palmen werden zur Herstellung von Palmwein genutzt. Beim Anschneiden bzw. Anbohren blühreifer Palmen treten aus der Schnittstelle über längere Zeit große Mengen von Zuckersaft aus, der nach Vergären zu Palmwein wird. Dies gilt für die Weinpalme (*Raphia vinifera*) und weitere Raphia-Arten sowie für Angehörige der Gattungen *Arenga, Caryota, Jubaea, Cocos, Phoenix, Borassus* und *Hyphaene*. Aus dem Palmwein läßt sich durch Destillation Arrak gewinnen, durch Eindicken des Saftes aber auch Rohzucker.

Sehr bekannt ist der Palmkohl (»Palmherzen«, Palmitos), der aus den Sproß-Spitzen verschiedener Palmenarten stammt. Er gelangt in Dosen konserviert heute in die gemäßigten Breiten. Darüber hinaus werden auch die jungen zarten Blätter von *Euterpe*- oder *Salacca*-Arten als Gemüse verwendet, vor allem im Verbreitungsgebiet von *Euterpe*-Arten von Nicaragua bis Bolivien sowie in Brasilien und von *Salacca*-Arten in Hinterindien und im indomalayischen Inselarchipel.

Für die menschliche Ernährung ist die Ölpalme (*Elaeis guineensis*) von großer Bedeutung. Aus den Früchten dieser kurzstämmigen Palme werden das Palmkernöl aus den Kernen und das Palmöl aus dem umgebenden faserigen Fruchtfleisch gewonnen. Die Heimat dieser Palme liegt in den Regenwäldern des Golfes von Guinea. Dort wächst auch die nahe verwandte Art *Elaeis ubanghensis*, deren Früchte in diesem Gebiet schon immer von den Bewohnern zur Ölgewinnung gesammelt wurden. Öle und Fette werden auch aus den Früchten der Kokospalme ausgepreßt. Sie spielen für die Gewinnung des Speisefettes Palmin weltweit eine wichtige Rolle. Auch aus dem Samen der in Brasilien beheimateten Babassupalmen (*Orbignya martiana, O. oleifera*) den sogenannten Babassunüssen wird ein Öl gewonnen, das bei der Margarine- und Seifenherstellung verwendet und roh als Dieselöl genutzt wird. Im Gegensatz zu Öl- und Kokospalme werden Babassu-Palmen nicht angebaut, sondern ihre Samen werden am natürlichen Standort gesammelt. Ferner gibt es zahlreiche andere Palmen, aus deren Früchten lokal Öl gewonnen wird, wie *Orbignya speciosa* und *Attalea oleifera*.

Zu den wichtigsten tropischen Stärkepflanzen zählt die Sagopalme (*Metroxylon sagu*) aus Hinterindien. Die Stärke wird aus den gespaltenen Stämmen des blühreifen Baumes ausgeschlämmt und gelangte früher in großen Mengen getrocknet und zu kleinen Kugeln gepreßt als Perlsago nach Europa.

Wichtig sind die Faserlieferanten aus der Familie der Palmen. Unter ihnen ist zunächst wieder die Kokospalme zu nennen. Die Fasern ihrer äußeren Fruchthülle (Mesocarp) kommen als »Coir« in den Handel und stellen das Ausgangsmaterial für Kokosmatten und Kokosläufer, aber auch für Bürsten und Besen sowie für Stricke und Taue dar. Sehr wichtig als Faserpflanze ist ferner die Bastpalme (*Raphia farinifera*). Aus ihren bis 2 m langen Seitenfiedern wird der Bast gewonnen, der in der gärtnerischen Praxis vielseitige Verwendung findet. In anderer Weise werden die kürzeren derben Fasern der Zwergpalme (*Chamaerops humilis*) genutzt. Sie stammen von den Blattbasen und liefern das vegetabilische Roßhaar (crin végétal). Als Stopfmittel für Sitzkissen und Matratzen ist vegetabilisches Roßhaar sehr begehrt. Fasern zum Binden und zur Herstellung von Flechtwerken liefern z. B. die Gattungen *Leopoldinia, Orbignya, Trachycarpus, Arenga* und *Corypha*. Material für die Herstellung von Pinseln und Bürsten liefern die Blätter der Brennpalme (*Caryota urens*) in Gestalt der Kitulfasern.

Ein wichtiges Nutzungsprodukt aus den Sprossen bestimmter Palmen stellt das Spanische Rohr dar. Es stammt von Rotangpalmen der Gattung *Calamus* und anderer kletternder Gattungen, die in den Regenwäldern Südost-Asiens mit zahlreichen Arten vertreten sind (Abb. Seite 42).

Die Sprosse dieser kletternden Palmen werden 50 bis 150 m lang und sind mit zerstreut angeordneten Blättern besetzt. Sie werden nur wenige Zentimeter dick. Unter den Rotangsprossen von über 1 cm Dicke unterscheidet man im Handel das braune Malakka-Rohr, das gelbe Manila-Rohr und das ebenfalls gelbe Manau-Rohr. Sprosse mit geringerer Dicke werden als Korkrohr bezeichnet. Die unzerteilten Stengel mit ihrer glatten, glänzenden Oberfläche werden zu Spazierstöcken, Teppichklopfern und Peitschen, aber auch zu tragenden Teilen von Korbmöbeln verarbeitet. Das meiste nach Europa und in die Vereinigten Staaten exportierte Spanische Rohr wird mit Maschinen in Längsstreifen geschnitten. Die von der Sproßoberfläche geschnittenen Streifen mit ihrer glatten Außenseite liefern das wertvollste Material. Es dient als Flecht- und Wickel-

Oben links: Bastpalmen, *Raphia farinifera*, am heimatlichen Standort in Madagaskar. Wichtig als Lieferant des gärtnerisch verwendeten Bastes.
Oben rechts: Kokospalmen, *Cocos nucifera*. Vorne frisch geerntete Früchte, deren Exo- und Mesocarp noch nicht entfernt wurden.
Unten links: *Chrysalidocarpus lutescens*, eine der in der Kultur weit verbreiteten Palmen Madagaskars.
Unten rechts: Die 20 bis 30 m hohe Talipotpalme, *Corypha umbraculifera*, ist eine imposante Erscheinung. Nach Blüte und Fruchtreife stirbt sie.

rohr zur Herstellung von Stuhlsitzen, für Rücken- und Seitenflächen an Sitzmöbeln, zur Verkleidung von Wänden, Decken und Heizkörpern, von Schranktüren und vielerlei Dekorationsgegenständen. Aus dem Innenteil der kompakten Sprosse schneidet man mit Maschinen das im Querschnitt runde Peddigrohr oder die flachen Peddigschienen. Beide stellen ein besonders biegsames Material dar. Seine Flexibilität wird aus der Tatsache verständlich, daß der lange Sproß der kletternden Rotangpalmen besonders elastisch sein muß. Aus den Peddigschienen werden Körbe, Schalen, Kinderwagen und vieles andere hergestellt. Weiter ist zu erwähnen, daß aus verschiedenen Rotangpalmen auch Farbstoffe gewonnen werden. Ähnlich wie die Rotangpalmen werden auch die Steckenpalmen der Gattung *Rhapis* aus Südchina genutzt. Es handelt sich um niedrigwüchsige aufrechte Palmen, deren ungeteilte Sprosse zur Herstellung von Spazierstöcken und wertvollen Regenschirmen verwendet werden.

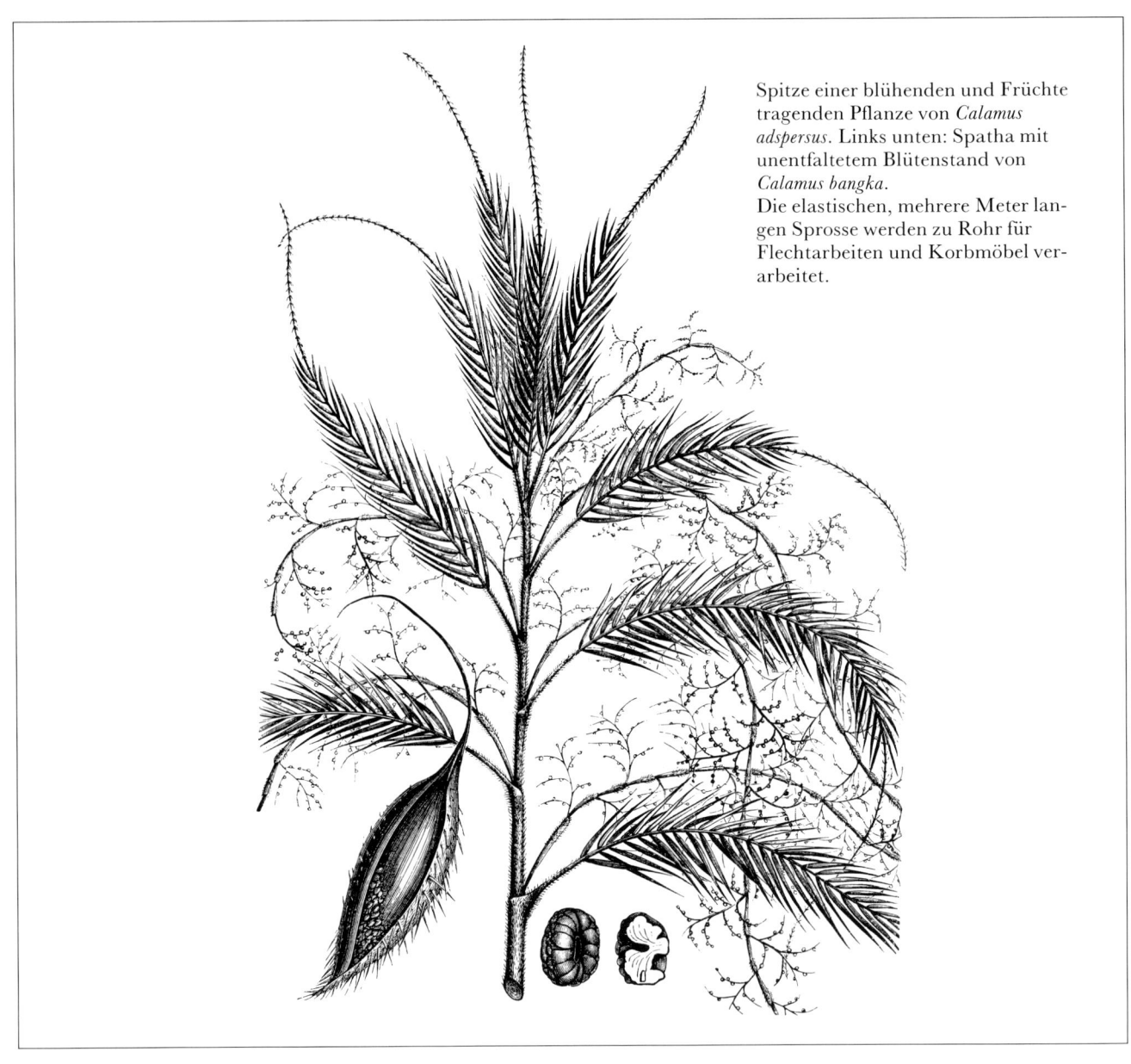

Spitze einer blühenden und Früchte tragenden Pflanze von *Calamus adspersus*. Links unten: Spatha mit unentfaltetem Blütenstand von *Calamus bangka*.
Die elastischen, mehrere Meter langen Sprosse werden zu Rohr für Flechtarbeiten und Korbmöbel verarbeitet.

Im Gebiet der natürlichen Verbreitung finden die Stämme zahlreicher Palmen für den Haus- und Hüttenbau Verwendung, zumal die Stämme infolge ihres anatomischen Baues besonders zäh und elastisch sind. Es ist unmöglich, alle Arten und Gattungen aufzuzählen. Als Beispiele seien die Königspalmen, die Borassus-Palmen und die Brennpalmen *(Caryota)* erwähnt.

Ähnlich verhält es sich mit den Blättern ungezählter Arten, die zum Decken von Dächern benutzt werden. Dabei finden sowohl Fiederpalmen als auch Fächerpalmen Verwendung, darunter neben den oben erwähnten Gattungen auch Sabalpalmen und Schirmpalmen *(Corypha)*. So werden z. B. auf Kuba die Fächerblätter der Sabalpalmen zum Decken von Hausdächern genutzt. Sie bleiben dort vielfach als einzige Bäume der Feuchtwälder stehen und prägen dann mit ihren hohen, schlanken Stämmen und schopfartig belassenen Wedelkronen in eindrucksvoller Weise das Landschaftbild.

Erwähnung verdient die Gewinnung von Wachs aus den Blättern der Wachspalmen. Die meisten von ihnen gehören der Gattung *Copernicia* an, die im tropischen Amerika beheimatet ist. Die bekannteste von ihnen ist die aus Brasilien stammende Carnaubapalme *(Copernicia cerifera)*. Ein Wachs von geringerer Qualität liefert die in Kolumbien verbreitete Wachspalme *(Ceroxylon andicola)*, bei der das Wachs nicht von den Blättern stammt, sondern von der Stammoberfläche des Baumes abgesammelt wird.

Ein Harz, das »Indische Drachenblut«, wird aus den Früchten der kletternden Palme *Daemonorops draco* auf Sumatra durch Erhitzen gewonnen. Diese Palme ist in systematischer Hinsicht mit den *Calamus*-Arten verwandt. Das echte Drachenblut stammt von dem auf Sokotra beheimateten Drachenbaum *(Dracaena cinnabari)*, der mit dem auf den Kanarischen Inseln vorkommenden Drachenbaum *(Dracaena draco)* verwandt ist und zu den Agavengewächsen gehört.

Eine wichtige Nutzpflanze der Altwelt-Tropen stellt ferner die Betelnußpalme *(Areca catechu)* dar. Aus ihren Früchten, den Betelnüssen, wird der Betelbissen hergestellt, der für viele Bewohner Südost-Asiens ein wichtiges Stimulans darstellt (s. Seite 67).

Schließlich seien die Samen verschiedener Palmarten erwähnt, die ein steinhartes Nährgewebe besitzen, das unter dem Namen »vegetabilisches Elfenbein« bekannt ist. Unter ihnen sind an erster Stelle die Steinnußpalmem *(Phytelephas macrocarpa* und *Ph. microcarpa,* Abb. Seite 38) zu nennen. Das weiße Nährgewebe der in den Früchten enthaltenen Samen ist im Jugendstadium weich und wie Mandeln eßbar. Es wird bei der Reife steinhart und läßt sich sehr gut sägen, drechseln und sogar färben. Aus diesem Material wurden früher in großen Mengen Knöpfe und auch Schnitzereien hergestellt.

Auch manche der afrikanischen *Hyphaene*-Arten haben ein steinhartes Nährgewebe in ihren pflaumengroßen Samen. Sie weisen im Innern zwar einen Hohlraum auf, aber der äußere Teil wird wie Elfenbein zu den verschiedenartigsten Schnitzereien z. B. für die Herstellung von kleinen Figuren wie Elefanten, Nashörnern oder Antilopen verwendet.

Palmen der Gattung *Metroxylon* liefern die »polynesische Steinnuß«. Es sind hochstämmige Bäume, deren Samen die Größe kleiner Äpfel besitzen. Sie sind nicht ganz kompakt, sondern nach einer Seite glockenförmig geöffnet und an der Oberfläche mit glänzenden braunen Schuppen besetzt.

Die Fruchtschalen vieler Palmen dienen als Schöpf- oder Trinkgefäße. In kunstvoller Weise geschnitzt und bemalt finden sie als Zierrat mannigfaltigster Art ähnlich wie die Früchte des Kalebassenbaumes *(Crescentia alata)* oder vieler Kürbisgewächse Verwendung. Die Blätter vieler Arten werden auch heute noch als Regenschutz oder Fächer benutzt. Die Stammstücke werden in der mannigfaltigsten Weise z. B. ausgehöhlt als Wasserleitung, als Blumentöpfe oder zur Aufbewahrung von Lebensmitteln und Trinkwasser verwendet.

Mit diesen Beispielen wurden nur die wichtigsten Möglichkeiten der Nutzung von Palmen beschrieben.

Palmen in Parks und Gärten der Tropen und Subtropen

Honigpalme, *Jubaea chilensis*.

Die Zahl der im Freiland angepflanzten Zierpalmen ist groß. Dies gilt vor allem für die Gebiete mit tropischem Klima. Aber auch im subtropischen Klimabereich werden, wo irgend möglich, Palmen als ornamentale Schmuckpflanzen angebaut. Sie sind charakteristisch für das gesamte Mittelmeergebiet und für die südlichen Vereinigten Staaten, vor allem für Florida, Kalifornien, das südliche Südamerika, Südafrika, Südjapan und die subtropischen Gebiete Asiens und Australiens. Dort zieren sie öffentliche und private Gärten und Parkanlagen, Alleen und Innenhöfe. Dabei handelt es sich nicht nur um hochwüchsige Solitärpalmen mit schlanken oder gedrungenen Stämmen sondern auch um mittelhohe, buschig wachsende Arten, die in Gruppen die Garten- und Parklandschaft beleben.

Der ornamentale Wert der Palmen ist in erster Linie in ihrem Erscheinungsbild begründet. Über einem säulenförmigen Stamm wölbt sich eine imposante Wedelkrone. Dabei kann der Stamm wie bei den Euterpe-Palmen bei einem Durchmesser von nur 20 cm mehr als 20 m Höhe erreichen, oder er erregt durch seine besondere Dicke Aufsehen wie bei der Chilenischen Honigpalme (*Jubaea chilensis*). Im einzelnen kann der Stamm durch die Ringnarben der abgefallenen Blätter gezeichnet, durch abstehende Blattgrundreste, durch umhüllende Fasern, durch Stachelringe, durch seine glänzend grüne Färbung, durch braune und graue Farbtöne oder gar durch Anschwellungen gezeichnet sein. Die Schönheit vieler Palmen beruht aber auch auf ihren Blättern, die vielfach durch bunte Mittelrippen oder Blattscheiden wie bei der Lackpalme (*Cyrtostachys renda*), durch sehr verschieden und oft ungewöhnlich geformte Fiedern oder lang herabhängende Fasern an den Strahlenspitzen der Fächerblätter aber auch den Basalfiedern der Fiederpalmen auffallen. Hierzu kommt das Farbenspiel des Blattes selbst, das oft in den verschiedensten Nuancen gelbgrün, graugrün oder blaugrün überlaufen ist. Auch der Stamm erscheint bei manchen Palmen goldgelb oder blau bereift. Vielfach tragen die Früchte, weniger die Blüten, zur Schönheit der Freilandpalmen bei. Dichter Behang kann durch auffallende Färbung der Früchte wie goldgelb, matt oder glänzend rot,

Palmengruppe im Botanischen Garten von Paradenya, Sri Lanka.

schwarzblau oder glänzend schwarz gesteigert werden.

Zwar gibt es manche Palmen, die als Zierbäume nur lokale Bedeutung haben, aber bestimmte Arten sind wegen ihrer Schönheit weltweit verbreitet worden. Zu ihnen gehören die Königspalme, die Brennpalme (*Caryota urens*), die Sabal-Palmen, die Livistonien, die Phoenix-Palmen, vor allem die Kanarische Dattelpalme (*Phoenix canariensis*), die Pritchardien und die *Washingtonia*-Arten. Unter den buschig wachsenden Palmen ist die von Madagaskar stammende Goldpalme (*Chrysalidocarpus lutescens*) überall in den Tropen anzutreffen. Nicht selten sind als Nutzpflanzen gepflanzte Palmen gleichzeitig überaus dekorativ, wie z. B. die Kokospalme. Auch die Dattelpalme wird als Zierbaum unter klimatischen Bedingungen angepflanzt, unter denen sie keine Früchte trägt.

Außergewöhnlich eindrucksvoll sind Alleen aus alten Palmen, von denen einige berühmt sind. Sie finden sich an repräsentativen Einfahrtsstraßen tropischer Großstädte, an den Einfahrten zu alten Herrensitzen, auf Friedhöfen oder in Botanischen Gärten. Berühmt sind drei in verschiedenen Richtungen verlaufende Palmenalleen im Botanischen Garten von Rio de Janeiro, die aus abwechselnd gepflanzten 40 m hohen Kohlpalmen *(Roystonea oleracea)* und mehr als 25 m hohen Königspalmen *(Roystonea regia)* bestehen. Auch die »Avenue of Cabbage Palms« im Botanischen Garten von Paradeniya auf Sri Lanka (Ceylon) mit den mehr als 40 m emporragenden Stämmen von *Roystonea oleracea* zählt ohne Zweifel zu den berühmtesten Palmen-Alleen. Bekannte Palmen-Alleen sind weiter der Royal Palm Way in Palm Beach auf Florida und die Königspalmen-Allee im Botanischen Garten von Havanna, eine Allee aus Königspalmen auf der Lancetilla Experiment Station in Tela, Honduras sowie eine Doppelreihe aus *Washingtonia robusta* auf dem Campus der State University in Arizona. Die Corozopalme *(Orbignya cohune)* bildet mit ihren mächtigen, in spitzem Winkel stehenden Blättern Alleen, die an die Spitzbogen gotischer Kathedralen erinnern.

Schließlich muß auf einige Botanische Gärten und Parks hingewiesen werden, die durch große Sortimente an Palmen ausgezeichnet sind. Es sind dies neben dem Botanischen Garten Rio de Janeiro die Bogor Botanic Gardens (Kebun Raya) bei Jakarta in Java, mit einem in der kühl-feuchten Höhenstufe gelegenen Außengarten in Tjibodas; Fairchild Tropical Garden, Coconut Grove, Florida mit dem wohl größten Sortiment an Palmen; U.S. Plant Introduction Garden (Chapman Field) in Coconut Grove, Florida; Huntington Botanical Gardens, San Marino, Kalifornien; Paradeniya Gardens auf Sri-Lanka (Ceylon); National Botanic Gardens Howrah bei Kalkutta; Hope Botanic Garden, Kingston, Jamaica; Botanic Gardens of Adelaide, Australien; Botanic Gardens in Cairns, Townsville und Rockhampton in Queensland. Unter diesen Gärten ist der durch die Holländer angelegte Botanische Garten in Bogor wohl der älteste in den Tropen.

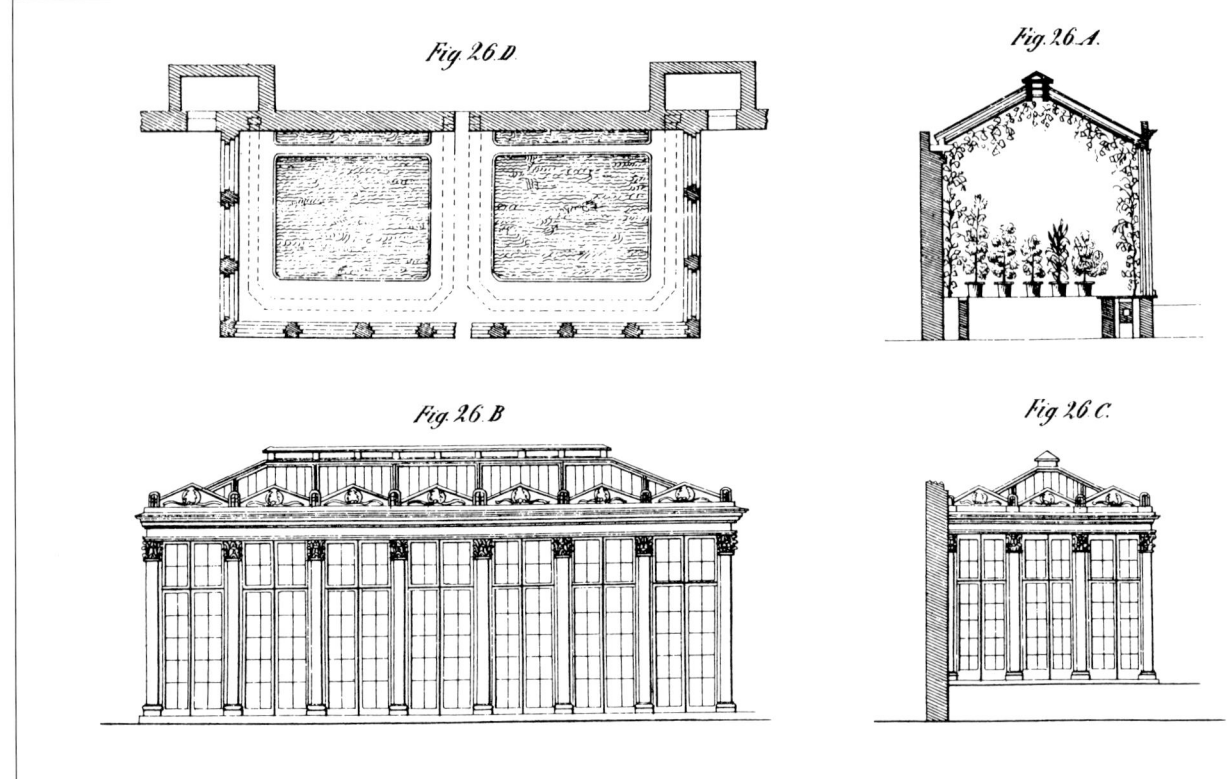

Palmen in Gewächshäusern und Wintergärten des 19. Jahrhunderts

Die Geschichte der Palmenkultur in Europa ist in ihren Anfängen mit der Geschichte der botanischen Gärten eng verbunden. Die ersten botanischen Gärten waren als Hortus medicus konzipiert. Sie waren somit Sammelstätten für Heilkräuter, teilweise auch für Küchenkräuter. Hiervon legen die in Deutschland seit dem Ende des 15. Jahrhunderts erschienenen Kräuterbücher Zeugnis ab. Im Anschluß an die Entdeckungsreisen gelangten die ersten exotischen Pflanzen, darunter auch Palmen, nach Europa. Sie wurden in die botanischen Sammlungen integriert, soweit die technischen Voraussetzungen dafür in Gestalt der ersten einfachen Gewächshäuser gegeben waren.

Eine weitere Möglichkeit für die Kultur von Palmen war im Rahmen der Orangerien möglich. Sie entstanden in der ersten Hälfte es 17. Jahrhunderts und befanden sich im Besitz der Fürstenhäuser. Hierbei ist zwischen Orangerien und Gewächshäusern für die Kultur exotischer Pflanzen nicht immer scharf zu trennen. In Paris ließ Ludwig XIII. im Jahr 1626 den »Jardin des Plantes« anlegen, der bereits einige Gewächshäuser umfaßte. In Deutschland wurde die erste Orangerie im Jahr 1652 von Johann Clodius in

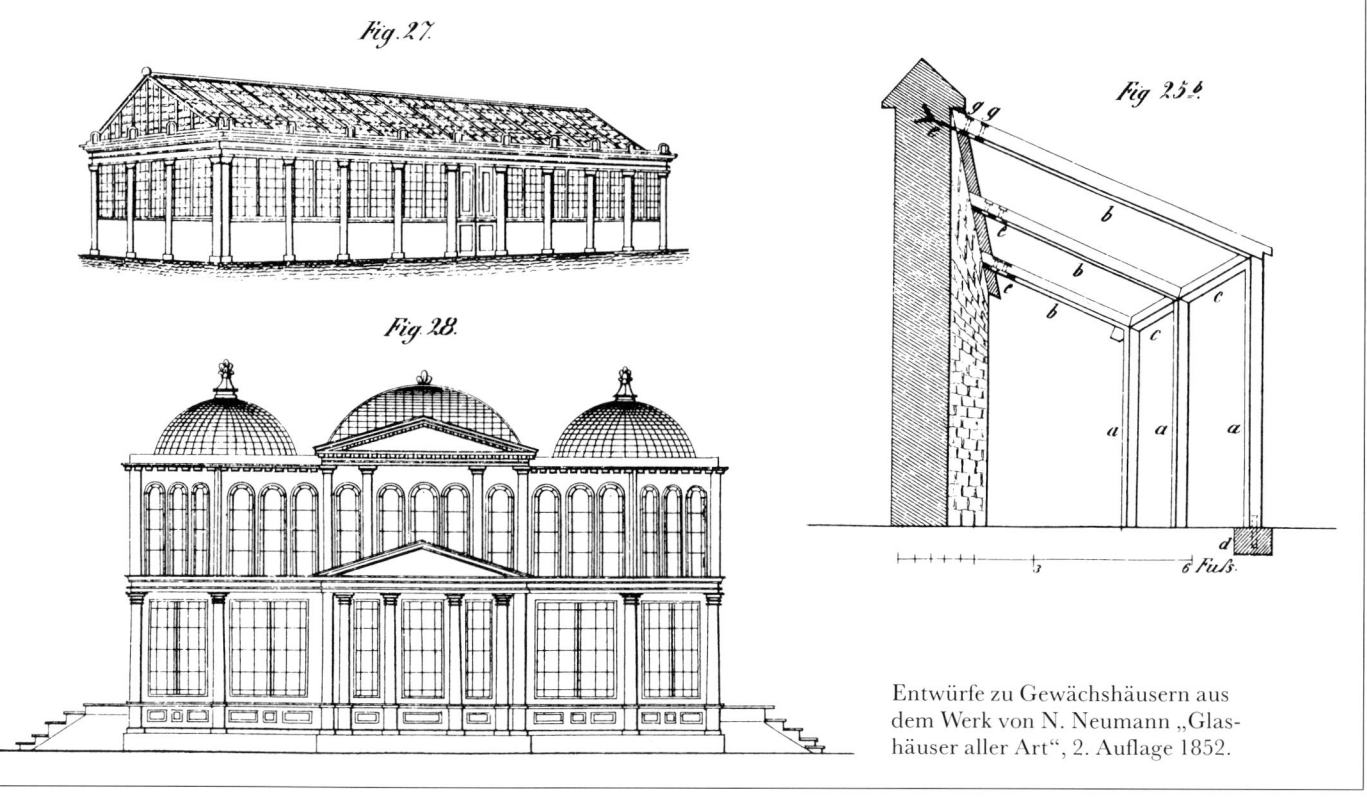

Entwürfe zu Gewächshäusern aus dem Werk von N. Neumann „Glashäuser aller Art", 2. Auflage 1852.

Gottdorf, Sachsen, gebaut. Vor allem aber wurde der Bau von Orangerien in den Niederlanden in der zweiten Hälfte des 17. Jahrhunderts entwickelt. Auch die Universität Uppsala besaß Gewächshäuser seit 1658. Alle Gewächshäuser einschließlich der Orangerien wurden mit sehr verschiedenen Öfen geheizt, unter denen sich auch Kachelöfen befanden.

Die Zentralheizung wurde erst im 19. Jahrhundert erfunden. Sie war eine der Voraussetzungen für den Bau großer Gewächshäuser. Die zweite Voraussetzung war die Entwicklung entsprechender tragender Eisenkonstruktionen, die in das gleiche Jahrhundert fällt. Das erste Glashaus mit zirkulierender Zentralheizung wird 1829 aus Holland beschrieben. Bereits im Jahr 1818 erbaute der Architekt Sckell im Botanischen Garten in Nymphenburg bei München ein für die damalige Zeit großes Gewächshaus, das zugleich ein Palmenhaus war. Ein besonderer Markstein in der Errichtung von Glashäusern war der Bau des Kristall-Palastes im Hyde Park, der sowohl durch sein architektonisches Konzept als auch durch die Größendimensionen Aufsehen erregte. Er wurde am 1. Mai 1851 von Königin Victoria eröffnet.

Allgemein verlief die Entwicklung so, daß mit der Einführung einer Vielzahl tropischer Pflanzen, der fortschreitenden Festigung der Botanik als wissenschaftlicher Disziplin, der Erweiterung von Forschung und Lehre und der Verbesserung von Glashaus-Konstruktionen immer größere Gewächshäuser errichtet wurden. Ihre Aufgabe war die Präsentation der ständig neu herbeigebrachten exotischen Pflanzen, aber zugleich auch ihre systematische Zuordnung je nach Wissensstand in das Linnésche Pflanzensystem.

Mit einem hohen Palmenhaus (Tropenhaus) im Zentrum, umgeben von kleineren Häusern verschiedenen Wärmegrades präsentierten sich diese neuen Gewächshausanlagen. Ein wichtiger Gesichtspunkt bei ihrer Entstehung war die Tatsache, daß mit der Ausdehnung des Kolonialismus im 19. Jahrhundert die Kenntnis neuer, bisher unbekannter Nutzpflanzen und ihrer wirtschaftlichen Nutzung im europäischen Bewußtsein zunehmend an Boden gewann. Die Pflanzen, unter denen sich viele heute nur noch im Heimatgebiet genutzte Palmen befanden, wurden damals der staunenden Öffentlichkeit vorgeführt.

Ein weiteres Fundament der Palmenkultur erwuchs aus dem privaten Wintergarten, durch den der Adel und später die großbürgerliche Schicht ihren Wohnraum erweiterten. Seltene exotische Pflanzen zu sammeln war zunächst ein Privileg der Aristokratie. Große Sammlungen, vor allem von Palmen waren begehrt, und der Ankauf solcher Sammlungen war nicht selten der Anlaß für den Bau von Gewächshäusern oder von Wintergärten. So verdankt das Palmenhaus auf der Pfaueninsel von Berlin, das 1832 von König Friedrich Wilhelm III. erbaut wurde, seine Entstehung der Palmenkollektion des Franzosen Foulchiron, ähnlich wie das 1869 erbaute Palmenhaus des heutigen Frankfurter Palmengartens auf die reichhaltigen Sammlungen des Herzogs von Nassau in seinen Gewächshäusern von Biebrich bei Wiesbaden zurückgeht.

Der Wintergarten entwickelte sich je nach den finanziellen Möglichkeiten und der architektonischen Kreativität in verschiedener Richtung. Er konnte als Erweiterung von Bibliothek oder Salon vergrößert werden. Seine Verbindung zum Wohngebäude konnte aber auch gelöst werden und damit ein Gewächshaus bzw. ein Conservatory für die zahlreichen exotischen Gewächse entstehen. Ein berühmtes Beispiel hierfür ist das Palmenhaus des Herzogs von Devonshire, das in Chatsworth von 1836 bis 1840 errichtet wurde und eine Fülle seltener Pflanzen aus der Neuen Welt und sehr verschiedenen Gebieten Asiens enthielt. Seine Wirkung wurde dadurch gesteigert, daß es in einem großen Park lag.

Mit dem Niedergang des Adels und dem Aufstieg des großindustriellen Bürgertums wurde lediglich der Besitz von Wintergärten verlagert. Beispiele für bürgerliche Wintergärten sind der Wintergarten der Industriellenfamilie Borsig in Berlin-Moabit, in dem 1850 der spätere deutsche Kaiser das Aufblühen der ersten *Victoria regia*-Blüte bewunderte, der 1867 erbaute Wintergarten der Familie Ravanné in Berlin und der Winter-

Ausschnitt aus dem 1896 erbauten Palmenhaus des Frankfurter Palmengartens. Im Vordergrund eine prächtige *Howea forsteriana*, hier so groß wie in ihrer Heimat.

Das große Palmenhaus des Frankfurter Palmengartens im Jahr der Eröffnung 1870.

garten des Brauereibesitzers Jacobsen in Kopenhagen, der 1876 von seinem Bauherrn selbst entworfen wurde. Alle diese Großwintergärten dienten der Akkumulation und Präsentation exotischer Pflanzen, unter denen die vorhandenen Palmen am meisten die Phantasie beflügelten und zugleich den Reichtum des Besitzers repräsentierten.

Von dieser Verzauberung des Adels und des Großbürgertums durch die fremdartige, künstlich gestaltete »Vegetation« bis zum öffentlichen Wintergarten mit seinen Palmen als Ort des Vergnügens und der Zerstreuung ist es nur ein Schritt. Der erste große öffentliche Wintergarten wurde von 1842 bis 1846 in London im Regent's Park errichtet, und die Königin selbst war seine Schutzherrin. Zwei Jahre später entstand an den Champs-Elysées ein Wintergarten, der sich durch seine besondere Größe und die Vielfalt der Ver- gnügungsmöglichkeiten auszeichnete. Der freie Zugang zu dem tropischen Pflanzengarten und den eng damit verbundenen Räumlichkeiten wie Cafés, Lese- und Musikräumen, Verkaufsständen und Bildergalerien hatte nicht nur die Möglichkeiten freier Kommunikation sondern auch einträglicher Bewirtschaftung zur Folge. Zentrum und Kristallisationspunkt allen vielfältigen Vergnügens aber waren die vorhandenen exotischen Pflanzenkollektionen.

Der Wintergarten wurde mit dem Ziel, möglichst verschiedenartigen Interessentengruppen Aufenthaltsmöglichkeit, Sinnesfreude aber auch botanische Belehrung zu vermitteln, in der Folgezeit umgestaltet. Es entstanden die »Flora« oder »Palmengarten« genannten Anlagen, bei denen die Gesellschaftsräume von den Gewächshäusern mit ihrem feucht-warmen Klima getrennt wurden. Diese waren noch immer geräumig, so daß

Das gleiche Palmenhaus des Frankfurter Palmengartens im Jahre 1965.

die Kultur auch großer Palmen möglich war. Es bestand lediglich eine Trennung zwischen gesellschaftsbezogenen Räumlichkeiten und Großgewächshaus. Hierbei wurde die Trennung möglichst unter Verwendung von Glas ausgeführt. Der Besucher gelangte aus den Gesellschaftsräumen in ein großes, technisch konstruktiv und gartenarchitektonisch ideal durchgestaltetes Gewächshaus, bei dem die Konstruktion aus Glas und Eisen hinter der naturnah komponierten Anordnung der Pflanzen mit den dominierenden Palmen in den Hintergrund trat.

Floren dieser Art wurden zuerst in Köln, danach in Frankfurt, Leipzig und in Berlin erbaut. Sie boten breiten Schichten der Bevölkerung Aufenthalts- und Vergnügungsmöglichkeiten und wurden zu Zentren bürgerlicher Geselligkeit. Sie gaben zudem den ernsthaft Interessierten Gelegenheit, ihr botanisches Wissen zu vertiefen.

»Der Promenadenweg durch die Pflanzen wurde so zugleich zum Lehrpfad. Der Tropenwald der Flora war sowohl als Viridantia (Lustgarten) als auch als Hortus (Botanischer Garten) konzipiert und bildete für den Besucher ein Universum der Natur und der Sinneslust, ein künstliches Paradies auf der Grundlage der technischen Mittel des Industriezeitalters, in welchen er in Zerstreuung verweilen durfte.« (G. Kohlmaier und B. Sartory, 1981)

Heute findet man kleinere oder größere Palmensammlungen in den meisten Botanischen Gärten, so u. a. in Berlin-Dahlem, München, dem Palmengarten in Frankfurt a. M., in England vor allem in Kew Gardens bei London, in Brüssel und Paris. Allerdings reichen sie alle nicht an die großen, oft Hunderte von Arten umfassenden Sammlungen in der zweiten Hälfte des vorigen Jahrhunderts heran.

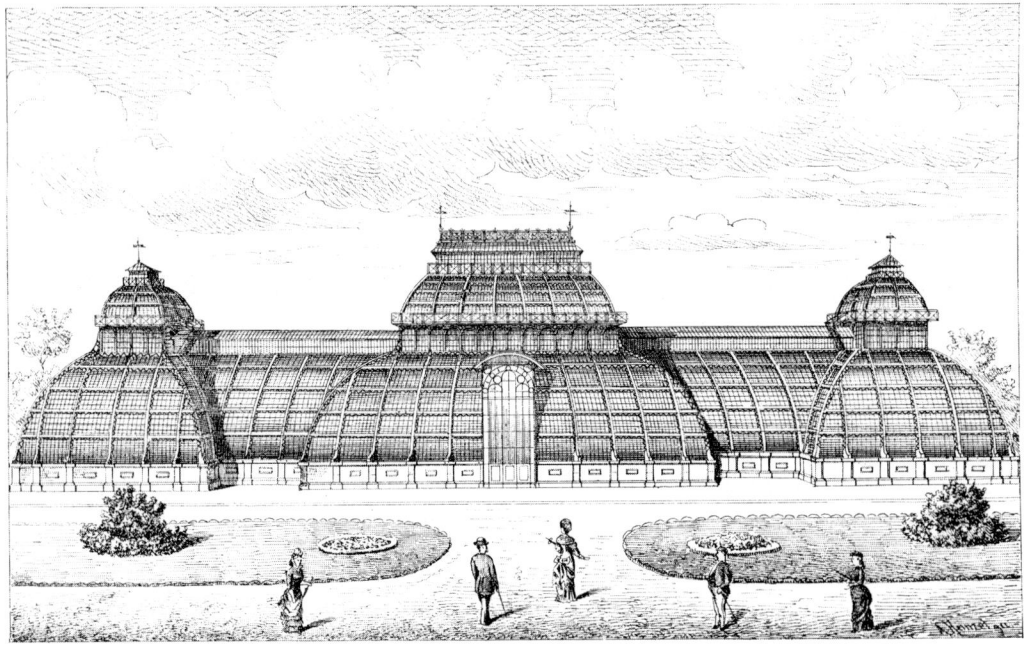

Oben: Palmenhaus des Botanischen Gartens in Petersburg.

Links: Das Palmenhaus in Schönbrunn bei Wien, fertiggestellt im Jahr 1884.

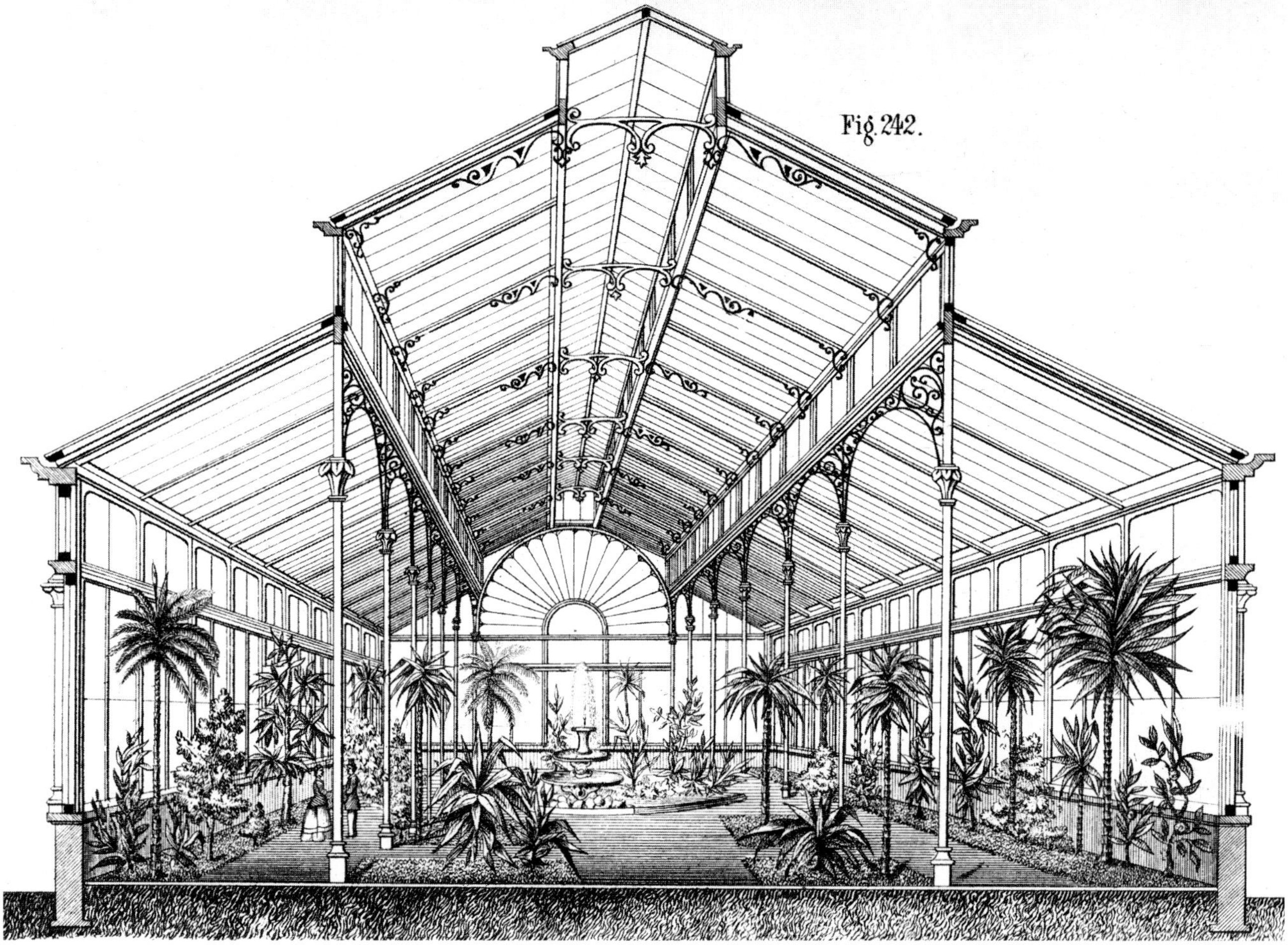

Fig. 242.

Oben: Innenansicht des Palmenhauses der Flora in Berlin-Charlottenburg.

Rechts: Nicht ausgeführter Entwurf zu einem Palmenhaus.

Vermehrung und Kultur

Unter den Palmen gibt es eine ganze Reihe von Arten, die auch in Mitteleuropa unter Zimmerbedingungen gedeihen. Sehr viel größer ist die Zahl der Arten, die in Gewächshäusern kultiviert werden können, zumal es die moderne Glashaustechnik erlaubt, die verschiedenartigsten Kombinationen von Temperatur und Luftfeuchtigkeit zu programmieren. Die steigende Nachfrage nach Palmen veranlaßte den Erwerbsgartenbau, diese Kultur in größerem Maße wieder aufzunehmen. So wurden von der Firma Ludolf Beye, Kaltenweide und Aalsmeer, im Jahre 1976 bereits über 300 000 Jungpflanzen herangezogen. Sie kultivierte neben *Phoenix canariensis*, nach der immer noch eine große Nachfrage besteht, *Chamaedorea elegans, Howea forsteriana, Euterpe edulis, Chrysalidocarpus lutescens, Archontophoenix cunninghamiana, Washingtonia filifera, Caryota mitis* und *Rhapis excelsa*. Weiter finden wir neben diesen heute immer noch *Microcoelum weddelianum* im Angebot, außerdem meist als größere Pflanzen *Chamaerops humilis, Trachycarpus fortunei* und *Washingtonia;* letztere meist aus italienischen Baumschulen eingeführt. Auch *Phoenix canariensis* werden nicht in heimischen Gärtnereien angezogen, sondern vorwiegend aus Spanien importiert. Dort werden sie heute besonders auf bewässerbaren, aufgegebenen Orangeflächen um Valencia und Barcelona in Massen angezogen und nach Deutschland und anderen Ländern exportiert. Nach kurzer Weiterkultur kommen sie dann zum Verkauf. Es ist anzunehmen, daß in den kommenden Jahren und Jahrzehnten neben den oben genannten Arten noch so manche anderen in die Kulturen aufgenommen und angeboten werden.

Vermehrung und Anzucht in der Erwerbsgärtnerei

Bei der Vermehrung durch Aussaat ist es wichtig, kurz nach der Reife gesammelten Samen zu bekommen, da die Samen der meisten Arten nur kurz keimfähig bleiben, besonders dann, wenn sie trocken gelagert wurden. Wichtig ist, vor der Aussaat die äußere Hülle der Früchte zu entfernen, da sie oft Substanzen enthält, die sich ungünstig auf die Keimung auswirken oder durch

Seite 54:
Links: Saatbeet mit *Euterpe edulis*, 60 Tage nach der Aussaat.
Euterpe-Samen keimt bereits nach 30 Tagen.
Rechts: Etwa drei Monate alte Sämlinge von *Archontophoenix*, jeweils drei Pflanzen in einem 8-cm-Topf.

Seite 55 (von links nach rechts):
Caryota mitis: Junge Blätter mit nur zwei Fiedern. Erst ältere Pflanzen bilden doppelt gefiederte Blätter aus. Typisch für *Caryota* ist die Blattform: die Blätter sind wie abgerissen.
Jugendblatt von *Cocos nucifera*, ungefiedert. Die typischen Fiederblätter entstehen erst bei älteren Pflanzen.
Blatt von *Washingtonia* mit starker Fadenbildung an den Blättern. Gut erkennbar ist die starke Bewehrung der Blattstiele.
Verkaufsfertige Pflanzen von *Archontophoenix cunninghamiana*.
Jugendblatt von *Archontophoenix*.
Verkaufsfertige Pflanze von *Euterpe edulis*.

»Nuß« und Stammbasis von *Cocos nucifera*.

Faulen im Saatbeet durch Schimmelbildung die Sämlinge gefährden. Am besten erreicht man die Entfernung der äußeren Hülle, indem man die Früchte einige Tage ins Wasser legt und danach mit der Bürste oder bei großen Mengen mit dem Besen bearbeitet. Nach der Reinigung muß sofort ausgesät werden, denn die Früchte dürfen nicht wieder trocken werden. Die Keimdauer beträgt je nach Art zwischen zwei bis drei Wochen und zwei bis drei Jahren. In der Regel jedoch findet die Keimung in zwei bis drei Monaten statt, häufig sehr unregelmäßig, also über einen längeren Zeitraum verteilt. Die Aussaat selbst erfolgt in Torfmull, Perlite oder Vermiculit bei einer gleichmäßigen Bodenwärme von 24 bis 30 °C, nur bei Arten aus den Subtropen sollte sie niedriger liegen, etwa bei 20 bis 25 °C. Das Substrat muß dauernd gleichmäßig feucht gehalten werden, vor allem während und nach der Keimung. Entweder wird der Samen auf Beete ausgelegt und doppelt so hoch wie er selbst ist, mit Substrat abgedeckt oder aber er kommt gleich in kleine Töpfe. Beim Herausnehmen der jeweils aufgegangenen Sämlinge aus dem Saatbeet und dem darauf folgenden Eintopfen darf der Keimling nicht vom Samen getrennt werden, weil sein Nährgewebe noch lange als Nährdepot dient. Von buschig wachsenden Arten, deren Samen gleichmäßig keimen, legt man gleich drei bis fünf Samen in einen Topf, wodurch man schneller zu buschigen, verkaufsfähigen Jungpflanzen kommt. Zum Eintopfen oder ersten Verpflanzen bewährte sich Einheitserde,

Ungefähre Keimdauer des Samens verschiedener Palmen
(Nach BLOMBERRY und RODD, PALMS, 1982, und eigenen Beobachtungen)

Acanthophoenix	2 bis 3 Jahre
Acrocomia	Keimung langwierig und schwierig, vor Aussaat einige Wochen in Wasser legen und sofort danach aussäen
Archontophoenix	6 Wochen bis 3 Monate
Areca	6 Wochen bis 3 Monate
Arecastrum (Syagrus)	etwa 1 bis 2 Monate
Arenga	2 bis 12 Monate und länger
Attalea	3 bis 4 Monate
Bactris	2 Monate und länger
Borassus	12 Monate und länger, sehr schwierig zum Keimen zu bringen
Butia	6 Monate und länger
Calamus	Samen keimen nur, wenn ganz frisch, in 3 bis 4 Monaten
Caryota	2 Monate und länger
Ceroxylon	?
Chamaedorea	4 Wochen bis 6 Monate und länger
Chrysalidocarpus	2 bis 3 Monate
Colpothrinax	?
Copernicia	2 bis 3 Monate
Corypha	2 bis 3 Monate
Cyrtostachys	2 bis 3 Monate
Elaeis	2 bis 5 Monate bei hoher Wärme
Erythea (Brahea)	2 bis 3 Monate
Euterpe edulis	30 Tage und länger, sehr unregelmäßig aufgehend
Geonoma	2 bis 3 Monate
Howea	ein Teil innerhalb der ersten zwei Monate, ein anderer liegt bis zu 8–9 Monaten und keimt unregelmäßig
Hyophorbe	50–60 Tage
Hyphaene	?
Jubaea	3 bis 6 Monate und länger
Latania	1 bis 2 Monate
Leopoldinia	?

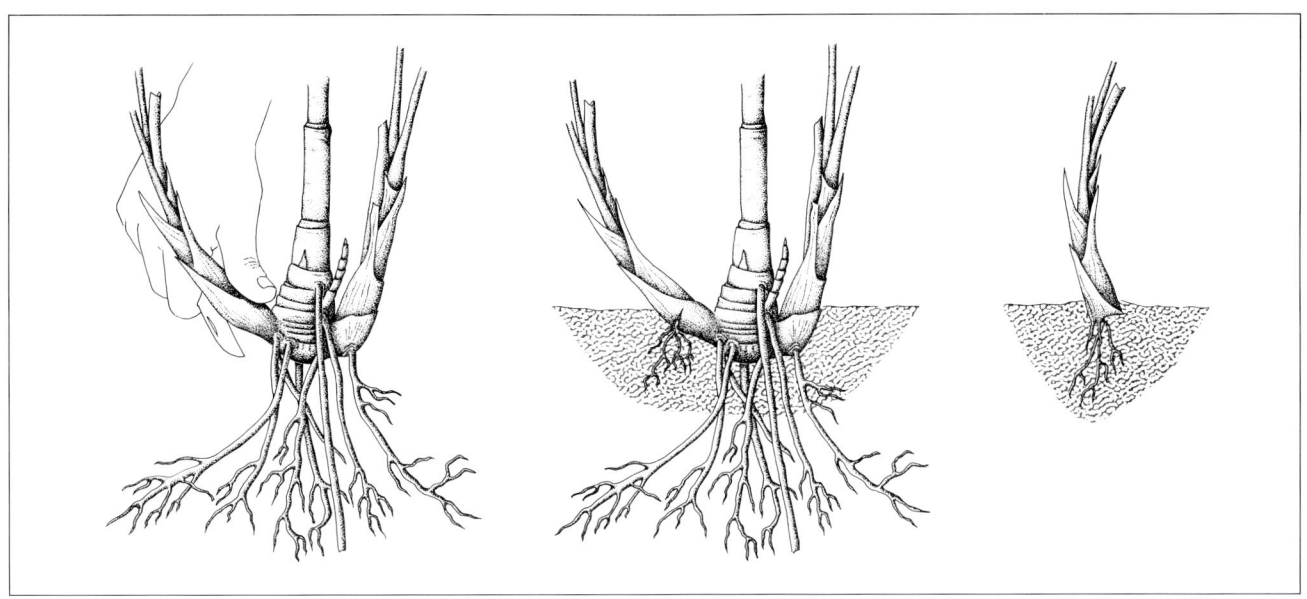

Eine Reihe buschig wachsender Palmen läßt sich vegetativ vermehren. Der junge Achselsproß wird durch Einschneiden zur Wurzelbildung veranlaßt. Anschließend wird er abgetrennt und eingepflanzt.

Licuala	3 bis 6 Monate und länger
Livistona	6 Wochen bis 3 Monate
Lodoicea	etwa 6 Monate nach dem Abfallen der Frucht
Metroxylon	einige Monate
Microcoelum	2 bis 3 Monate
Neodypsis	Am besten Einfuhr schon keimender Samen aus Madagaskar
Orbignya	3 bis 4 Monate
Phoenix	2 bis 3 Monate
Phytelephas	?
Pinanga	2 Monate
Polyandrococos	einige Monate
Pritchardia	2 bis 3 Monate
Ptychosperma	etwa 35 Tage
Raphia	einige Monate
Rhapis	2 bis 3 Monate, Samen selten zu bekommen
Rhopalostylis	2 bis 3 Monate
Roystonea	etwa 2 Monate
Sabal	2 bis 3 Monate
– *palmetto*	55 – 60 Tage
Salacca	2 bis 3 Monate
Trachycarpus	45 bis 60 Tage
Wallichia	?
Washingtonia	15 bis 30 Tage

aber auch TKS, dem man aber etwa ein Viertel mürben Lehms beimischen sollte. Bei weiterem Umtopfen darf bei manchen Arten der Lehmanteil gesteigert werden. Bei den meisten Arten sollte im Frühstadium die Temperatur tagsüber zwischen 20 und 25 °C liegen, nachts kann sie etwas absinken, aber nicht unter 18 °C. Hohe Luftfeuchtigkeit und leichter Schatten sind für rasches Wachstum wichtig. Vor dem Verkauf sollte bei Jungpflanzen Temperatur, Luftfeuchtigkeit und Schatten leicht herabgesetzt werden, damit sie abgehärtet zum Verkauf kommen. Es empfiehlt sich, den Blumengeschäften eine kurze Pflegeanweisung zu geben, damit sie dem Kunden sagen können, welche Art wo und unter welchen Bedingungen zu halten ist. Das erhöht den Kulturerfolg beim Käufer, eine Voraussetzung dafür, daß die Freude an der Pflanze erhalten bleibt und der Absatz für ähnliche Arten sich ausweitet. Neben der Aussaat lassen sich in geringem Maße buschig wachsende Palmen durch Teilung oder Abtrennung einiger Triebe vermehren. Mit einem scharfen Messer oder Spaten wird vom Rand des Ballens ein größerer oder kleinerer Klumpen mit mehreren Trieben abgetrennt und in ein entsprechend großes Gefäß gesetzt. Besser aber wartet man nach dem Ablösen noch einige

Monate bis zur entgültigen Entfernung von der Mutterpflanze, weil sich dann schon wieder einige neue Wurzeln gebildet haben, was das Anwachsen erleichtert. Bei *Chamaedorea* ist wie beim Gummibaum das Abmoosen der Blattschöpfe möglich, doch dauert es meist geraume Zeit, bis sich Wurzeln gebildet haben und man den Schopf abschneiden kann.

Beide Vermehrungsmethoden sind allerdings für Massenvermehrung ungeeignet, also nur Liebhabern und botanischen Sammlungen zu empfehlen.

Pflege im Zimmer

Als Zimmer- und Zierpflanzen für große Räume eignen sich solche Arten, die an Temperatur und Luftfeuchtigkeit keine hohen Ansprüche stellen. Viele von ihnen sind nicht nur Zimmerpflanzen, sondern dienen auch als Dekoration für hohe Wohnräume, Wintergärten, Festsäle, kirchliche Räume, Bühnen in Fest- und Konzertsälen, auch für Restaurants, Empfangsräume und Foyers in Hotels.

Die bei uns im Zimmer gehaltenen Arten kommen mit relativ wenig Licht im Zimmer oder auf der Fensterbank aus, selbst diejenigen, die unter natürlichen Bedingungen an hellen und sonnigen Standorten wachsen, z. B. die kanarische und die echte Dattelpalme. Vor anhaltender Sonne sind allerdings auch diese in den Mittagsstunden zu schützen. Braune Flecken auf der Blattfläche sind Anzeichen zu intensiver Sonneneinstrahlung, nicht hingegen eine leichte Braunfärbung der Blattspitzen. Sie ist ein natürlicher Vorgang und tritt auch am heimatlichen Standort auf. Bei trockener Zimmerluft wird sie allerdings gesteigert. Fast alle im Handel angebotenen Arten vertragen eine Zimmertemperatur von 18 bis 20 °C, nachts sollte sie um einige Grad tiefer liegen. Nur *Chamaerops humilis*, *Trachycarpus fortunei*, *Rhapis*, *Washingtonia filifera* und die meisten *Phoenix* sollten, nachdem sie das Jugendstadium hinter sich haben, kühler gehalten werden, am zuträglichsten sind 8 bis 14 °C. Im Sommer stehen sie am besten im

Für die Haltung im Zimmer besonders geeignete Palmen

Archontophoenix cunninghamiana – Archontophoenix-Palme
Caryota mitis, Fischschwanzpalme
– *urens*, Brennpalme
Chamaedorea elegans und andere Arten, Bergpalme
Chamaerops humilis, Zwergpalme, von Mai bis Oktober ins Freie stellen
Cocos nucifera, Kokospalme (nur begrenzte Zeit im Zimmer haltbar)
Howea belmoreana, Kentiapalme
– *forsteriana*, Kentiapalme
Livistona australis, Australische Livistonie
– *chinensis*, Chinesische Livistonie
– *rotundifolia*, Rundblättrige Livistonie
Neodypsis decaryi, Neodypsispalme
Phoenix canariensis, Kanarische Dattelpalme, von Mai bis Oktober ins Freie stellen
– *dactylifera*, Dattelpalme, von Mai bis Oktober ins Freie stellen
– *roebelenii*, Zwergdattelpalme
Rhapis excelsa, Steckenpalme, von Mai bis Oktober ins Freie stellen
– *humilis*, Niedrige Steckenpalme, von Mai bis Oktober ins Freie stellen
Rhopalostylis sapida, Nikanpalme
Trachycarpus fortunei, Hanfpalme, von Mai bis Oktober ins Freie stellen
Washingtonia filifera, Washingtonie

Freien. Der Topfballen muß stets gleichmäßig feucht sein, nur wenige Palmen verlangen einen Untersatz, in dem ständig Wasser steht. Dazu gehört vor allem das Kokospälmchen (*Microcoelum weddelianum*), das aus dem feucht-tropischen Brasilien stammt, sowie *Caryota mitis*, *Chrysalidocarpus lutescens*, *Euterpe edulis* und *Licuala grandis*.

Als Pflanzgefäße nehme man mehr hohe als breite Töpfe oder bei größeren Pflanzen Kübel. Als Erde zum Umtopfen eignet sich vor allem Einheitserde, aber auch TKS, dem man etwa ein Viertel Lehm beimischt. Will man sich selbst Erde zubereiten, so bewährt sich eine Mischung aus zwei Teilen alter Lauberde oder Torfmull

Nur mit Wasser im Untersatz einige Jahre im Zimmer haltbar

Chrysalidocarpus lutescens, Goldfruchtpalme
Euterpe edulis, Assaipalme
Geonoma elegans, Geonomapalme
Hyophorbe amaricaulis, Hyophorbepalme
Licuala grandis, Großblättrige Strahlenpalme
Microcoelum weddelianum, Kokospälmchen

und einem Teil lehmiger Komposterde oder mürbem Wiesenlehm mit einem Zusatz von einem Fünftel oder Sechstel scharfen Sandes. In der Jugend hält man diese Mischung mehr nach der humosen, beim Älterwerden mehr nach der lehmigen Seite. Auf den Boden des Pflanzgefäßes breitet man eine Schicht von Topfscherben, Kies oder Sand aus, damit das überschüssige Gießwasser jederzeit gut abfließen kann. Manche im Topf oder Kübel gezogene Palmen, vor allem aber *Phoenix*-Arten, bilden über dem Boden des Gefäßes ein sich ständig vergrößerndes Wurzelwerk, das nach und nach die Palme aus dem Topf hebt. Ohne Schaden für die Pflanze kann man dies vor dem Verpflanzen mit einem scharfen Messer um 5 bis 10 cm einkürzen. Nur so kann man sie gut in das neue Gefäß setzen. Die Erde rings um den alten Ballen muß recht fest angedrückt werden. Bei Kübelpflanzen nimmt man dazu einen flachen Holzstock. Jüngere Palmen verpflanzt man alle ein bis drei Jahre, ältere dagegen nur alle drei bis fünf Jahre. Bis zur Bildung neuer Wurzeln wird nur mäßig gegossen. Wie für die meisten Topf- und Kübelpflanzen ist der beste Termin für das Verpflanzen der Spätwinter und das Frühjahr.

Von März bis Anfang August sind gut durchwurzelte Pflanzen alle vierzehn Tage einmal flüssig zu düngen. Dazu verwendet man einen der im Handel erhältlichen Volldünger wie Crescal, Fertisal, Mairol oder einen ähnlichen. Aber auch Langzeitdünger wie Osmocote 16-10-13 läßt sich in Abständen von 3 bis 4 Monaten über die Oberfläche des Ballens verteilen.

Samen mancher Palmenarten, so z. B. der Dattelpalme, lassen sich bei gleichmäßiger Wärme und Bodenfeuchtigkeit auf der Fensterbank zum Keimen bringen und weiter heranziehen. In der Regel überlasse man aber die Anzucht Spezialbetrieben, denn es dauert doch viele Jahre, bis im Zimmer aus einem Palmensämling eine große Palme herangewachsen ist. Vielfach werden heute Palmen in Hydrokulturgefäßen angeboten. Wer Freude an Hydrokultur hat, dem sei diese Art der Kultur warm empfohlen.

Pflege älterer Palmen im Gewächshaus

Eine Zierde jeder botanischen Sammlung mit großen Gewächshäusern sind Palmen verschiedenster Arten. Die meisten von ihnen gehören in das Warmhaus, wo sie bei Temperaturen von 16 bis 22 °C gehalten werden, einige gedeihen im Lauwarmhaus bei 12 bis 16 °C und nur wenige im Kalthaus bei 4 bis 10 °C. Diese werden im Kübel gehalten, weil sie während des Sommers ins Freie gestellt werden müssen. Hierzu gehören vor allem die Arten, die im mediterranen Klima das ganze Jahr über in Gärten und Parks stehen, z. B. an der Riviera in Frankreich und Italien wie auch in anderen Ländern rund um das Mittelmeer und auf seinen Inseln.

Die Kulturbedingungen für im Gewächshaus zu ziehende Palmen richten sich nach den jeweiligen Verhältnissen am natürlichen Standort. Dabei ist nicht nur die Temperatur, sondern auch die Luftfeuchtigkeit, Sonne oder Schatten und die Bodenbeschaffenheit zu berücksichtigen. So können z. B. Palmen aus Gebieten mit einer extremen Trockenperiode im Verlauf des Jahres und damit einhergehendem Austrocknen der Böden, die zusätzlich an hohe Lichtintensität angepaßt sind, wie z. B. *Acoelorraphe wrightii*, nicht mit anderen Arten zusammen im normalen Warmhaus kultiviert werden. Auf der beigefügten Liste ist zu sehen, welche Palmenarten zu einer der drei Temperaturgruppen gehört.

Die Anzuchtmethoden in Botanischen Gärten sind die gleichen wie die im Abschnitt für die Erwerbsgärtner geschilderten. Die weitere Kultur

Die Bergpalme *Chamaedorea ernesti-augusti*.

Eine noch junge Pflanze von *Rhapis excelsa*.

der Jungpflanzen erfolgt auf die gleiche Weise wie bei anderen Gewächshauspflanzen der entsprechenden Gruppe. Ältere Palmen lassen sich sowohl in Kübeln als auch in den freien Grund eines großen Gewächshauses ausgepflanzt kultivieren. Für Kübelkultur wird man sich stets dann entscheiden, wenn es sich um Kalthauspalmen handelt, die im Sommer ins Freie gestellt werden sollen, oder aber dann, wenn man die Pflanzen beweglich halten will, um sie nach Bedarf umgruppieren zu können. Meist aber wird man das Auspflanzen alter Palmen der Kultur im Kübel vorziehen. Vor dem Auspflanzen ist eine gründliche Bodenvorbereitung nötig, außerdem aber die Überlegung, wieviel Platz jede der zur Pflanzung vorgesehenen Arten zu ihrer vollen späteren Entwicklung benötigt. Hat man im Anfang aber doch zu eng gepflanzt, so ist es durchaus noch möglich, zu groß gewordene Exemplare zu verpflanzen.

Dies ist natürlich eine aufwendige Arbeit, die sich aber bei seltenen Stücken durchaus lohnt. Am besten im Spätwinter wird der Ballen ein bis zwei Jahre vor dem Umpflanzen umstochen und um ihn ein etwa metertiefer Graben ausgehoben und mit Torfmull wieder gefüllt. Dann bilden sich langsam neue Wurzeln und ein fester Wurzelballen entsteht, der bewirkt, daß nach dem Herausnehmen und Wiedereinpflanzen die Palme, ohne sichtlichen Schaden zu nehmen, an ihrem neuen Standort weiterwächst. So wurde z. B. im Frankfurter Palmengarten mit Erfolg eine große Sternnußpalme (*Astrocaryum mexicanum*) umgesetzt. Auch unter Glas können Palmen riesig werden, so steht in Kew Gardens bei London die wohl größte Palme unter Glas, ein mächtiges Exemplar der Nikanpalme (*Rhopalostylis sapida*), die regelmäßig blüht und später ihre Samen fallen läßt. Unter dem Baum finden sich Keimlinge und Jungpflanzen in den verschiedensten Entwicklungsstadien. Da Palmen langsam wachsen, läßt man sie unverändert an ihrem Platz stehen.

Auch in Kübeln können Palmen zu riesigen Pflanzen heranwachsen, wie das Foto aus dem Schloßpark von Versailles zeigt. Es ist erstaunlich, mit welch geringem Erdraum selbst große Exemplare auszukommen vermögen, allerdings nur dann, wenn sie sehr sorgfältig gepflegt, mit

Ein anschauliches Beispiel für die Verwendung und die Kultur verschiedener Palmenarten in Kübeln ist im Schloßpark von Versailles zu sehen. Zusammen mit anderen Kübelpflanzen geben sie der Anlage ein exotisches Aussehen und verbreiten eine südländische Atmosphäre. Diese Fülle großer Exemplare ist natürlich nur in einer entsprechend großen Orangerie zu überwintern. Aber auch vor der Orangerie im Schloßpark von Schwetzingen, beispielsweise, stehen in der warmen Jahreszeit Kübel mit Palmen.

Palmen für Kalthäuser – Nachttemperatur 4 bis 10 °C, im Sommer im Freien

Butia capitata
– *bonnetii*
Chamaerops humilis
Jubaea chilensis
Livistona chinensis
– *australis*
Phoenix – fast alle Arten
Rhapis excelsa
– *humilis*
Rhopalostylis baueri
– *sapida*
Trachycarpus fortunei
Washingtonia filifera
– *robusta*

Palmen für Lauwarmhäuser – Nachttemperatur 12 bis 16 °C

Archontophoenix alexandrae
– *cunninghamiana*
Arecastrum romanzoffianum
(*Syagrus*)
Ceroxylon alpinum
Copernicia prunifera
Corypha elata
– *talieri*
– *umbraculifera*
Erythea (*Brahea*) *armata*
– *edulis*
Geonoma elegans
Livistona rotundifolia
Pinanga decora
Pritchardia pacifica
– *thurstonii*
Ptychosperma elegans
Roystonea oleracea
Sabal mauritiiformis
– *mexicana*
– *palmetto*
Wallichia densiflora

Palmen für Warmhäuser – Nachttemperatur 18 °C und höher

Acanthophoenix crinita
– *rubra*
Arenga porphyrocarpa
Calamus ciliaris
Caryota urens
– *mitis*
Chamaedorea ernesti-augusti
– *geonomiformis*
– *tenella*
Chrysalidocarpus lutescens
Cocos nucifera
Cyrtostachys renda
Desmoncus orthacanthos u.a.
Euterpe edulis
– *oleracea*
Geonoma elegans
Hyophorbe amaricaulis
Latania lontaroides
– *loddigesii*
– *verschaffeltii*
Licuala grandis
Lodoicea maldivica
Metroxylon rumphii
Nypa fruticans
Orbignya cohune
Phoenix roebelenii
Phytelephas macrocarpa
Pinanga kuhlii
– *decora*
Polyandrococos caudescens
Raphia farinifera
– *vinifera*
Roystonea regia
Salacca

Verstand gegossen und regelmäßig gedüngt werden. In früheren Jahrzehnten wurde mehrfach im Jahr der Ballen mit einer fingerdichten Schicht aus Kuhfladen abgedeckt, was sie zu freudigem Wachstum anregte. Heute wird man stattdessen auf einen der Langzeitdünger wie Osmocote 16-10-13 oder Plantason zurückgreifen.

Eine ganze Reihe aus den feuchten Tropen stammender Arten wird man lediglich als junge Pflanzen in kleineren Gewächshäusern halten können, wo man besser auf ihre ganz speziellen Bedürfnisse eingehen kann, andere Arten wie die Seychellennußpalme (*Lodoicea maldivica*) oder die Kokospalme (*Cocos nucifera*) gelangen in Kultur wohl nie über das Jugendstadium heraus, wieder andere wie *Nypa fruticans* gedeihen nur im Brackwasser eines Mangrovehauses.

Krankheiten und Schädlinge

Bei richtiger Pflege werden Palmen von nur wenigen Schädlingen und Krankheiten befallen. In erster Linie sind Schild- und Blattläuse zu nennen, die am besten durch Abwaschen, das gleichzeitig eine Reinigung von Schmutz und Staub bedeutet, entfernt werden. Danach wird am besten gleich mit einem Schädlingsmittel gespritzt und das Spritzen noch zwei bis dreimal im Abstand von acht Tagen wiederholt. Wenn die Luft zu trocken ist, können Blasenfuß (Thrips) und »Rote Spinne« (Spinnmilben) auftreten. Die Bekämpfung dieser Schädlinge ist die gleiche wie bei anderen Gewächshauspflanzen unter Anwendung der dafür gebräuchlichen Mittel. Arten der Gattung *Phoenix* werden bei zu hoher Luftfeuchtigkeit und zu hohem Bodenwassergehalt von dem Pilz *Graphiola phoenicis* befallen. Er ist an kleinen harten Höckern auf den Blättern kenntlich. Runde, zunächst gelbe und später braune Flecken zeigen die durch den Pilz *Oxosporium* verursachte Blattfleckenkrankheit an. Beide Pilzkrankheiten sind ein Hinweis darauf, daß die Pflanzen zu warm stehen. Sie müssen mit kupferhaltigen Mitteln gespritzt und kühler und luftiger gestellt werden.

Die wichtigsten Palmen in alphabetischer Folge

Acanthophoenix

Die Gattung *Acanthophoenix* H. Wendl. ist mit 3 bis 4 Arten auf den Maskarenen-Inseln sowie auf Mauritius und der Insel Bourbon verbreitet. Ihr Name leitet sich von gr. acantha = Dorn sowie der Palmengattung *Phoenix* ab und nimmt auf die Bestachelung der Pflanze Bezug. Es handelt sich um hohe bis mittelhohe Palmen mit gleichmäßig gefiederten Blättern, deren glatter Stamm am Grunde verdickt und mit dicht stehenden Ringen versehen ist. Die Blätter besitzen lange, dicht bestachelte Scheiden, unter denen die mehrfach gabelig verzweigten Blütenstände stehen. Sie werden von zwei 30 bis 60 cm langen Spathen eingehüllt. Die Infloreszenzachsen hängen lang herab und tragen am Kolbenstiel und den Basalabschnitten lange Stacheln. Die Blüten besitzen meist 12 Staubblätter, die zwischen den drei inneren Blütenblättern (Corolle) hervorragen, und einen aus drei Fruchtblättern bestehenden verwachsenen Fruchtknoten. Aus ihm geht eine ellipsoide Beere mit über dem Grunde stehenden Narbenresten hervor, die seitlich schwach zusammengedrückt ist.

Die beiden folgenden Arten gehören zu den schönsten aller Palmen und sollten zumindest als Jungpflanzen in keiner Sammlung fehlen. Ihre Samen keimen meist erst nach 2 bis 3 Jahren. Die Jungpflanzen benötigen ausreichende Luftfeuchtigkeit und hohe Temperatur, die nachts nicht unter 15 °C sinken und am Tag 18 bis 22 °C betragen soll. Auch ältere Pflanzen müssen unter feuchtwarmen Bedingungen weiterkultiviert werden.

Acanthophoenix crinita (Bory) H. Wendl.
Acanthophoenix-Palme
Syn. *Areca crinita* Bory

Die Art ist auf Mauritius weit verbreitet. Sie besitzt einen 15 bis 18 m hohen Stamm von 30 cm Durchmesser mit einer Wedelkrone überhängender Blätter, die bis 3,5 m Länge erreichen. Die Blattscheiden sind dicht mit kurzen braunen Borsten und Stacheln bedeckt. Die dunkelgrünen Fiedern sind auf der Unterseite silbrig weiß. Im Jugendstadium besitzen die Blätter eine blaß gelblich-grüne Färbung. Die Früchte sind gestreckt eiförmig, 1,5 cm groß und schwarz. Der Artname leitet sich von lat. crinitus = behaart ab.

Acanthophoenix rubra (Bory) H. Wendl.
Rote Acanthophoenix-Palme
Syn. *Areca rubra* Bory

Die Rote Acanthophoenix-Palme ist nach den zahlreichen rötlich oder purpur gefärbten Blüten in der Infloreszenz benannt (lat. ruber = rot). Sie ist der vorigen ähnlich, doch unterscheidet sie sich abgesehen von der Blütenfarbe durch ihre dicht mit langen, braunschwarzen Stacheln bedeckten Blattscheiden. Der Blattstiel ist kurz, glatt und unbewehrt. Lediglich der Blattgrund trägt lange, gerade, schwarze, nadelförmige Stacheln. Die Fiedern zeigen auf der Unterseite eine leicht blaugrüne Färbung. Der Blütenstand dieser Art ist weniger verzweigt und trägt weniger und größere Blüten als *A. crinita*. Die Jungpflanzen haben dunkelgrüne Blätter mit roten Mittelrippen. Die Früchte sind kugelig und knapp 1 cm groß. *Acanthophoenix rubra* ist auf Mauritius weniger häufig als *Acanthophoenix crinita*.

Beide Arten lassen sich im Gewächshaus am besten ausgepflanzt kultivieren in einer Mischung aus Sand, Torf und Lehm zu gleichen Teilen. Sie benötigen viel Wassser und gedeihen besonders bei feuchter Bodenwärme. Die Temperatur soll im Sommer am Tag 19 bis 30 °C, im Winter 10 bis 16 °C betragen. In der Nacht kann die Temperatur um 3 bis 4 °C tiefer liegen.

Acrocomia

Die Gattung *Acrocomia* Mart. ist von Mittelamerika über die Antillen bis Bolivien und Brasilien verbreitet. Der Gattungsname leitet sich von gr. akros = Spitze und kome = Haar, Schopf ab und nimmt auf die prachtvoll ausgebildete Wedelkrone der Arten dieser Gattung Bezug.

Acrocomia armentalis (Morales) L. H. Bailey
Akrokomia-Palme
Syn. *Gastrococos crispa* (H. B. K.) H. E. Moore

Der Artname bezieht sich darauf, daß der Stamm mit ringförmig angeordneten Stacheln versehen (armiert) ist und auch Blatt- und Infloreszenzstiel bestachelt sind.

Wie die Faßpalme *(Colpothrinax wrightii)* ist auch diese Palme durch eine auffallende Stammverdickung ausgezeichnet. Sie entsteht jedoch nicht nachträglich, sondern wird im Zuge des Stammwachstums ausgebildet und findet sich im Gegensatz zur Faßpalme bei allen Pflanzen in gleicher Höhe. Das Vorkommen von *Acrocomia armentalis* beschränkt sich auf Kuba. Dort wächst sie auf Kalkuntergrund und ist auf der ganzen Insel verbreitet.

Der 7 bis 10 m hohe Stamm der Pflanze trägt eine Krone aus 4 bis 5 m langen, unterseits glänzend blaugrünen Fiederblättern, deren Mittelrippe wie der Stiel mit Stacheln versehen ist. Die 2,5 cm breiten Fiedern sind linealisch und vorn zugespitzt. Der 1,5 m lange verzweigte Blütenstand erscheint zwischen den Blättern, besitzt einen bestachelten Stiel und trägt männliche und weibliche Blüten. Die männlichen 8 bis 9 mm großen Blüten sitzen an der Spitze, die größeren weniger zahlreichen weiblichen Blüten am Grund der Seitenzweige. Bei den männlichen Blüten mit kurzem Kelch und breit sich deckenden Blütenblättern ragen die Staubblätter weit aus der Blüte hervor. Aus dem dreiblättrigen Fruchtknoten geht eine Steinfrucht mit dickem Steinkern hervor, die bei einem Durchmesser von 2,5 bis 3,0 cm kugelig oder leicht abgeplattet ist. Das harte Endocarp der Frucht besitzt drei Poren. Die Früchte der Acrocomia-Palme sind eßbar und liefern ein gutes Öl. Alle Arten der Gattung verlangen die gleiche Kultur wie Kokospalmen.

Archontophoenix

Die Gattung *Archontophoenix* H. Wendl. et Drude umfaßt vier im tropischen und subtropischen Ostaustralien verbreitete, schlankstämmige Solitärpalmen, die nicht mit Angehörigen der Gattung *Dictyosperma* verwechselt werden dürfen. Der Gattungsname leitet sich von gr. archon = Herrscher und dem Namen der Phoenix-Palmen ab. Es handelt sich um beliebte tropische Zierpalmen, deren im Alter säulenförmiger Stamm mehr als 20 m Höhe erreicht. Er ist an der Oberfläche in der Jugend braun, mit zunehmendem Alter hellgrau gefärbt. Die abgefallenen Blätter hinterlassen deutliche Ringfurchen, die den Stamm rings umgreifen. Die Wedelkrone besteht aus bogig überhängenden Fiederblättern, die mit lang ausgezogenem, glattem Blattgrund dem Stamm ansitzen. Die gleichmäßig inserierten Seitenfiedern sind unter guten Wachstumsbedingungen am Grund des Fiederblattes lang ausgezogen und mit herabhängenden Fasern versehen, die bei der Fruchtreife zusammen mit den feuerroten Beeren die besondere Schönheit der Pflanzen bedingen.

Archontophoenix alexandrae in einem tropischen Hausgarten. Sie wird in den Tropen häufig gepflanzt, weil sie sehr rasch wächst und viel Sonne und Wärme verträgt. Der schlanke Stamm trägt eine Krone bis 4 m langer Fiederblätter, unter deren Basis die auffallenden, mehrfachrispig verzweigten und bei der Reife mit roten Beeren besetzten Blütenstände hervorbrechen.

Archontophoenix alexandrae (F. v. Muell.)
H. Wendl. et Drude
Archontophoenix-Palme, Feuerpalme
Syn. *Ptychosperma alexandrae* F. v. Mueller
Abbildungen Seite 30, 54, 55, 64.

Diese in Queensland beheimatete Art wurde nach der Prinzessin Alexandra von Dänemark benannt. Der Baum ist durch eine Anschwellung an der Basis des schlanken Stammes gekennzeichnet und unterscheidet sich außerdem durch die aschgraue Unterseite der Blattfiedern von der folgenden Art, die beiderseits dunkelgrüne Fiedern besitzt. Die linealisch-lanzettlichen, schmalen Seitenfiedern erscheinen im Querschnitt halbkreis- bis V-förmig nach oben geöffnet und zeigen eine kantig hervortretende Mittelrippe. Die Blätter erreichen eine Länge von 4 m. Die Blütenstände brechen unter den langscheidigen Blättern hervor und stehen bei der Anthese sparrig ab. Sie stellen mehrfach verzweigte Rispen mit kräftigem dickem Basalteil des Achsensystems dar und sind im Kolbenstadium von der papierartig dünnen Spatha eingehüllt. Die gelb- bis cremeweißen Blüten sind getrenntgeschlechtig und sitzen in Dreiergruppen beieinander. Zwei mit 9 bis 24 Staubblättern und pyramidalem Fruchtknotenrudiment versehene männliche Blüten umgeben eine weibliche. Die runde, gut 1 cm große, rote Beerenfrucht umschließt einen elliptischen, an beiden Enden abgerundeten Samen mit anliegenden Fasern.

Es handelt sich um eine in den Tropen im Freiland schnellwüchsige Art, die bei freiem Stand volles Sonnenlicht verlangt. Soweit bekannt, keimen die Samen unter tropischem Klima nach sechs Wochen. Man findet diese Art z. B. in Florida, Jamaica und Venezuela angepflanzt. In Florida hat sie Hitzeperioden mit 30 °C ohne Schaden überstanden.

Von *Archontophoenix alexandrae* gibt es eine Varietät *beatricae*, deren Stamm sich durch stärkere Anschwellung über dem Boden und stark ausgeprägte, treppenförmig ausgebildete Ringnarben am Stamm auszeichnet.

Archontophoenix cunninghamiana
(H. Wendl.) H. Wendl. et Drude
Archontophoenix-Palme
Syn. *Ptychosperma cunninghamianum* H. Wendl.
Abbildungen Seite 54, 55.

Das Verbreitungsgebiet dieser 18 bis 22 m Stammhöhe erreichenden Palme liegt in Queensland und Neusüdwales. Sie wurde nach ALLAN CUNNINGHAM (1791 bis 1839), einem britischen Pflanzensammler in Australien, benannt. Ihr Stamm ist an der Basis in der Regel nicht verdickt, die Abstände zwischen den Ringnarben sind größer, die Graufärbung des Stammes dunkler und kräftiger als bei der vorigen Art. Auf den unterseits grünen Fiederblättern tritt der Mittelnerv nicht so scharf hervor, doch ist er beiderseits mit einem Saum feiner Wollschuppen versehen. Die Blattfiedern von etwa 60 cm Länge und 4 bis 5 cm Breite sind zugespitzt, wenn auch nicht so fein wie bei *A. alexandra*. *Archontophoenix cunninghamiana* wird leicht mit *Ptychosperma elegans* verwechselt, deren Fiederblättchen gestutzt und vorn gezähnelt sind. Insgesamt erreichen die Blätter dieser Art bis 4 m Länge und der rot überlaufene Blattstiel verbreitert sich am Grunde in eine 60 bis 70 cm lange, den gesamten Stamm umgreifende, glatte, grüne Blattscheide. Die untersten Ringe stehen etwa 12 cm entfernt, die oberen enger zusammen. Die leicht brechenden Blüten sind lavendelfarben bis violett, die im Vergleich zur vorigen Art größeren nach oben spitz ausgezogenen Samen im Innern der roten Beeren mit breiten, anhaftenden Fasern umgeben.

Die Pflanze gedeiht wie die vorige Art im Lauwarmhaus. Hier verlangt sie eine Wintertemperatur von 10 bis 15 °C. Ältere erwachsene Bäume blühen auch im Gewächshaus häufig.

Areca, Betelpalme

Nach der Gattung *Areca* L. ist entsprechend den aktuellen Regeln der systematischen Nomenklatur die gesamte Familie der Palmen benannt. Die Gattungsbezeichnung ist aus der Tamilensprache entlehnt und von tamilisch areec über portugiesisch und spanisch areca entstanden. Die paläotropische Gattung wird verschieden abgegrenzt, so daß die Angaben über die Zahl der Arten zwischen 54 und 88 schwanken. Die Gattung ist vom nordöstlichen Vorderindien und Ceylon über Südostasien bis zu den Salomonen und Queensland verbreitet.

Areca catechu L.
Betel-, Pinang-, Katechupalme
Abbildung Seite 38.

Der Artname leitet sich von hindustanisch katechu = eingedickter Saft von *Acacia catechu* her.

Die Katechupalme ist eine schlankstämmige Solitärpalme, deren 18 bis 30 m hoher Stamm zuerst grün, später grau gefärbt und bei einem Durchmesser von 20 cm mit Ringen als Resten der Blattnarben gezeichnet ist. Die Wedelkrone besteht aus steifen, aber deutlich bogenförmig übergeneigten 1,5 bis 2 m langen Fiederblättern mit abgestutzten, gezähnten Spitzen, die leicht sparrig wirken und den Stamm mit senkrecht orientiertem, aufgetriebenem Blattgrund fortsetzen. Die Fiedern stehen dicht beisammen, ebenfalls steif nach vorne gerichtet, und können am Ende der Rhachis miteinander verbunden sein.

Der Baum trägt in der Regel mehrere Infloreszenzen, die von zwei Spathen umhüllt unter der Ansatzstelle der Blattbasen gebildet werden. Sie tragen an den sich nach der Spitze verjüngenden Seitenachsen in Reihen die zitronengelben, wohlriechenden Blüten, relativ wenig weibliche am Grunde und zahlreiche männliche in Einsenkungen an der Spitze der flächig verbreiteten Achsen. Die männlichen Blüten mit kurzen, fast gestutzten Kelchblättern, drei- bis viermal längeren Kronblättern und sechs Staubblättern, die weiblichen mit drei verwachsenen Fruchtblättern. Aus ihnen entwickeln sich die hühnereigroßen Steinfrüchte. Sie enthalten unter dem glatten gelben bis orangeroten Exocarp und dem massigen faserreichen Mesocarp ein nur einen Samen umhüllendes, holziges, dünnes Endocarp. Der fälschlich als »Areca- oder Betel-Nuß« bezeichnete Samen besitzt ein strahlig zerklüftetes, fettreiches Nährgewebe (Endosperm), das mehrere Alkaloide, darunter 0,3 bis 0,6 % Arecain und etwa 15 % Gerbstoffe enthält, darunter einen von roter Farbe, das Areca-Rot.

Die Samen werden in Scheiben geschnitten, mit Kalk und Tabak, Zimt oder Gambir versehen und mit den Blättern des Betelpfeffers umwickelt. Auf diese Weise entsteht der Betelbissen, der von den Bewohnern Südostasiens als Stimulans gekaut wird. Die Gerbstoffe fördern den Speichelfluß, die Alkaloide wirken stimulierend. Das Areca-Rot färbt die Lippen, das Zahnfleisch und den Speichel blutrot. Gleichzeitig wirken die im Betelbissen enthaltenen Substanzen, indem sie die Herztätigkeit beschleunigen und die Verdauung fördern. Daneben werden Gaumen- und Zahnfleisch gefestigt und Eingeweidewürmer abgetötet. Eine weitere Nebenwirkung besteht darin, daß sich die Zähne zunächst am Rand und schließlich auf der gesamten Oberfläche mit einem schwarzen Lack überziehen.

Die Betelpalme ist bisher nicht wild gefunden worden. Sie wird fast in jedem Dorf von Vorderindien bis zu den Salomonen kultiviert; es gibt auch entsprechende Plantagen. Die Sitte des Betelkauens wird von Pakistan, Ceylon und Indien über ganz Südostasien bis zu den Neuen Hebriden praktiziert und auf den Fidschi-Inseln durch das Kawatrinken ersetzt. Die Benutzung des Betelsamens als relativ wenig schädliches und zugleich narkotisierendes Stimulans wird zum erstenmal in einer chinesischen Schrift erwähnt, die zwischen 180 und 140 v.Chr. datiert; nach Europa gelangte die Kunde von der Sitte des Betelkauens im Jahre 1298 durch den Venezianer Marco Polo.

Durch das Auskochen der Catechu-Samen läßt sich eine braune, sehr gerbstoffhaltige Substanz von erdigem Bruch gewinnen, die als adstringierendes Mittel, aber auch gegen Durchfall sowie zur Herstellung von Zahnpulver und Mundwasser Verwendung findet. Der aus dem Vegetationskegel der Palme gewonnene Palmkohl schmeckt bitter; die männlichen Blüten werden gegessen.

Areca catechu ist eine Palme für das feuchte Warmhaus, dessen Temperatur auch nachts nicht unter 18 °C fällt, tagsüber aber um einige Grade ansteigt. Im warmen Zimmer hält sie nur einige Monate aus, vorausgesetzt, sie steht dort in einem dauernd mit Wasser gefüllten Untersatz. Die Keimung bei etwa 25 °C erfolgt in einem Zeitraum von sechs Wochen bis drei Monaten.

Arecastrum

Der Name *Arecastrum* (Drude) Becc. leitet sich von der Bezeichnung *Areca* für die Sternnußpalme und lat. astrum = ähnlich ab, das von aster = Stern herkommend als Suffix an Areca angehängt ist.

Arecastrum romanzoffianum (Cham.) Becc.
Romanzoffianische Kokospalme
Der gültige Name ist heute *Syagrus romanzoffiana* (Cham.) Glassmann.
Syn. *Cocos romanzoffiana* Cham., *Cocos plumosa* Hook.
Abbildung Seite 76.

Die Romanzoffianische Kokospalme wurde von dem Dichter und Botaniker Adalbert von Chamisso während seiner Entdeckungsreise mit dem Segelschiff Rurik von 1815 bis 1818 in Südamerika entdeckt und von ihm 1823 unter dem Namen *Cocos romanzoffiana* beschrieben. Im Jahre 1860 »entdeckte« W. J. Hooker die Pflanze ohne Kenntnis der Beschreibung von Chamisso und nannte sie *Cocos plumosa*. Unter diesem Namen wurde sie weltweit als Zier- und Gartenpalme bekannt. Bei der Revision der Gattung *Cocos* wurde die Art aus der damals mehr als 30 Arten umfassenden Sammelgattung herausgenommen und *Arecastrum romanzoffianum* genannt. Der damalige Bearbeiter Beccari behielt den Artnamen bei, den Chamisso der Pflanze zu Ehren seines Gönners und Förderers, des russischen Fürsten M. P. Romanzoff, gegeben hatte. Sie wird heute als einzige Art der Gattung angesehen.

Das Verbreitungsgebiet dieser in den Tropen und Subtropen beliebten Zierpalme spannt sich von Mittelbrasilien bis Paraguay und Nordargentinien. In Südbrasilien dringt sie nach Osten gegen die Atlantikküste bis in die großen Dünengebiete vor. Es handelt sich um eine schnellwüchsige, schlankstämmige Palme mit glattem, grauem Stamm, dessen Oberfläche nach dem Abfallen der Blätter sanft gewellt erscheint und bei einem Durchmesser von 40 bis 60 cm eine Höhe von 8 bis 10 m erreicht. Am Grunde ist der Stamm oft verjüngt. Die lockere Wedelkrone besteht bei gutem Wachstum aus 6 m langen, hellgrünen Fiederblättern, die bogig überhängen. An den Ansatzstellen der Blätter ist der Stamm von zahlreichen Blattgrundfasern umgeben. Auch der Blattgrund ist am Rand mit auffallenden braunen Fasern versehen. Die zahlreichen Seitenfiedern stehen beiderseits der Mittelrippe meist in Büscheln zu fünf. Sie sind senkrecht inseriert, werden bis 1 m lang, aber nur 3 cm breit und biegen sich in der Mitte plötzlich nach unten. Auf diese Weise tragen sie wesentlich zur Auflockerung der Wedelkrone bei.

Die Blütenstände entspringen in den Achseln der unteren Laubblätter. Sie fallen durch ihre bis 1 m lange, kahnförmige, verholzte Spatha auf, die am Vorderende geschlossen und zugespitzt ist. Sie gibt bei der Blüte die einfach verzweigte Blütenrispe frei, an der die eingeschlechtigen Blüten stehen. An der Basis der Seitenachsen finden sich leicht eingesenkt nur weibliche Blüten. Darüber folgt eine Zone, in der in Gruppen je zwei männliche und eine weibliche Blüte vereint sind. An der Spitze stehen nur männliche Blüten. Alle Blüten sind klein und weißgelb bzw. cremefarben. Nach der Befruchtung entwickeln sich die gelben bis orangefarbenen, kurz geschnäbelten Früchte, deren kugelförmiger Same von langen schmalen, aufwärts gerichteten Fasern eingehüllt ist. Sein Nährgewebe ist reich an Öl und wird in rohem Zustand gegessen.

Von dieser sehr formenreichen Art gibt es verschiedene Varietäten, unter denen var. *australis* in Kultur weit verbreitet und vielleicht mit der ursprünglichen *Cocos plumosa* identisch ist. Die Romanzoffianische Kokospalme wird weltweit auch in subtropischen und mediterranen Gebieten kultiviert. Dort nimmt sie mit den verschiedenartigsten Böden vorlieb und wächst gut in voller Sonne. Entsprechend ihrer geographischen Verbreitung läßt sich diese auffallende Palme im Lauwarmhaus ziehen und kann im Sommer ins Freie gestellt werden. Die Samen keimen bereits nach einem Monat.

Arenga, Zuckerpalme

Die Gattung *Arenga* Labill. ist mit 20 Arten vom Himalaja über Südostasien mit dem indomalayischen Inselarchipel bis Australien und Neu-Guinea verbreitet. Die natürlichen Standorte befinden sich im tropischen Regenwald vorzugsweise auf tiefgründigen Böden, gelegentlich auch auf Kalkuntergrund. Der Gattungsname leitet sich von areng ab, dem malayischen Namen für die Zuckerpalme.

Zur Gattung *Arenga* gehört auch die früher als eigene Gattung unter dem Namen *Didymosperma* geführte Sektion mit 15 Arten. Der Gattungsname *Didymosperma* leitet sich von gr. didymos = doppelt, zweifach und sperma = Same ab und nimmt auf die beiden in der Frucht vorhandenen Samen Bezug. Der Fruchtknoten der alten Gattung *Didymosperma* besteht aus zwei Carpellen mit zwei Narben, während die Gattung *Arenga* durch einen Fruchtknoten aus drei Carpellen mit drei Narben ausgezeichnet und in dieser Fassung mit 18 Arten in den tropischen Teilen Südasiens und Nordaustraliens beheimatet ist. Die alte Gattung *Didymosperma* ist hingegen auf den Indomalayischen Inselarchipel beschränkt. In systematischer Hinsicht stehen *Arenga* und *Didymosperma* den Gattungen *Wallichia* und *Caryota* nahe.

Arenga pinnata (Wurmb) Merr.
Zuckerpalme, Sagwirepalme
Syn. *Arenga saccharifera* Labill.

Die Zuckerpalme ist ein typisches Beispiel für eine Nutzpflanze, die in weltwirtschaftlicher Sicht an Bedeutung verloren hat.

Es handelt sich um einen sehr massiven bis 20 m hohen, archaisch wirkenden Baum, dessen bis 12 m lange Blätter in spitzem Winkel steif aufrecht stehen. Der Stamm ist von den derben, großen Blattbasen der mächtigen Blattorgane verhüllt, die bis 2,5 m lange, bandförmig wirkende, unterseits schmutzig weiße, beöhrte Seitenfiedern tragen. Die Fiedern sind am Ende fischflossenartig gezähnt und besitzen zahlreiche gleichwertige Nerven. Diese Gleichwertigkeit der Nervatur, das Vorhandensein einer Endfieder und das Erblühen des Baumes von oben nach unten stellen altertümliche Merkmale dar. Die Rhachis des Blattes ist außerordentlich derb. An ihr stehen die Seitenfiedern in verschiedenen Winkeln, so daß das Blatt trotz seiner außergewöhnlichen Dimensionen federartig wirkt. Der Stamm wird außerdem von dicken, roßhaarartigen Fasern umhüllt, die Blattbasenrudimente darstellen und den Stamm regelrecht umspannen.

Die Blütenstände entstehen wie bei *Caryota urens* am Ort der Blattnarben aus ruhenden Achselknospen. Sie besitzen zahlreiche Hüllblätter und entwickeln sich von der Spitze zur Basis. Sie werden bis 2,5 m lang und bestehen aus zahlreichen Ähren, die gedrängt an kurzer Grundachse entspringen. Die männlichen Infloreszenzen tragen schwach modrig riechende Blüten mit konvexen, zugespitzten, grünen, bronzefarben überlaufenden Blütenblättern und zahlreichen Staubblättern. An den weiblichen Ständen sitzen lichtgrüne Blüten mit dreifächerigen Fruchtknoten, aus denen dreisamige Früchte mit drei leichten Einsenkungen am abgestumpften Vorderende hervorgehen (Abb. Seite 29). Jeder Same ist in einen separaten Steinkern eingewachsen, von dem er sich schwer trennt. Die männlichen Blütenstände sind in der Überzahl, doch gibt es auch Bäume mit mehr weiblichen Infloreszenzen. In dieser sexuellen Ambivalenz kann man einen Übergang zur Zweihäusigkeit sehen.

Zur Zuckersaftgewinnung benutzt man nur die jungen männlichen Blütenstände, die nach 9 bis 12 Jahren erscheinen und am Grunde abgeschnitten werden. Aus der Schnittfläche treten bei Erneuerung der Schnittwunde 2 bis 5 Monate lang täglich 2 bis 7 l Saft aus. Das Ausfließen des Zuckersaftes geht wohl überwiegend auf erhöhte Tätigkeit der Wurzel (Wurzeldruck) zurück und kann nicht rein physikalisch-chemisch durch die Umwandlung der im Stamm gespeicherten Stärke erklärt werden. Liefert der höher stehende Blütenstand keinen Saft mehr, wird der inzwischen entwickelte tiefere Stand angezapft. Nachdem sich der letzte Stand oft direkt über dem Boden gebildet hat, beginnt der Baum unter Fruchtbildung abzusterben. Eine Palme soll etwa 1800 l Zuckersaft liefern, der zu Palmwein vergoren oder durch Kochen in braunen Rohzucker umgewandelt werden kann. Es ist eine zwar schmutzige, aber intensiv süßende Masse, die auch Eiweiße und Fermente enthält und deswegen leicht gärt.

Die den Stamm umhüllenden festen, widerstandsfähigen, braunen Fasern waren früher als Gomutifasern zur Herstellung von Schiffstauen sehr begehrt. Auch Besen, Bürsten und Matten werden aus den Blattgrundresten hergestellt, da zwischen den flexibleren auch starre feste Fasern stehen. Aus den Splittern der Blattstiele wurden früher durch Umwickeln mit sehr feinen Fasern Schreibfedern, aber auch Pfeile hergestellt. Die mit Zucker eingemachten unreifen Früchte gelten in Cochinchina als Leckerbissen. Das Mesocarp der Früchte enthält einen noch in verdünntem Zustand auf der Haut brennenden Saft. CORNER berichtet, daß der Saft unreifer Arenga-Samen ihm schlimme Schmerzen bei ihrer mikroskopischen Untersuchung bereitet hat und daß einer seiner abgerichteten Affen beim Sammeln von Untersuchungsmaterial auf einer großen Brennpalme, die mit *Arenga* nahe verwandt ist, starb. Gerade systematisch altertümliche Pflanzengruppen besitzen oft toxische Inhaltsstoffe, wie die Verwendung unreifer Samen von Palmfarnen als Betäubungsmittel beim Fischfang beweist.

Die relativ schnellwüchsige, aber volltropisches Klima verlangende Palme wird auch heute noch in Gärten und Dorfhainen in Indien und ganz Südostasien angepflanzt.

Arenga porphyrocarpa (Bl.) H. E. Moore
Gomutipalme
Syn. *Didymosperma porphyrocarpum* (Bl.) H. Wendl. et Drude ex Hook.

Die in Westjava beheimatete Gomutipalme kriecht mit einem kräftigen Rhizom im Boden, an dem gebüschelt die 1 bis 2 m hohen, rohrartigen Stämme entspringen, so daß die Pflanze immer buschig wächst. Die mächtigen Fiederblätter werden 4 bis 5 m lang und hängen bogig über. Ihr Stiel wird 1,2 bis 2,4 m lang, die Rhachis trägt 9 bis 17 wechselständig angeordnete, große Fiedern von eigenartiger Gestalt. Die bis 45 cm langen und 6 bis 15 cm breiten Fiedern sind lang keilförmig an *Caryota urens* oder *Aiphanes caryotifolia* erinnernd, an der Spitze fischflossenartig ausgefranst. Sie setzen am Grunde V-förmig an, und ihre Mittelrippe ist braun beschuppt. Die Endfieder ist breiter und dreieckig, am Vorderende ebenfalls ausgefranst. Farbe der Fiedern oberseits dunkelgrün, unterseits weiß bereift. Blattstiel rundlich, in der Jugend auffallend bräunlich, weiß punktiert, am Grunde scheidenartig verbreitert, den Sproß umfassend mit kräftigen dunkelbraunen, teils horizontal verlaufenden Fasern. Der relativ kleine Blütenstand wird 10 bis 15 cm lang, besitzt nur wenige Verzweigungen und ist am Grunde von 3 bis 4 röhrigen Scheidenblättern eingehüllt. Die intensiv duftenden weiblichen Blüten sind kleiner als die männlichen, mit zwei Hochblättern; das Perianth besteht aus drei dachziegelig stehenden Kelchblättern und drei am Grunde vereinten größeren Kronblättern. Die männlichen Blüten weisen zahlreiche Staubblätter auf. Aus dem zweiblättrigen Gynäceum entwickelt sich die zweisamige orangefarbene Beere.

Als weitere Arten kommen in Malaya die knapp 1 m hohe *Arenga hastata* und die selten stammbildende 50 cm große *Arenga hookeriana* vor.

Die Vermehrung kann durch Ausläufer oder die abgeplattet konvexen Samen erfolgen. Kultur wie *Areca* bei einer Tagestemperatur von 20 bis 24 °C und einer Nachttemperatur nicht unter 18 °C. Wintertemperatur 14 bis 18 °C. Ältere vieltriebige Pflanzen sind attraktive Schaustücke in größeren Schauhäusern.

Attalea

Die Gattung *Attalea* H. B. K. ist nach König Attalus III. von Pergamon benannt, der botanische Studien betrieb und Werke über Gartenbau und Landwirtschaft verfaßte. Im Hinblick auf seinen großen Reichtum ergibt sich wahrscheinlich auch ein Bezug auf die Pracht der mit mächtigen Fiederblättern versehenen Palmen dieses Verwandtschaftskreises. Mit der 38 Arten umfassenden

Gattung *Attalea*, die in der Neotropis mit Schwerpunkt in Brasilien verbreitet ist, werden oft Angehörige der nahestehenden Gattung *Orbignya* verwechselt, die ähnliche, an gigantische Federn erinnernde Fiederblätter besitzt. Doch unterscheiden sich beide Gattungen durch den Blütenbau. Während bei *Attalea* die Kelchblätter flach und ohne Mittelkiel gerade abstehen, sind sie bei *Orbignya* am Rande aufgebogen, von kahnförmiger Gestalt und an der Spitze eingebogen. Ferner stehen die zahlreichen Staubblätter bei *Attalea* parallel orientiert, während sie bei *Orbignya* wirr gedreht ein Knäuel bilden.

Attalea funifera Mart. ex Spreng.
Bahiapiassavepalme

Die Bahiapiassavepalme wächst in Brasilien zwischen 13 bis 18 Grad südlicher Breite in der Nähe von Wasserläufen in den Staaten Bahia und Maranhão und bildet in den Tieflandwäldern zuweilen große Bestände. Sie ist eine prachtvolle, imposante Palme, die einen starken Stamm von 6 bis 9 m Höhe und 25 bis 40 cm Durchmesser bilden kann. Am Stamm stehen die großen 4 bis 6 m langen, steil aufgerichteten, dunkelgrünen Fiederblätter auf sehr kurzen Stielen. Die in Gruppen vereinten Seitenfiedern werden bis 1 m lang, die Rhachis ist am Grunde mit langen herabhängenden Fasern versehen. Diese stellen die von Festigungsfasern (Sklerenchymfasern) umgebenen Leitbündel aus den Blattbasen dar und werden von den wildwachsenden Pflanzen am Standort eingesammelt. Auf die Bildung dieser Fasern, die als zerspleißende Reste des Blattgrundes übrig bleiben, bezieht sich der Artname *funifera* von lat. funis = Seil, Strick und fer = tragend. Der Blütenstand entspringt von einer holzigen Spatha umgeben in den Achseln der untersten Blätter und trägt männliche und weibliche Blüten. Die weiblichen Blüten sind deutlich größer als die männlichen, die 6 bis 12 Staubblätter besitzen. Aus den weiblichen Blüten gehen 12 cm lange, gesprenkelte, braune, mehrsamige, sehr harte Steinfrüchte hervor.

Die Fasern dieser Palme werden entsprechend ihrer Herkunft als Bahia-Piassave-Fasern bezeichnet. Sie sind etwas heller und nicht so breit wie die von der Palme *Leopoldinia piassaba* stammenden Para-Piassave-Fasern dabei besonders widerstandsfähig gegen Wasser und werden in Brasilien als Flechtmaterial zur Herstellung von Hüten, Körben und Matten benutzt. Ebenso werden Besen und Bürsten daraus hergestellt. Die sehr harten und dickholzigen Steinschalen der Früchte, als Steinkokosnüsse (Coquilla-Nüsse) bekannt, sind schön braun gefärbt und werden, da sie gut die Politur annehmen, zur Fabrikation von Stockgriffen, Pfeifenmundstücken, Knöpfen und Rosenkränzen (Kux-Rosenkränze) sowie anderen Drechslerarbeiten benutzt. *Attalea funifera* verlangt die gleiche Pflege wie *Areca catechu*. Sie gedeiht nur gut bei Temperaturen über 18 °C im feuchten Warmhaus.

Bactris

Zur Gattung *Bactris* Jacq. ex Scop. werden 200 bis 250 meist niedrige, oft Gebüsche oder dichtes Stachelgestrüpp bildende Palmen gestellt, deren Verbreitungsschwerpunkt im tropischen Südamerika liegt. Rund 35 Arten kommen in Zentralamerika und Westindien vor. Die Gattung gehört zu einem Verwandtschaftskreis von Palmen, die alle durch Stacheln an Stamm, Blatt und Spatha sowie durch ein hartes, verholztes Endocarp ausgezeichnet sind. Es sind dies außer *Bactris* die Gattungen *Acrocomia*, *Acanthococos*, *Astrocaryum*, *Aiphanes* und *Desmoncus*.

Bactris gasipaës H. B. K.
Pfirsichpalme

Syn. *Guilielma gasipaës* (H. B. K.) L. H. Bailey, *Guilielma speciosa* Mart., *Guilielma utilis* Oerst., *Bactris utilis* (Oerst.) Benth. et Hook. f. ex Hemsl.

Die Stämme der Pfirsichpalme wachsen von Natur aus in Gruppen, werden aber oft bis auf einen Stamm beseitigt. Er erreicht 10 bis 20 m Höhe bei 15 cm Durchmesser und ist an der Oberfläche mit langen nadelähnlichen, schwarzen Stacheln versehen, die in Ringen angeordnet mit den Narben der Blätter abwechseln. Die

Krone besteht aus 3 m langen, lichtgrünen Fiederblättern, deren 1 m langer Stiel mit langen, spitzen Stacheln versehen ist. Die Fiedern stehen in Gruppen von zwei bis fünf in verschiedenen Ebenen mit der Spitze senkrecht überhängend, und verleihen der Krone ein lockeres, luftiges Aussehen. An den einfach verzweigten, durch eine breite holzige Spatha ausgezeichneten Infloreszenzen stehen an der Basis die getrenntgeschlechtigen Blüten in Dreiergruppen; an der Spitze zu je zwei vereint, die männlichen Blüten mit spitzen Blütenblättern. Ihre Staubblätter sind auf einem Diskus inseriert. Aus den weiblichen Blütenständen gehen gedrängt stehend 150 bis 200 schwach dreikantige, orangerote 4 bis 6 cm große Früchte hervor, die an einen Pfirsich erinnern. Sie sind wegen der Bestachelung des schlanken Stammes schwer zu ernten. Die Früchte sind reich an Stärke und werden geröstet oder gekocht ähnlich wie Eßkastanien verzehrt, besitzen aber einen öligen Geschmack. Darüber hinaus läßt sich ein Palmöl aus ihnen gewinnen. Sie werden auch zu Mehl vermahlen und nicht selten wird ein alkoholhaltiges Getränk daraus hergestellt. Das äußere Holz des Stammes ist außergewöhnlich hart und wird vielfältig verwendet. Im Rahmen der viele Jahrhunderte praktizierten Kultur sind auch samenlose Formen entstanden.

Die genaue Herkunft der Pfirsichpalme ist unbekannt. Gewisse Indizien deuten auf eine Herkunft aus Peru. Infolge Kultur hat sie vor allem weite Verbreitung in Süd- und Mittelamerika erlangt. Übergänge von subspontaner Verbreitung zu reiner Domestizierung sind bei einer derart bestachelten Art natürlich. So fehlt die Palme selten in den Siedlungen der Indianer im Amazonasgebiet und wird dort als Pupunhapalme, am oberen Orinoko als Piritupalme bezeichnet. Aus nahe verwandten niedrigwüchsigen Arten mit mehr rohrartigen Stämmchen werden Stöcke hergestellt, eine Tatsache, auf die der von gr. baktron = Stab, Rohr abgeleitete Gattungsname Bezug nimmt. Eine ethymologische Erklärung für den Artnamen ist nicht bekannt.

Ihre Kultur erfolgt im Warmhaus bei reichlicher Bewässerung. Die Erde sei lehmig-humos. Jungpflanzen sind sehr dekorativ, im Alter läßt die Schönheit nach.

Borassus, Borassuspalme

Die Angehörigen der Gattung *Borassus* L. werden je nach Ansicht des Bearbeiters alle zu einer einzigen Art zusammengefaßt oder in neun eng verwandte Arten aufgegliedert, unter denen *Borassus aethiopium* aus Ostafrika am bekanntesten ist.

Borassus flabellifer L.
Palmyra- oder Lontaropalme
Syn. *Borassus flabelliformis* Murr.

Das Verbreitungsgebiet der Palmyrapalme reicht von Sri Lanka und Vorderindien über Südostasien und den malayischen Inselarchipel bis Neu-Guinea.

Es handelt sich um eine bis 30 m hohe mächtige Fächerpalme mit geringeltem Stamm, der an der Basis verdickt und in unregelmäßiger Weise von den zersplissenen Blattgrundfasern bedeckt ist. Er trägt eine grau- bis blaugrüne Wedelkrone aus 25 bis 40 keilförmigen bis runden Fächerblättern, die infolge Eintretens des steifen, unregelmäßig gezähnten 1,0 bis 1,5 m langen Stiels in die Spreite zweiteilig sind. Die Fächerstrahlen der bis 3 m Durchmesser erreichenden Spreite sind bis zur Mitte eingerissen. Die Art ist zweihäusig.

Die langen, vielfach verzweigten 1,5 bis 2,0 m langen Infloreszenzen erscheinen zwischen den Blättern. An den Blütenständen der männlichen Bäume stehen an den runden kolbenähnlichen Zweigen eingesenkt zahlreiche sehr kleine Blüten mit drei Kelchblättern, drei Kronblättern, sechs Staubblättern und einem rudimentären, sterilen Fruchtknoten. Die cremefarbenen Blüten an den weiblichen Bäumen stehen einzeln, sind 2,5 cm groß und besitzen neben Kelch und Krone sechs zu einem Ring verwachsene Staminodien und einen aus drei Carpellen bestehenden Fruchtknoten. Aus ihm entwickelt sich eine glatte, gelb bis braun gefärbte, bis 2 kg schwere Steinfrucht von 15 bis 20 cm Durchmesser, die unter dem glatten Exocarp ein faserig-saftiges Mesocarp besitzt.

Kokospalmen sind nicht nur nützlich, sondern auch von ganz besonderer Schönheit.

Das Endocarp umgibt jeden der drei mit gleichmäßigem Endosperm versehenen, im Innern hohlen Samen.

Die in Gebieten mit Monsunklima sowohl in Wald- als auch in offenen Grasformationen vorzugsweise auf schweren Alluvialböden wachsende *Borassus flabellifer* ist eine der wichtigsten Nutzpalmen und in Vorderindien für Ernährung und Leben der Bevölkerung ebenso wichtig wie die Kokospalme. In dem indischen Lobpreis »Tala Vilasam« werden 801 Nutzungsmöglichkeiten für Borassus aufgeführt. Sie wird in großen Mengen angebaut, und alle Teile werden genutzt. Am wichtigsten ist der nur aus den männlichen Bäumen gewonnene zuckerhaltige Saft. Die Infloreszenzen werden vor der Anthese zusammengebunden und mit flegelähnlichen Instrumenten etwa acht Tage lang geklopft. Danach werden die dickfleischigen Blütenstandsachsen an der Spitze abgeschnitten. Bei Abtragen einer Scheibe täglich lassen sich aus dem Baum jährlich ca. 50 l Palmsaft gewinnen, der zu Palmwein (Toddy) vergoren, zu Arrak weiterdestilliert oder zu Palmzucker (Jaggery) eingedickt wird. Das vor allem im Alter sehr harte und dauerhafte Holz wird beim Hausbau verwendet. Aus den Blattfasern lassen sich Körbe, Matten, Hüte u. ä. herstellen. Die jungen weichen Blätter werden wie bei *Corypha* in Indien wie Schreibpapier benutzt. Das reife, orangefarbene Fruchtmesocarp, das im Geruch an Melonen, Quitten und Ananas erinnert, wird ausgesogen. Nach Befreien von den Fasern wird es als Mus zubereitet, zu Limonade verdünnt oder mit Mehl verbacken. Die aufgeschichteten Früchte liefern nach Gärung in ihrem Endosperm ein käseartiges Nahrungsmittel. Bei der Keimung treibt der Keimling einen meterlangen, an der Spitze flaschenförmig verdickten Senker in den Boden, der als Delikatesse verzehrt wird.

Butia

Die Gattung *Butia* (Becc.) Becc. steht *Arecastrum* nahe und wurde von der Gattung *Cocos* abgespalten. Sie umfaßt rund 20 Arten in Südamerika.

Die Abgrenzung der einzelnen Arten innerhalb der Gattung ist schwierig, und die Verwirrung wird durch Kreuzbestäubung gesteigert. Ohne Heranziehen der Früchte ist die Abgrenzung der Arten nicht möglich.

Butia capitata (Mart.) Becc.
Gelee- oder Butiapalme
Syn. *Cocos australis* hort. non Mart.
Abbildung Seite 76.

Der Gattungsname ist eine portugiesische Entstellung des in der Heimat gebräuchlichen Namens, lat. capitata = kopfförmig nimmt wohl auf die kopfig gedrängte Wedelkrone der Pflanze Bezug. Die Heimat dieser Palme liegt in den Campos von Ostbrasilien. Dementsprechend handelt es sich um eine robuste, widerstandsfähige Art, die im Alter einen plumpen, kompakten Habitus besitzt. Sie wächst als Zierpalme noch in Porto Alegre im Staat Rio Grande do Sul in Südbrasilien, obwohl hier im Mai leichte Fröste vorkommen.

Der Stamm der Pflanze bleibt lange von den harten, persistierenden, unregelmäßig angeordneten Blattbasen eingehüllt und erscheint nach dem Abfallen braun und deutlich geringelt. Er wird bei einem Durchmesser von 30 cm im Alter 6 m hoch. Besonders am Stammende stehen die Blattreste dicht gedrängt. Die breit ansetzenden Blätter tragen am Grunde beiderseits eine Reihe dicker, gekräuselter Fasern. Sie erreichen 2 bis 3 m Länge, und an jeder Seite der Rhachis finden sich bis 100 in Gruppen zu zwei und drei zusammenstehende Fiedern. Der am Grunde mit Dornen bewehrte Blattstiel steigt steil auf und neigt sich dann in elegantem Bogen tief nach unten, so daß die V-förmig starr nach oben und vorne gerichteten Seitenfiedern fast den Stamm berühren. Die Fiedern sind sehr derb, von blaugrüner Farbe, linealisch-lanzettlich, mit lang ausgezogener Spitze und unterseits deutlich hervortretender Mittelrippe.

Der reich verzweigte Blütenstand wird 75 bis 90 cm lang und trägt die weiblichen Blüten am Grund, die männlichen an der Spitze. Er ist im Jugendstadium von einer kahnförmigen, mit ausgeprägter Spitze versehenen, außen glatten, verholzten Spatha umschlossen. Die äußeren

Perigonblätter sind sehr klein, die inneren groß, bei der Anthese steif aufgerichtet. Die Blütenfarbe variiert von gelb über rot bis purpur. Die abgestumpfte eiförmige 3 cm große Frucht ist eine gelb- bis orangefarbene Beere, aus der Gelee und Bowle bereitet wird. Sie läßt sich auch in Alkohol einlegen. Die bei der Reife tief nach unten herabgebogenen Fruchtstände können ein Gewicht von 30 kg erreichen.

Butia capitata ist eine sehr variable Art.

Die in den Sortimenten vorhandene *Butia bonnetii* (Becc.) Becc. steht *Butia capitata* sehr nahe. Sie besitzt einen kürzeren Stamm und stärker gebogene Blätter und wird von manchen Autoren eher als eine Jugendform von *Butia capitata* denn als eigene Art angesehen. Weitere Arten finden sich außer in Brasilien auch in Argentinien. Sie gedeihen in den Vereinigten Staaten nicht nur im gesamten Staat Florida, sondern auch noch in Nord- und Süd-Carolina.

In Mitteleuropa können sie bei Temperaturen von 4 bis 8 °C überwintern und werden im Sommer ins Freie gestellt. Auspflanzen in größeren Kalthäusern ist möglich.

Calamus, Rotangpalmen

Rotangpalmen sind im tropischen Regenwald Südostasiens kletternde Pflanzen, die aus dem morphologischen Schema der Palmengestalt herausfallen. Sie klettern vielfach mit einem Rosettenstadium beginnend von Waldlücken aus in den Kronenraum der Urwaldriesen empor und entfalten dort ihre Blütenstände. Hierzu haben sie im Kampf um Raum und Licht eine Reihe auffälliger Anpassungen entwickelt. Die Pflanzen besitzen keinen säulenförmigen Stamm mit Wedelkrone sondern lange, flexible, zähe Sproßachsen, die meist gruppenweise aus einem Rhizom im Boden entspringen. Der Sproßdurchmesser schwankt zwischen einigen Millimetern und mehr als 20 cm. Vielfach erstarkt der Sproß beim Emporwachsen, so daß er erst in einer gewissen Höhe über dem Boden seine größte Dicke erreicht. Am Sproß stehen entfernt die Fiederblätter, die bei manchen Arten 4 bis 5 m Länge erreichen, und deren Rhachis in einem peitschenförmigen Fortsatz mit rückwärts gerichteten Stacheln endet. Der Verankerung an Stützen dienen weiterhin Stacheln an der Mittelrippe des Fiederblattes und an der Blattscheide, die sehr dicht mit Stacheln besetzt ist. Das gleiche gilt für die Spatha. Bei manchen Arten endet auch die Infloreszenz in einem mit rückwärts gerichteten Haken besetzten Fortsatz. Die mit Stacheln besetzten Fortsätze der Fiederblätter werden als Cirrus bezeichnet, die aus den Scheiden entspringenden bedornten Verankerungsorgane als Flagellen. Bei den Arten mit peitschenförmiger Verlängerung am Blütenstand fehlt diese am Blatt und umgekehrt. Mit ihren Fortsätzen suchen die Pflanzen im leisesten Windzug pendelnd die Waldlücken nach Verankerungsmöglichkeiten ab. Da sie mit Hilfe abstehender hakenförmiger Bildungen Halt suchen, gehören sie zum Lianentyp der Spreizklimmer (Abb. Seite 42 und 80).

Die Gattung *Calamus* L. ist mit 340 Arten die artenreichste Palmengattung überhaupt, die zugleich das größte Areal innerhalb der Familie von 30 Grad nördlicher bis 30 Grad südlicher Breite besitzt. Es spannt sich von Westafrika über Vorderindien und Süd-China, den gesamten indomalayischen Archipel und das tropische Australien bis Neu-Guinea, Polynesien und zu den Fidschi-Inseln. Das Mannigfaltigkeitszentrum mit den meisten Arten liegt auf den Sunda-Inseln, Malakka und Neu-Guinea. In Malaya finden sich Angehörige der Gattung vom Meeresniveau bis zu den höchsten Gebirgserhebungen. Dort gedeihen sie außer im tropischen Regenwald auch in offenen Heideformationen und an Brackwasserstandorten.

Der Gattungsname leitet sich von gr. kalamos = Rohr ab und nimmt auf die langen kletternden Sprosse Bezug. Die Sproßachsen sind wie bei allen Lianen durch besonders weitlumige, wasserleitende Gefäße (Tracheen) ausgezeichnet, die den Transpirationsstrom in den langen Sprossen erleichtern. Bei Anschlagen läßt sich aus den Tracheen Trinkwasser gewinnen. Die Fiederblätter setzen mit einer stachelübersäten, das Stämmchen umgreifenden Blattscheide (Ochrea) an, aus der bei manchen Arten ein eigenes mit rückwärts

gerichteten Dornen besetztes Flagellum entspringt.

Alle Arten sind zweihäusig. In den Blattachseln stehen auch die reich verzweigten rispenförmigen Blütenstände mit der sehr dornigen Spatha (Abb. S. 79). Ihre seitlichen, klauenartig zurückgebogenen, ebenfalls der Befestigung dienenden Verzweigungen tragen die einige Millimeter großen Blüten. Die männlichen Blüten oft in dichten zweizeiligen Ährchen, die ihrerseits in verzweigten Rispen stehen. Sechs Staubblätter, diese getrennt oder kurz verwachsen; die weiblichen Blüten mit sechs Staminodien, die zu einem kurzen Becher verwachsen sind und drei Fruchtblättern. An der Außenseite der Fruchtblätter sind bereits im Blütenstadium Reihen kleiner schuppenförmiger Auswüchse (Emergenzen) erkennbar, die später zu Schuppen auswachsen und die Frucht umhüllen. Daneben gibt es Infloreszenzen mit sterilen Blüten, die mit ihren stacheligen

Links: *Arecastrum romanzoffianum* (*Syagrus romanzoffiana*).
Oben: *Butia capitata*, die Geleepalme.
Rechte Seite: *Oncosperma tigillarium* (Jack) Ridley

Fortsätzen lediglich der Befestigung dienen. Früchte rundlich, völlig von den in Reihen stehenden, sich dachziegelig deckenden, gelblichen bis rotbraunen, glänzenden Schuppen mit dunklerem Mittelstreifen eingehüllt; meist von Haselnußgröße mit rotbraunem Fruchtfleisch, das morphologisch den äußeren fleischigen Teil der Samenschale (Sarcotesta) darstellt und von verschiedenen Tieren verzehrt wird, die auf diese Weise zur Verbreitung beitragen. Das zwischen den Fruchtschuppen hervorquellende dunkelrote Harz wird durch Schütteln oder Schlagen, bei den modernen Verfahren durch Kochen, entfernt und nach Absieben der Schuppen zusammengeschmolzen. Es kommt zu Kugeln oder Stangen geformt als »Drachenblut« in den Handel und

findet in der Lack- und Firnisindustrie Verwendung. Lokal ist es heute noch als Adstringens, gegen Diarrhöe oder gegen Augenleiden in Gebrauch. Die meisten Calamus-Arten sterben nach der Blüte ab, doch bleibt der Stock meist erhalten, da die aus dem Rhizom ausgetriebenen Sprosse nicht alle gleichzeitig blühen.

Die braunen, zähen Sprosse der meisten Arten erreichen große Länge, die im Mittel 60 bis 90 m, in manchen Fällen 165 m und mehr beträgt. Die endständigen Fiederblätter und Infloreszenzen ragen dann über die oberste Kronenschicht des Regenwaldes empor. Da die Blätter in den unteren Bereichen absterben, der Sproß am vorderen Ende aber immer weiterwächst, rutschen nicht selten einzelne Pflanzen oder ganze Gruppen aus dem Kronenraum ab und bilden auf dem Boden lagernd undurchdringliche Hindernisse, von denen die klassischen Tropenforscher immer wieder berichten. Calamus werden allerdings zunehmend seltener, da sie zur Gewinnung von Rotang oder Rattan eingesammelt werden. Es ist viel Mühe und Sorgfalt erforderlich, um die den Stamm einhüllenden, stachelübersäten Blattscheiden zu entfernen und das als »Rotang« bezeichnete Rohprodukt zu gewinnen, das als Spanisches Rohr oder Stuhlrohr weiter verarbeitet wird und im malayischen Sprachgebrauch »rotan« heißt (vgl. S. 40). Außer den bereits beschriebenen Nutzungsweisen wird es auch zur Herstellung von Angeln, Stricken, von Saiten für Musikinstrumente und als Bindematerial verwendet.

Calamus ciliaris Bl.

Von den zahlreichen Arten der Gattung ist *Calamus ciliaris* Bl. aus Sumatra und Java gelegentlich in Kultur. Die Pflanze eignet sich nur für das

Verbreitungsgebiet südostasiatischer Kletterpalmen.
C: *Calamus;* Ce: *Ceratolobus;* Co: *Cornera;*
D: *Daemonorops;* K: *Korthalsia;* P: *Plectocomia;*
Ps: *Plectocomiopsis;* Sc: *Schizospatha*

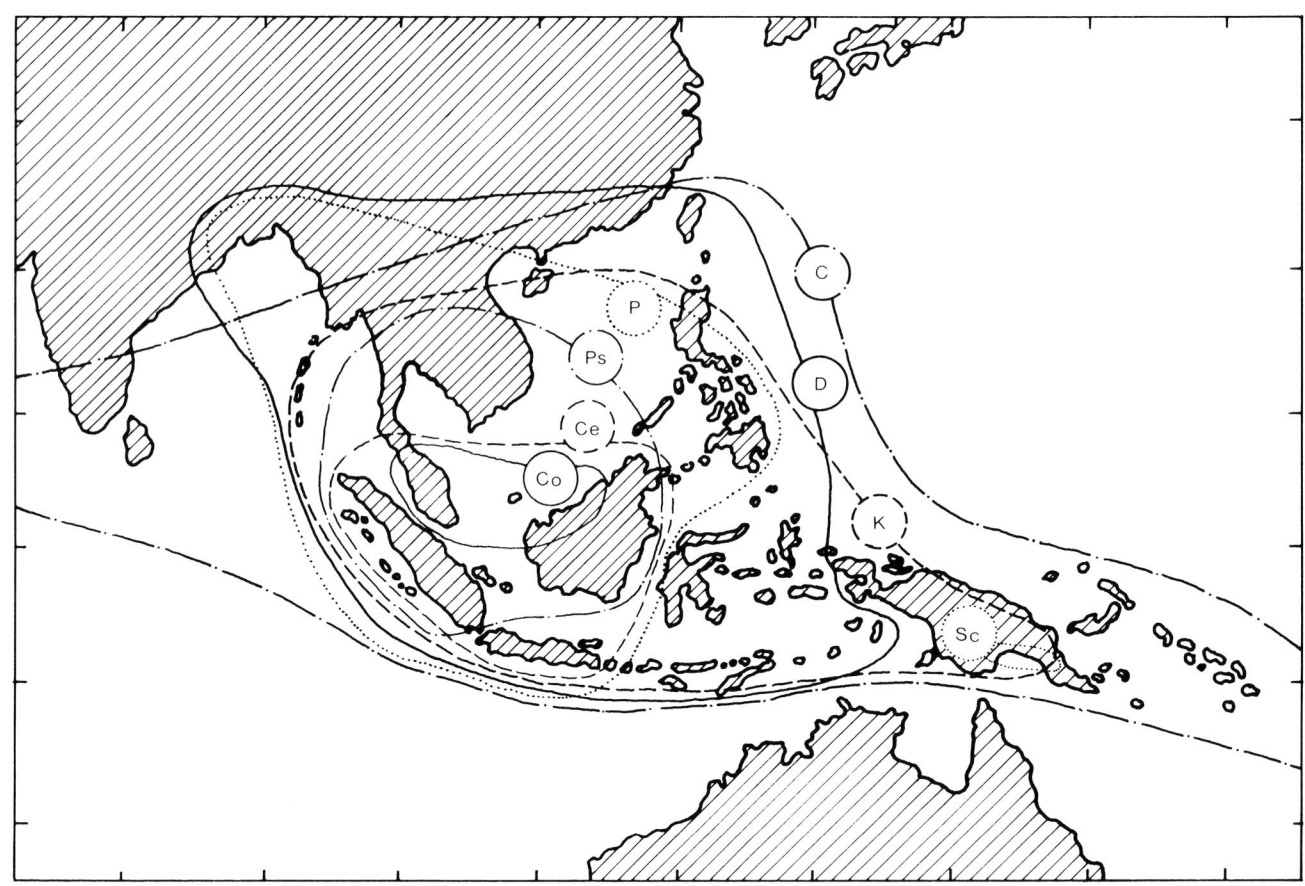

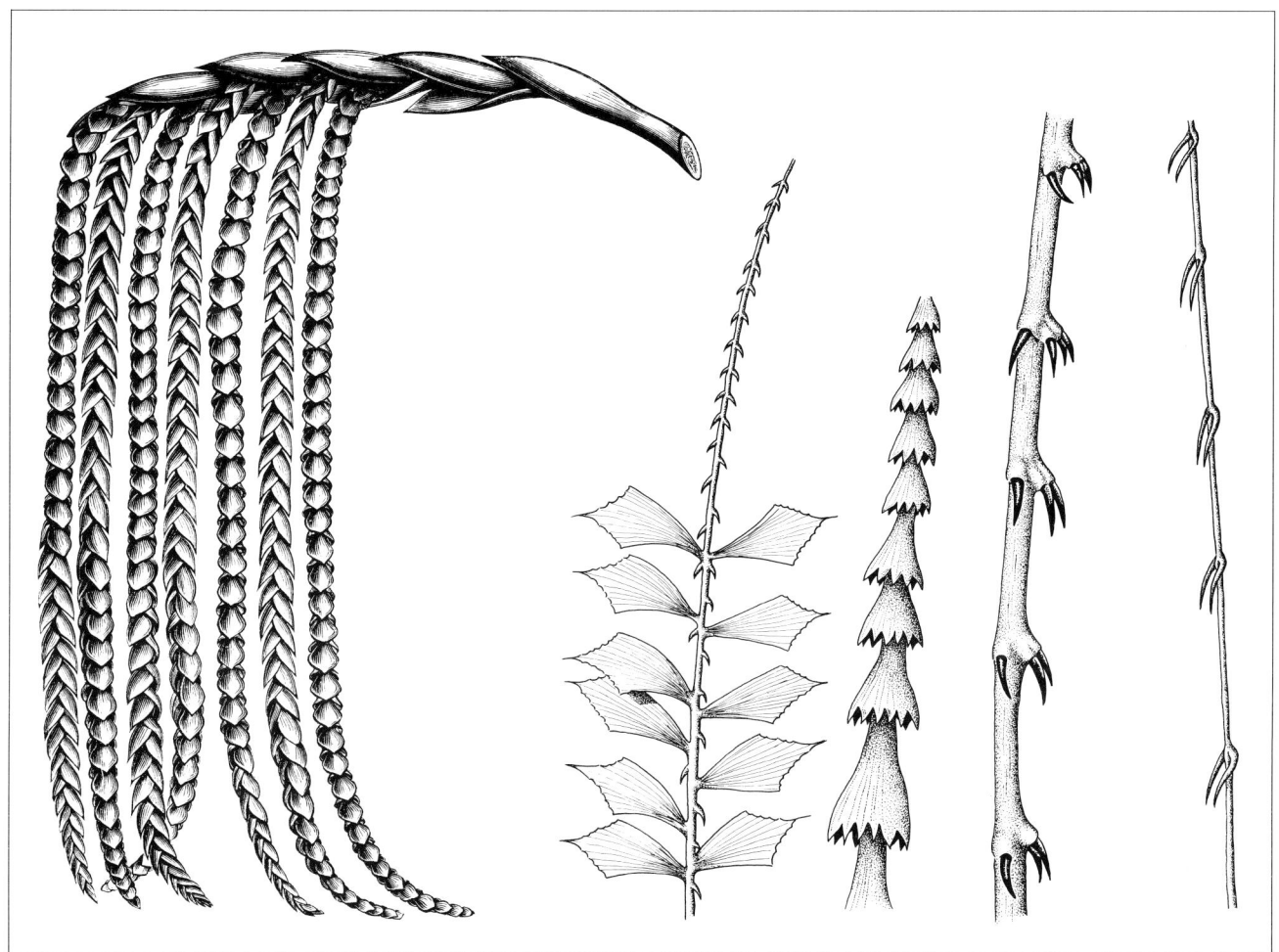

Blütenstand der Kletterpalme *Plectocomia elongata*. Die kurzen, wenig verzweigten Blütenstände werden von den zweizeilig angeordneten, schuppenförmigen Deckblättern verdeckt.

Ausschnitte aus den Endgeißeln verschiedener Rotang-Palmen.
Links und Mitte: drei verschiedene *Plectocomia*-Arten; rechts eine *Ancistrophyllum*-Art (Ankistrophyllum = »Hakenblatt«).

feuchte Warmhaus. Sie besitzt lebhaft grüne Blätter mit linealisch-lanzettlichen Seitenfiedern, die deutlich braun bewimpert sind (lat. ciliaris = bewimpert) und unter jedem Blatt einen feinen, mit Widerhaken besetzten Sproß entsenden. Ihre pelzig beschuppten Blütenstände tragen beiderseits der leicht hin und her gebogenen Hauptachse krallenförmig zurückgebogene, seitliche Verzweigungen, an denen die wenige Millimeter großen Blüten stehen. Zu vielstämmigen Pflanzen entwickelt sich *Calamus ciliaris* nur in großen Palmenhäusern bei einer Mindesttemperatur von +18 °C in der Nacht und bei gleichmäßig hoher Luftfeuchtigkeit. Die Samen keimen nur in ganz frischem Zustand. Jungpflanzen wachsen in der Kultur schnell. Sie benötigen lockeren, nährstoffreichen Boden und reichlich Bewässerung. Am besten gedeihen sie in einem dauernd mit Wasser gefüllten Untersatz.

Weitere Kletterpalmen

Auch außerhalb der Gattung *Calamus* gibt es in Südostasien eine ganze Anzahl weiterer Kletterpalmen. Sie gehören zu den Gattungen *Ancistrophyllum, Ceratolobus, Cornera, Korthalsia, Myrialepis, Plectocomia, Plectocomiopsis* und *Schizospatha*. Von

Eine Rotangpalme, *Calamus species*.

Ostindische Brennpalme, *Caryota urens*.

Ceroxylon alpinum, oberhalb Mendoza in 2400 m Höhe.

Die Bergpalme *Chamaedorea elatior*.

diesen Gattungen kommt *Ancistrophyllum* auch in den westafrikanischen Regenwäldern vor, wo sich als andere Repräsentanten der Kletterpalmen Angehörige der Gattungen *Oncocalamus* und *Eremospatha* finden. Einige dieser Gattungen sind wie *Calamus* diöcisch. *Oncocalamus, Ancistrophyllum* und *Eremospatha* sind monöcisch, *Korthalsia* hat zwittrige Blüten. Sie alle besitzen an ihren Endgeißeln, an der Mittelrippe des Blattes, an den Blattscheiden und Spathen Stacheln, die oftmals hart wie Metallhaken sein können. An den Fortsätzen mancher Arten sind die Stacheln krallenförmig nach einer Seite gerichtet. Bei einigen der genannten Gattungen sind die an den Fortsätzen vorhandenen Stacheln keine Bildungen des Oberflächengewebes (Emergenzen) sondern umgebildete Fiederblätter. Sie sind dann als Blattdornen zu bezeichnen. Die Gattung *Plectocomia* ist durch auffällige Blütenstände ausgezeichnet, bei denen in der Achsel der Spathen je eine hängende Seitenachse mit dicht zweizeilig stehenden Deckscheiden entspringt. An diesen ährenartigen Seitenzweigen stehen unter den verhüllenden Scheiden die Blüten. Die männlichen strohfarbenen Blüten mancher *Plectocomia*-Arten besitzen einen den Freesien ähnlichen Duft. Die an Grasährchen erinnernden Blütenstände der Plectocomien dienen auf Bali als Festschmuck.

In den Tropen der Neuen Welt werden die Kletterpalmen durch die Gattung *Desmoncus* mit 60 Arten hauptsächlich in Amazonien vertreten, doch erreichen diese nicht die Länge der *Calamus*-Arten. In Venezuela findet sich die mehr als 20 m Länge erreichende *Desmoncus horridus* Splitg. (lat. horridus = furchtbar, schrecklich) und die mit schwarzen Dornen versehene *Desmoncus orthacanthos* Mart. (lat. mit senkrecht stehenden Dornen).

Caryota, Fischschwanzpalme

Die Gattung *Caryota* L. umfaßt 27 Arten, deren Verbreitung vom tropischen Asien, über den malayischen Archipel und das tropische Australien bis Neu-Guinea und Neu-Kaledonien reicht. Der Gattungsnahme leitet sich von gr. karyotes = nußartig ab und nimmt auf die runde Frucht Bezug. Zu dieser Gattung zählen hohe und niedrigere Arten mit unbewehrtem Stamm, deren Blätter meist einen verlängerten Endschopf bilden. Sie besitzen als einzige Palmen doppelt gefiederte Blätter und werden wegen der eigenartigen Gestalt ihrer Fiedern als Fischschwanzpalmen bezeichnet. Der Gattungsname *Caryota* wurde 1753 von Linné anhand eines ihm vorliegenden Blattstücks begründet, doch ist bis heute unbekannt, welche Art ihm vorlag. Die Gattung ist noch immer ungenügend bekannt. Bei dem bisherigen Überblick ist es möglich, einige Arten fest zu beschreiben, bei anderen kann sich der Artname (Epitheton specificum) wieder ändern. So werden Vorderindische Palmen als *Caryota urens* L. bezeichnet, Malayische als *Caryota aequatorialis* Ridl., Chinesische als *Caryota ochlandra* Hance, Philippinische als *Caryota cumingii* Lodd. ex Mart. Schließlich gibt es *Caryota rumphiana* Mart. mit einem Verbreitungsgebiet von Java über die Philippinen nach Neu-Guinea und Neu Kaledonien. Das Gewebe aller *Caryota*-Arten wird als giftig angesehen und enthält in den Zellen der Frucht schleimhautreizende Oxalat-Kristalle bzw. Nadeln.

Caryota urens L.
Ostindische Brennpalme, Fischschwanzpalme, Kittulpalme, Toddypalme
Abbildung Seite 80.

Die Brennpalme ist mit Abstand die bekannteste aller Arten. Sie ist ein prachtvoller Schmuck tropischer Gärten und Alleen und eine der auffälligsten, eigenartigsten Warmhaus-Palmen. Sie ist sowohl als Zier- als auch als Nutzpflanze zu betrachten. Ihr natürliches Verbreitungsgebiet liegt nicht nur in Vorderindien sondern auch auf dem Malayischen Archipel. Der säulenförmige Stamm mit festem Außenholz wird 20 bis 30 m hoch bei 40 cm Dicke und erscheint durch furchenartige Ringe, den früheren Ansatzstellen der sehr großen Blätter, gegliedert. Blätter doppeltfiederschnittig, 5 bis 6 m Länge und 3,5 m Breite erreichend. Blattbasen mit faserigen Rändern den Stamm umspannend. Die rhombisch-keilförmigen Fiedern haben gleichwertige von einer Basalverdickung an der Fiederbasis ausgehende Nerven, die in den unregelmäßig gezackten, gezähnten und zerschlitzten Rand auslaufen.

Die Blütenstände entwickeln sich bei der Blühreife zuerst an der Stammspitze und entstehen dann weiter sukzessiv in den Blattachseln abwärts, bis sie schließlich oberhalb der Blattnarben an dem nackten Stamm hervorbrechen. Es handelt sich um lange, herabhängende Stände mit zahlreichen Scheiden, bei denen an gedrungener Hauptachse die Seitenachsen gedrängt entspringen. Sie tragen in spiraligen Dreiergruppen die getrenntgeschlechtigen Blüten, je eine weibliche und zwei männliche beisammen. Die männlichen Blüten besitzen zahlreiche Staubblätter, die weiblichen meist ein Fruchtblatt. Die roten Perigonblätter zeigen am Grunde einen deutlichen gelben Fleck. Aus den weiblichen Blüten geht eine kugelige, glatte Frucht von der Größe einer Kirsche hervor, die unter einer dünnledrigen rötlich-braunen Oberhaut ein in frischem Zustand rotes, im Mund brennendes Fruchtfleisch enthält (lat. urens = brennend). Die Frucht verfärbt sich beim Eintrocknen nach dunkelbraun mit klapperndem Samen, der unter der Oberfläche ein marmoriertes Nährgewebe besitzt.

Mit Beginn des 13. Lebensjahres bildet die Pflanze in den Tropen etwa fünf Jahre lang zwei Blütenstände. Nach der Fruktifikation des letzten Blütenstandes, der oft nahe am Erdboden steht, sterben die Bäume langsam ab.

Das harte und dauerhafte Außenholz der Palme wird zur Herstellung von Latten und Geräten, der gesamte Stamm beim Hausbau benutzt. Das Mark des Stammes liefert ein vorzügliches Stärkemehl. Der Palmsaft, der zu Beginn der Blütezeit aus der Palme durch Anzapfen der Blütenstände gewonnen wird, stellt in Indien ein geschätztes Getränk dar. In vergorenem Zustand liefert er den Palmwein (Toddy), eingedickt einen Palmzucker von besonderer Qualität, denn nach Testen im Fairchild-Garten auf Florida ergab unter den geprüften Palmen diese Art den besten Rohzucker. Die schwarzen Fasern der Blattscheiden sind als Kittulfasern bekannt und werden zur Herstellung von Bürsten, Stricken und Körben verwendet. Die wolligflockige Masse der Blattstielbasen wurde früher zum Kalfatern der Schiffe benutzt.

Junge und alte Pflanzen gehören zu den schönsten und eigenartigsten Palmen der Warmhäuser. Sie benötigen zu gutem Gedeihen hohe Luftfeuchtigkeit und viel Wasser, da sie schnell wachsen. Die Nachttemperatur soll nicht unter 16 °C absinken. Die Samen brauchen bis zur Keimung zwei Monate und mehr. Die Pflanze verlangt einen freien, sonnigen Standort.

Caryota mitis Lour.
Hinterindische Fischschwanzpalme
Syn. *Caryota sobolifera* Wall. ex. Mart.
Abbildungen Seite 31 und 55.

Im Gegensatz zur Vorderindischen Brennpalme wächst die in Burma, Malakka, Java und den Philippinen beheimatete Hinterindische Fischschwanzpalme nicht mit säulenförmigem Einzelstamm sondern infolge Adventivsproßbildung in Gruppen heran. Der Stamm erreicht 5 bis 8 m Höhe bei einem Durchmesser von 12 bis 15 cm. Die doppelt gefiederten Blätter werden 3 m lang, die Seitenfiedern sind fast dreieckig, abgestumpft mit unregelmäßig gezähntem Rand, die Endfieder unregelmäßig gezähnt bis gespalten fächerförmig. Die Blattscheiden tragen kurze schwarze Schuppen. Der Blütenstand erreicht im Vergleich zu den bis 3,6 m langen Infloreszenzen von *Caryota urens* nur 50 bis 60 cm Länge. Auch hier erscheinen die Blütenstände zuerst in den Achseln der oberen Blätter. Ihnen folgen die weiteren in basipetaler Richtung. Sie sind vielfach im Laubwerk versteckt. Die Frucht ist eine 15 mm große kugelrunde, leicht bereifte Beere von braun-roter Farbe, mit aufsitzendem Griffelrest, deren äußeres Fruchtfleisch reich ist an Oxalatnadeln. Nach dem Fruchten der untersten letzten Infloreszenz stirbt der entsprechende Stamm ab, doch lebt der Stock infolge Adventivsproßbildung weiter, ähnlich wie viele Bambus-Arten nach dem Fruchten absterben, jedoch aus den Rhizomen wieder austreiben. Diese Art neigt innerhalb der Gattung am stärksten zur Ausläuferbildung.

Die herrlichste aller *Caryota*-Arten ist die mit breitem Schirmdach versehene *Caryota rumphiana* Mart., von der bereits vor der Jahrhundertwende auf Borneo, Neu Guinea und in Nord-Australien mehrere Unterarten gefunden worden sind.

Ceroxylon, Wachspalme

Die Gattung *Ceroxylon* Bonpl. ex DC. ist mit 17 Arten in den hochmontanen bis alpinen Stufen der Anden von Venezuela, Kolumbien, Ecuador, Peru und Bolivien vertreten. Der Gattungsname leitet sich von gr. keros = Wachs und xylon = Holz ab und nimmt auf die Wachsabscheidung an der Stammoberfläche Bezug, die bei mehreren Arten auftritt. Die wichtigste wachsproduzierende Art innerhalb der Gattung ist die an den Andenhängen von Kolumbien verbreitete *Ceroxylon alpinum*. Sie ist wie alle Arten zweihäusig.

Neben *Ceroxylon alpinum* gibt es innerhalb der Gattung noch weitere wachsliefernde Arten, die teilweise in der Nebelwaldregion der Andenhänge bis 3000 m emporsteigen. Zu ihnen zählt *Ceroxylon quindiuense* H. Wendl., die bei einer Stammhöhe von 60 m die höchste aller Palmen darstellt. Weitere Arten, von denen das Stamm- und Blattstielwachs gewonnen wird, sind *Ceroxylon ferrugineum* Regel und *Ceroxylon klopstockiae* Mart. Letztere findet sich in Venezuela in der Nebelwaldstufe in 1800 bis 2200 m Höhe. Insgesamt sind 12 *Ceroxylon*-Arten aus den Anden beschrieben, manche von ihnen doppelt. Wegen der schweren Zugänglichkeit der Standorte und der Größe der Palmen ist die endgültige systematische Klärung noch nicht abgeschlossen. Das Gebiet der andinen Wachspalmen wurde nach A. von Humboldt erst wieder von H. Karsten während seiner Expeditionen nach Venezuela und Kolumbien von 1842 bis 53 erreicht.

Ceroxylon alpinum Bonpl.
Anden-Wachspalme
Syn. *Ceroxylon andicola* Humb. et Bonpl.
Abbildung Seite 80.

Der glatte durch Querringe gezeichnete, schlanke Stamm der Pflanze erreicht bei einem Durchmesser von 20 bis 30 cm bis 30 m Höhe. Er ist zuweilen in der oberen Hälfte, manchmal unter der Krone leicht verdickt und von einer Schicht aus hartem Wachs bedeckt. Er geht ohne deutlichen Kronenschaft in die lockere Krone aus schräg aufstrebenden, oberseits dunkelgrünen, unterseits silbrig weißen Fiederblättern über, die 2,0 bis 3,5 m lang sind und mit sehr kurzem Stiel ansitzen. Die Stiele sind ebenso wie die Blattscheiden mit einem dichten Filz wolliger, weißer Schuppen bedeckt. Die zahlreichen, gedrängt stehenden, in einer deutlichen Spitze endenden Seitenfiedern stehen regelmäßig beiderseits der Rhachis.

Die 1,5 bis 2,0 m langen Blütenstände erscheinen zahlreich zwischen den Blättern, sind reich verzweigt und im Kolbenstadium von sieben großen Hüllblättern umgeben. Diese Spathen und die Hauptachse der Infloreszenz sind dicht mit wolligen, braunen Schuppen bedeckt. Die blaß gelben Blüten sind relativ groß und stehen einzeln. Die männlichen Bäume tragen an den Blütenstandsachsen Blüten mit drei verwachsenen Kelchblättern, drei am Grunde verbundenen Kronblättern, 6 bis 15 Staubblättern und einem Fruchtknotenrudiment. An den weiblichen Bäumen stehen an den Infloreszenzen Blüten mit dreifächerigem Fruchtknoten und kleinen Staminodien. Aus den mit zurückgebogenen Narbenlappen versehenen Fruchtknoten gehen die knapp 2 cm großen, kugelförmigen Früchte mit feinwarzigem Exocarp und fleischigem, orangefarbenem Mesocarp hervor.

Das zur Kerzenherstellung verwendete harzhaltige Wachs wird in einer etwa 0,5 cm dicken Kruste am Stamm und den Blattstielen durch die Cuticula abgeschieden und regeneriert sich nach dem Abkratzen. Es ist nicht so hochwertig wie das Carnauba-Wachs der *Copernicia*-Arten, das von den Blättern stammt.

Ein Baum liefert 10 bis 12 kg Wachs. Da die Wachsgewinnung in neuerer Zeit mit dem Fällen der eindrucksvollen Bäume verbunden ist, steht sie in keinem Verhältnis zu dem Gewinn des erzielten Rohprodukts.

Chamaedorea, Bergpalme

Die Arten der Gattung *Chamaedorea* Willd. sind niedrige, bis 6 m hohe zweihäusige Fiederpalmen mit rohrartigem, durch Blattnarbenreste geringeltem grünem Sproß; Ausläufer bildend und daher oft in Gruppen wachsend; Stämmchen mit kleiner, lockerer Wedelkrone (Abb. Seite 80).

Blätter meist gefiedert, selten an der Spitze zweispaltig oder ungeteilt, die Fiedern zuweilen als Kletterorgan dienend (*Ch. elatior* Mart., syn. *Ch. desmoncoides* H. Wendl.). Pflanzen zweihäusig. Blütenstände meist unterhalb der Fiederblätter hervorbrechend mit mehreren unvollständig entwickelten, tütenförmigen Spathen. Blütenstand ein ungeteilter Kolben oder rispenförmig verzweigt. Männliche Blüten mit sechs Staubgefäßen, und mit ringförmigem Kelch, Kronblätter an der Spitze zunächst verbunden. Die wohlriechenden weiblichen Blüten mit dreiblättriger klappiger Krone und mit einem, seltener drei apocarpen Fruchtblättern, aus denen gelbe, rote, dunkelblaue, blauschwarze oder schwarze, mattglänzende Beerenfrüchte hervorgehen. Die Blüten sind zunächst in den blaßgrünen bis weißgelben, runden Achsen der Infloreszenz eingesenkt und treten mit zunehmender Entwicklung über die Oberfläche hervor.

Der Gattungsname ist von gr. chamai = niedrig, dory = Lanze abgeleitet. Die artenreiche Gattung umfaßt 130 Arten zierlicher unbestachelter Palmen meist in den kühl-humiden Bergwäldern Mexikos sowie Mittel- und Südamerikas. Unter ihnen gibt es zahlreiche schöne Arten für Zimmer und Gewächshäuser.

Chamaedorea elegans Mart.
Zierliche Bergpalme

Diese kleine Art ist heute die beliebteste und am weitesten verbreitete Zimmerpalme. Sie besitzt steife, dicht geringelte Stämmchen, die maximal 2 m Länge erreichen und an der Basis Adventivwurzeln bilden. Die Stämmchen bleiben im Alter von den abstehenden braunen Blattbasen eingehüllt. Die hellgrünen Blätter bilden einen graziös überhängenden Schopf. Zahl der Blätter im Mittel 6 bis 8 mit etwa 14 Fiedern, von denen das Endpaar zusammenlaufend steht und an beiden Enden zugespitzt ist. Die Mittelrippe tritt nur an der Oberseite der Fiedern hervor. Diese sind oberseits heller, aber matter als auf der glatten, glänzenden Unterseite und setzen mit einer quer verlaufenden Schwiele an der Mittelrippe an. Das elegante Blattwerk wird zur Blütezeit durch die mit hellgelben Blüten besetzten, rispig verzweigten, aufrecht strebenden Inflorszenzen geziert, an denen sich bei den weiblichen Pflanzen aus den 2,5 mm hohen Blüten, deren Blütenblätter bis auf eine dreiwinklige Öffnung an der Spitze verbunden sind, kleine rundliche, bei der Vollreife schwarze Beeren von etwa 6 mm Durchmesser bilden. Gleichzeitig verfärben sich die kleinen kantigen Infloreszenzachsen orange. Die männlichen Blüten sind etwa 2 mm hoch und von blaßgelber Farbe. Die Heimat der Palme ist Mexiko und Guatemala. Dort wächst sie in dichten Bergwäldern bis 1400 m Höhe z. B. in Petén und Alta Verapaz. Sie gedeiht im Zimmer im Schatten bei Temperaturen von 12 bis 20 °C, und kann in den Sommermonaten ins Freie gestellt werden. Bei guter Pflege bringt sie unabhängig von den Jahreszeiten immer neue Blütenstände hervor und wird mehr als zehn Jahre alt. Alte hochwüchsige Pflanzen lassen sich abmoosen.

Chamaedorea ernesti-augusti H. Wendl.
Abbildung Seite 60.

Diese in Schausammlungen und Warmhäusern häufig kultivierte Palme aus Südmexiko, Guatemala und Honduras bildet keine Ausläufer. Sie wächst in Mittelamerika in dichten feuchten Bergwäldern gerne auf Kalkuntergrund, vorwiegend in den niedrigen Lagen, steigt jedoch bis 1100 m Höhe empor. Ihre spärlich quer geringelten, glänzend dunkelgrünen Stämmchen werden bis 2 m hoch und tragen Blätter, deren Spreite aus einem einzigen Fiederpaar besteht. Die beiden terminalen, oberseits stumpf dunkelgrünen Blattfiedern sind am Grunde breit miteinander verbunden, werden 20 bis 25 cm breit und täuschen ein zweispaltiges Blatt vor. Sie erreichen bis 60 cm Länge. Die Blütenstände besitzen vier bis fünf röhrenförmige Spathen. Die männlichen Pflanzen tragen Infloreszenzen mit 30 cm langem Stiel unter den schlanken grünen Blattstielen. Ihre blaß gelben 2,5 mm hohen Blüten sitzen in flachen Vertiefungen. Kelch dreilappig und braun berandet, die glänzend orangefarbenen Kronblätter am Grunde verbunden; sechs Staubgefäße. Die aufrecht stehenden weiblichen Blütenstände mit 70 cm langen Stielen und zur Blütezeit grünen fertilen Achsen. Dicse tragen in größeren Vertiefungen die leuchtend orangefarbenen Blüten mit Staminodien und drei nahezu freien Fruchtblättern. Aus ihnen gehen die zunächst grünen, später blaugrünen und schließlich schwarzblauen, elliptischen 14 mm langen Früchte hervor. Zur Zeit der Fruktifikation verfärben sich die Blütenstandsachsen unter Verdikkung mennig- bis rosarot. Wegen der eigenartigen Blattform und der leuchtenden Papageienfarben des Fruchtstandes ist die Art eine sehr beliebte Warmhauspflanze, die durch Adventivsproßbildung ausgezeichnet ist.

Chamaedorea geonomiformis H. Wendl.

Diese in Guatemala, Honduras und Britisch Honduras verbreitete Art wird oft mit der vorigen verwechselt, da sich beide sehr nahe stehen. Ihr Stämmchen erreicht 1,7 m Höhe. Sie bildet lange unterirdische Ausläufer mit Adventivsprossen, die häufig als Stecklinge verwendet werden. Die kurz gestielten, breit flächigen Blätter täuschen ein ganzes, an der Spitze geteiltes Blatt vor, sind aber ebenfalls einpaarige Fiederblätter, deren 30 cm lange und 10 bis 12 cm breite, unterseits mit hervortretenden Nerven versehe Fiedern beiderseits der Mittelrippe breit ansetzen. Die rispenförmigen Infloreszenzen mit ihren grazilen Seitenästen treten gegenüber den breitflächigen Blattorganen in den Hintergrund. Blütenstand mit fünf fast röhrenförmigen Spathen. Die männlichen Infloreszenzen mit ein bis vier hängenden grünen Seitenachsen, an denen die zitronengelben 2,5 mm hohen Blüten in flachen elliptischen Einsenkungen stehen. Ihre Blütenkrone öffnet sich mit seitlichen Schlitzen. Die aufgerichteten, weiblichen Blütenstände sind unverzweigt oder mit zwei bis drei kleinen Seitenachsen von 5 bis 14 cm Länge versehen. An ihnen stehen die 1,2 mm hohen Blüten in nahezu kreisrunden Vertiefungen spiralig angeordnet. Die bei der Reife schwarze, kugelige 7 bis 9 mm große Frucht fällt mit der Blütenhülle ab. Vorher verfärben sich wie bei *Chamaedorea ernesti-augusti* die kleinen Infloreszenzachsen unter geringer Verdickung mennig- bis rosarot. Diese Palme blüht wie andere Arten der Gattung sehr früh, teilweise schon, nachdem sie erst drei Blätter gebildet hat. Sie gehört zum Unterwuchs feuchter Wälder und steigt nur selten über 100 m Höhe empor. Der Artname der Pflanze leitet sich von gr. geonomos = Ackerbau treibend ab, eine Bezeichnung, die möglicherweise auf die Tatsache Bezug nimmt, daß sich die Art leicht durch Seitensprosse vermehren läßt.

Chamaedorea tenella H. Wendl.

Dies ist eine weitere empfehlenswerte, aus Mexiko stammende Warmhauspalme der Gattung, und eine der kleinsten Palmen überhaupt. Sie ist durch herabgebogene Fruchtstände ausgezeichnet. Ihre einpaarig gefiederten Blättchen werden nur 10 bis 12 cm lang und 7 cm breit.

Chamaerops, Zwergpalme

Nur eine Art im westlichen Mittelmeerraum.

Chamaerops humilis L.
Zwergpalme
Abbildungen Seite 26, 31, 89.

Die Zwergpalme erreicht bis 6 m Höhe, unter optimalen Bedingungen sogar mehr als 8 m und bildet fast immer Adventivsprosse. Die Palme wächst an trockenen, intensiv besonnten Standorten, gerne auch auf Kalk. In Innerspanien sind ihre den Boden kaum überragenden Sprosse mit dem sperrigen Blattwerk für die »Palmetto-Formation« charakteristisch. Der Gattungsname nimmt auf den niedrigen buschigen Wuchs Bezug: gr. chamai = niedrig, rhaps = Gesträuch. Das gleiche gilt für den Artnamen von lat. humilis = niedrig, bescheiden.

Die Pflanze trägt am Ende des Stammes steif abstehende Fächerblätter mit halbkreisförmiger, starrer Spreite. Die zahlreichen Blattstrahlen sind schmal und am Ende zweispaltig. Der Blattstiel ist am Grunde netzfaserig. Die gedrungenen, reich verzweigten Blütenstände brechen am Stammende zwischen den beiderseits mit Dornen besetzten Blattstielen hervor und sind von einer

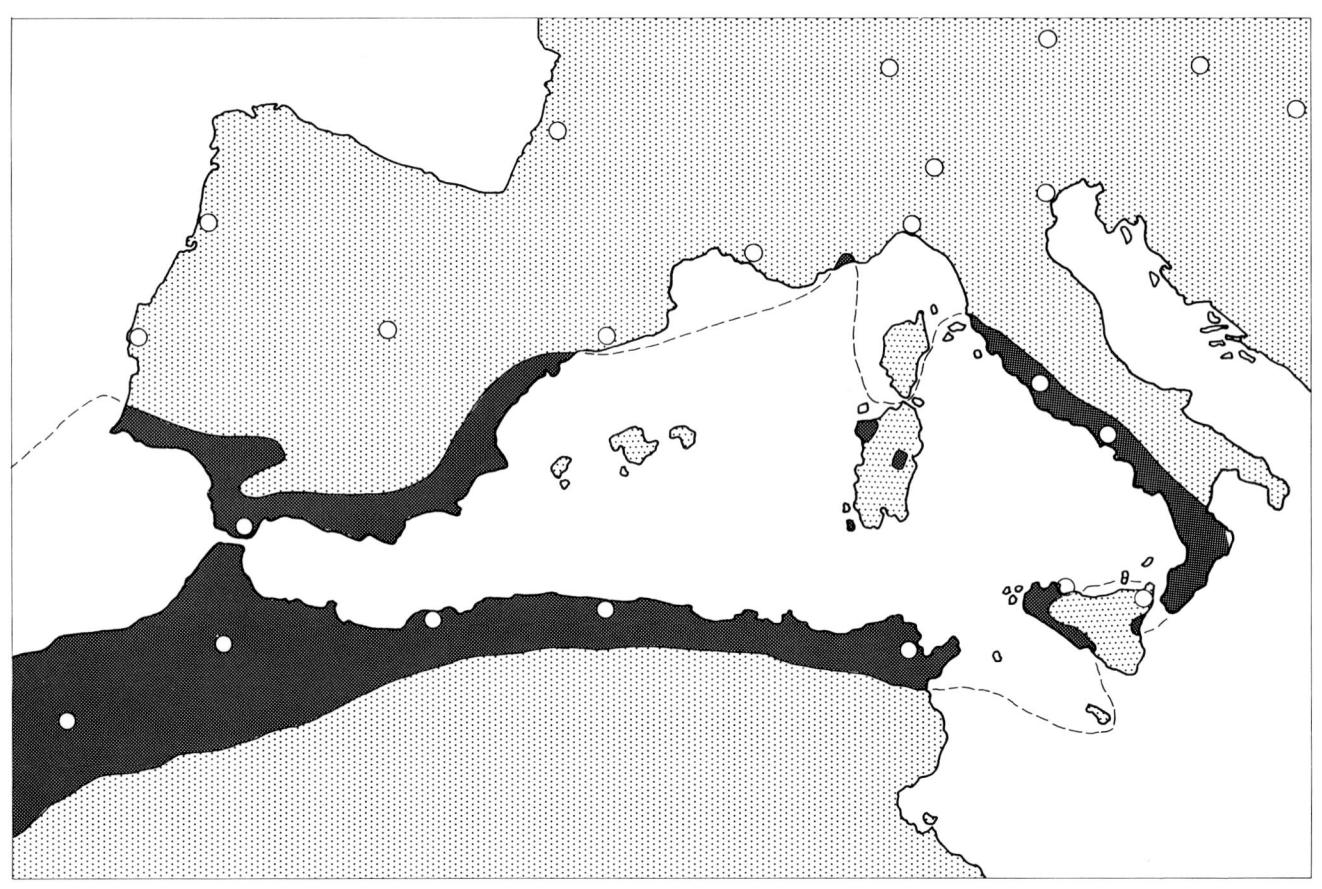

Natürliche Verbreitung der Zwergpalme (*Chamaerops humilis*).
Diese europäische Palme zeigt eine westmediterrane Verbreitung. Die größten Meereshöhen werden auf den Balearen in 860 m, im Mittleren Atlas Marokkos in 1480 m und im Großen Atlas in 2300 m Höhe erreicht. Im Osten des Areals hält sich die Zwergpalme an die Küstengebiete. Neben den durch Kreissignatur markierten Vorkommen außerhalb des Areals sind noch weitere bekannt.

zweiklappigen bis zu den unteren Verzweigungen der Infloreszenz reichenden Spatha eingeschlossen. Die kurz gestielten, leuchtend gelben Blüten können auch polygam sein, d. h. es ist bei den männlichen Blüten noch ein unfruchtbares Gynäceum vorhanden oder bei den weiblichen Blüten finden sich unfruchtbare Staubblätter (Staminodien). Im Regelfall besitzen die männlichen Blüten sechs Staubblätter, die einem fleischigen Becher aufsitzen. Die weiblichen Blüten umschließen drei dickfleischige, apocarpe Fruchtblätter. Aus ihnen gehen kugelige bis eiförmige, gelbe oder braune Beerenfrüchte hervor. Die den Stamm umhüllenden Blattgrundfasern liefern das »vegetabilische Roßhaar« (crin végétal), das in vielfältiger Weise als Stopfmaterial verwendet wird.

Die Zwergpalme ist häufig in Kultur und vortrefflich für kühle Räume, Kalthäuser und Zimmer geeignet. Im Sommer sollte sie ins Freie in volle Sonne gestellt werden. Der Überwinterungsraum braucht nur frostfrei zu sein, muß jedoch reichlich gelüftet werden. Die Anzucht aus Samen ist leicht.

Von der Zwergpalme sind eine große Anzahl von Varietäten und Formen bekannt, die sich durch Blattgröße, Stärke und Form der Dornen sowie die Blattfarbe unterscheiden. Sie variiert von graugrün über grün bis blaugrün oft mit silbrigem Schimmer. Auch die Farbe der Früchte ist verschieden. Ohne Zweifel handelt es sich dabei einerseits um Standortmodifikationen, andererseits um Formen, die das Resultat jahrzehntelanger Kultur, Kreuzung und Selektion darstellen. Die kaum voneinander zu trennenden Formen sind mit verschiedenen Namen belegt worden, z. B. var. *arborescens* (baumförmig), *argentea* (silbrig), *elegans*, *gracilis* (schlank), *robusta*. Von dieser Art sind fossile Abdrücke von verschiedenen Fundpunkten auf der Erde erhalten.

Chrysalidocarpus, Goldfruchtpalme

Die früher zu *Hyophorbe*, heute zu *Chrysalidocarpus* H. Wendl. gestellte Goldfruchtpalme gehört einer Gattung an, die auf Madagaskar und den benachbarten Inseln vertreten ist. Sie unterscheidet sich von *Hyophorbe* durch die auffallend großen Blattscheiden. Der Gattungsname leitet sich von gr. chrysos = Gold und karpos = Frucht ab und nimmt auf die Farbe der Früchte Bezug.

Chrysalidocarpus lutescens (Bory) H. Wendl.
Goldfruchtpalme
Abbildung Seite 41.

Die Heimat dieser Art ist Madagaskar. Die Pflanze bildet ein ausgeprägtes Rhizom, an dem in Gruppen die im Alter 9 bis 15 m Höhe erreichenden schlanken, glatten, grünen, von den Blattnarben quer geringelten Stämmchen von 12 bis 15 cm Durchmesser entspringen. Sie tragen am Ende eine Krone dekorativer, elegant bogig überhängender Fiederblätter mit auffälligen, 40 bis 50 cm langen, glatten, am Grunde leicht blasig aufgetriebenen Blattscheiden, die plötzlich in die runde Rhachis übergehen. Beiderseits der Mittelrippe finden sich 40 bis 60 Paare linealisch-lanzettlicher bis 60 cm langer und 6 cm breiter Seitenfiedern. Die Mittelrippe, teilweise auch die Fiedern des Blattes sind bei sonnigem Stand goldgelb überlaufen.

Der relativ kleine Blütenstand ist eine Rispe und entspringt in den Blattachseln. Er wird von zwei Spathen umhüllt, von denen die eine früh abfällt. Die Blüten sind getrennt geschlechtig in Dreiergruppen vereint; zwischen zwei männlichen steht eine weibliche Blüte. Aus den weiblichen Blüten entwickelt sich eine eiförmige, goldgelbe Frucht von 1 bis 2 cm Länge und 2 cm Breite. Das Mesocarp der Frucht ist faserig, fest mit dem Endocarp verwachsen und bildet unter der Oberhaut ein dichtes Geflecht.

Die Goldfruchtpalme ist in den Tropen weit verbreitet. Sie ziert nicht nur Parks und Gärten, sondern auch öffentliche Plätze. Dort nimmt sie mit allen Böden vorlieb und wird am schönsten in praller Sonne bei reichlicher Bewässerung.

Dann erscheint die gesamte Pflanze leicht bereift und goldgelb überlaufen. Hierauf nimmt auch der Artname lat. lutescens = gelb werdend Bezug. In den gemäßigten Breiten ist sie eine der dankbarsten und schönsten Palmen im Gewächshaus und auch im großen Zimmer. Ihre Anzucht erfolgt warm und schattig. Optimal gedeiht sie im Warmhaus bei 18 bis 22 °C, wenn die Nachttemperatur nicht unter 15 °C absinkt. Im Zimmer soll sie bei entsprechender Wärme in einem stets mit Wasser gefüllten Untersatz stehen. Die Samen keimen nach 30 bis 40 Tagen.

Cocos

Zur Gattung *Cocos* L. gehört nur noch eine Art, während früher auch die inzwischen abgetrennten Gattungen *Arecastrum* (*Syagrus*), *Butia* und *Microcoelum* als Cocos bezeichnet wurden. So findet man z. B. in alten Gartenanlagen die Romanzoffianische Kokospalme (*Arecastrum romanzoffianum*, heute *Syagrus romanzoffiana*) noch unter der Bezeichnung *Cocos romanzoffiana*.

Cocos nucifera L.
Kokospalme
Abbildungen Seite 24, 73, 92.

Die einzige Art, *Cocos nucifera* L., ist vor allem von ihren Früchten, den Kokosnüssen, her bekannt. Daraus ist auch der Name gebildet: gr. cocos = Beere, Frucht und lat. nucifera = nußtragend. Sie ist überwiegend eine Nutzpalme, wird aber im Jugendstadium auch als Zimmerpflanze angeboten. Sie gehört zu den schönsten Palmen der Tropen, erreicht bei einem Alter von 100 Jahren bis 30 m Höhe und ist ein salzertragender, lichtliebender Baum. Der schlanke, braune Stamm steht am Tropenstrand oft auf einem regelrechten Postament aus sproßbürtigen Wurzeln und trägt am Ende einen Schopf von 20 bis 30 Fiederblättern, die bis 6 m Länge erreichen. Die rispenförmigen, in der Jugend von einer kahnförmigen Spatha umhüllten Blütenstände, brechen aus den Blattachseln hervor und tragen am Grunde relativ wenige weibliche, darüber 200 bis 300 männliche in Dreiergruppen angeordnete Blüten. Die Blüten besitzen lanzettlich zugespitzte Blütenblätter, die männlichen sechs Staubblätter, die weiblichen einen verwachsenen dreiblättrigen Fruchtknoten. Aus diesem entwickelt sich im Verlauf von zwölf Monaten die Frucht. Nur ihr innerer Teil, das Endocarp, wird als »Kokosnuß« nach Europa exportiert (s. Abb. Seite 29 und 41).

Die Heimat der Kokospalme ist unsicher. Entweder liegt sie in Südostasien oder auf den Inseln des Stillen Ozeans. Bereits Darwin hat darauf hingewiesen, daß es nur im Pazifischen Raum einen Krebs gibt (*Birgus latro*), der imstande ist, die Kokosnüsse mit seinen Zangen zu öffnen, um das Nährgewebe im Inneren zu verzehren. Mit ihrer dichten glatten Außenhaut und ihrem geringen spezifischen Gewicht können Kokosnüsse 4500 km im salzigen Meerwasser triften und bleiben dabei keimfähig.

Die Frucht besitzt unter einer glänzend glatten Außenhaut (Exocarp) ein faseriges Gewebe (Mesocarp), das den eigentlichen Steinkern (Endocarp) mit Nährgewebe und Samen umschließt. Das Nährgewebe gliedert sich in eine feste und eine flüssige Phase, die sogenannte »Kokosmilch«. Im Nährgewebe, dem »Kokosfleisch«, eingebettet liegt der unscheinbare Embryo unter einer der drei Keimgruben, aus der er sich mit Keimwurzel und dem jungen Sproß hindurchzwängt. Im Verlauf der Jugendentwicklung schwillt das einzige vorhandene Keimblatt zu einem klumpigen Saugorgan an (Abb. Seite 92). Es füllt schließlich das ganze Innere der Frucht aus und baut im Verlauf von 2 bis 3 Jahren das gesamte Nährgewebe ab. In diesem Jugendstadium werden die 1 bis 1,5 m großen jungen Kokospalmen für die Weiterkultur im Handel angeboten.

Als volltropische Pflanze, die nur selten über Meeresniveau emporsteigt und nicht über die Wendekreise hinausgeht, verlangt die Kokospalme gleichmäßig feucht-warme Kulturbedingungen. Während die Pflanzen früher nach einiger Zeit infolge von Lichtmangel sowie ungleichmäßiger Wärme und Luftfeuchtigkeit eingingen, dürfte bei den modernen technischen Kulturbedingungen mit Computersteuerung die Kultur erfolgreicher sein. Dauerkultur ist nur in großen Häusern möglich. Doch kann man in jedem Gewächshaus bei hinreichender Feuchtigkeit die Früchte zur Keimung bringen, vorausgesetzt, daß die Temperatur nicht unter 20 °C sinkt. Die im Handel erhältlichen Jungpalmen, an denen stets die Frucht verbleiben muß, lassen sich im Zimmer relativ lange halten (Abb. Seite 56).

Die Kokospalme ist nicht nur eine Zier- sondern im weitaus wichtigeren Rahmen eine Nutzpflanze. Bereits vor der Entdeckung Amerikas durch Kolumbus war sie weltweit in den Tropen verbreitet. Dabei hält sie sich im allgemeinen an die Grenzen der Wendekreise auf der Nord- und Südhalbkugel. *Cocos nucifera* beginnt mit etwa sieben Jahren Früchte zu bringen. Die höchsten Erträge liefert die Pflanze mit 50 bis 80 Früchten vom 15. bis 50. Lebensjahr. In Indien sollen Einzelpflanzen sogar im Durchschnitt weit über 200 Nüsse bringen. Man versucht dort, solche Genotypen vegetativ durch Gewebekultur zu vermehren. Mit 80 Jahren fällt die Produktivität ab, so daß die Pflege im Plantagengebiet nicht mehr lohnt.

Die aus Exo-, Meso- und Endocarp bestehenden Steinfrüchte werden noch immer überwiegend mit Äxten oder Buschmessern im Handverfahren geöffnet. Danach wird das Nährgewebe von den Steinschalen (Endocarp) gelöst (vgl. S. 29). Das zu Stücken zerkleinerte und getrocknete Endosperm, das als »Kopra« bezeichnet wird, muß von anfangs 50 % auf 5 bis 7 % Wassergehalt getrocknet werden und enthält dann 63 bis 70 % Fett. Dieses liefert nach Reinigung das Palmin, das bei Zimmertemperatur weiß und fest, unter tropischen Klimabedingungen hingegen flüssig ist, da seine Erstarrungstemperatur zwischen 18 und 25 °C liegt. Es wird als Koch- und Bratfett sowie für die Margarineproduktion verwendet. Weniger reine Fraktionen dienen zur Sei-

Eine prächtige Pflanze der Zwergpalme, *Chamaerops humilis*.

fenherstellung. In der Kopraproduktion liegen die Philippinen vor Indonesien und Indien an erster Stelle. Die Tendenz der Kopragewinnung ist steigend.

Die Ernte der kontinuierlich reifenden »Kokosnüsse« erfolgt durch Palmkletterer, in Malaysia vielfach durch abgerichtete Makakus-Affen oder durch Messer an langen Stangen.

Neben der Kopra liefert *Cocos nucifera* im Mesocarp ihrer Steinfrüchte ein wichtiges Fasermaterial. Es besteht aus den mit Festigungsfasern (Sklerenchymfasern) umgebenen Leitbündeln und kommt als »Coir« in den Handel. Die Coir-Faser ist elastisch und dauerhaft. Die besten Fasern werden aus nicht voll ausgereiften Früchten gewonnen. Zur Gewinnung werden die isolierten und gebündelten Mesocarpstreifen in Brackwasser 9 Monate lang der Röste unterzogen und anschließend beim Trocknen geklopft. Die Fasern, die neuerdings auch ohne Röste maschinell gewonnen werden, lassen sich verspinnen und stellen das Ausgangsmaterial für Seile, Taue,

Teppiche, Matten und Läufer sowie Wandbespannungen u. a. dar. Kurzfasern dienen als Polstermaterial. Coir wird vor allem im Indischen Staat Kerala gewonnen.

Die Blattfiedern der Kokospalme werden zur Herstellung von Flechtwerk verwendet. Aus ihren Mittelrippen werden Besen hergestellt. Das harte und dauerhafte Holz des Stammes wird als Bau- und Möbelholz verwendet. Es erinnert in seiner Maserung an Stachelschweinborsten. Aus dem gezapften Saft vor und während der Blütezeit werden Palmwein und Arrak hergestellt. Die reifenden Früchte liefern als »Trinknüsse« ein erfrischendes, vitaminreiches Getränk. Die Steinschalen (Endocarp) werden als Heizmaterial, zur Holzkohlefabrikation sowie zur Herstellung von Haushaltsgeräten verwendet.

Für mehr als 400 Millionen Menschen der Tropen ist die Kokospalme noch immer die wichtigste Nutzpflanze, von der sie in ihrer Fett- und Eiweißernährung abhängig sind. Ihr Verbrauch ist in den Statistiken nicht erfaßt, und die Weltproduktion an Kokosnüssen, die bis zur Vollreife ein Jahr benötigen, läßt sich dementsprechend nur schätzen. Weitaus die meisten Kokosprodukte kommen mit 80 % aus Asien. Der Beginn des Plantagenbaus von *Cocos nucifera* geht auf eine Zwangsverordnung zurück, die 1798 von den Spaniern auf den Philippinen erlassen wurde.

Colpothrinax

Zur Gattung *Colpothrinax* Griseb. et H. Wendl. zählen zwei Arten langsam wachsender, mittelgroßer Palmen mit zweigeschlechtigen Blüten in Kuba und Mittelamerika.

Colpothrinax wrightii Griseb. et H. Wendl.
Faßpalme
Syn. *Pritchardia wrightii* (Griseb. et H. Wendl.) Becc.

Die Faßpalme gehört wegen der Verdickung ihres Stammes zu den absonderlichsten Gestalten im Pflanzenreich. Sie ist als endemische Art nur in Westkuba und der südlich vorgelagerten Kiefern-Insel verbreitet. Hier wächst sie auf den nährstoffarmen Sandböden als Bestandteil der Savanne oft mit der Tropenkiefer *(Pinus caribaea)* gemischt, zuweilen aber auch mehr oder weniger aufgelockerte reine Bestände bildend. Der Gattungsname leitet sich von gr. kolpos = Busen, Meerbusen und thrinax = Dreizack, Dreieck ab. Der Artname wurde zu Ehren des Sammlers Ch. Wright gegeben.

Es handelt sich um eine 8 bis 15 m hohe Fächerpalme mit einer Stammauftreibung, die mit zunehmendem Alter ausgeprägter wird. Der heranwachsende Stamm ist im Jugendstadium von den Blattbasen eingehüllt und unverdickt. Mit zunehmendem Alter bildet sich in der oberen Stammhälfte die Verdickung aus, und parallel dazu fallen die Blattbasen ab, die schließlich nur noch am Stammende schopfartig unter der Blattkrone erhalten bleiben. Die Verdickung geht auf eine nachträgliche Teilung von Zellen im Innern des Stammes zurück. Die keilförmigen Fächerblätter besitzen bis 1 m lange Stiele. Die mittleren Fächerstrahlen von 1,5 m Länge sind bis zur Mitte geteilt und an der Spitze gegabelt.

Die wenig auffälligen Blütenstände mit mehreren Hüllblättern tragen zwittrige Blüten und erscheinen zwischen den Blättern. Die sitzenden nektarreichen Blüten besitzen einen röhren- bis glockenförmigen Kelch. Die zähblättrige Krone fällt nicht ab und umgibt sechs am Grunde becherförmig verwachsene Staubblätter sowie den dreiblättrigen Fruchtknoten. Die fast kugelförmige Frucht von 15 bis 22 cm Länge und 14 bis 20 cm Durchmesser enthält einen Samen von angenehmem Geruch, der eßbar ist.

Die Pflanze wird im Verbreitungsgebiet vielfach genutzt. Die zähen Blätter liefern Material zum Decken von Dächern. Die Stämme werden als Tragsäulen kleiner Landhäuser verwendet. Die ausgehöhlten Verdickungen des Stammes dienen als Behälter für verschiedene Lebensmittel wie Reis, Kaffee und Bohnen, aber auch als Wasserbehälter. Infolge extensiver Beweidung gehen die Faßpalmenbestände zurück. Sehr alte Bäume mit ausgeprägter Verdickung und dem dünnen sich über der Auftreibung fortsetzendem Stamm bieten einen eigenartigen Anblick.

Copernicia, Wachspalme

Die Gattung *Copernicia* Mart. ex Endl. umfaßt zahlreiche Arten, deren Areal auf Kuba und Hispaniola und in Südamerika liegt. Allein auf Kuba finden sich 25 endemische Arten mit meist kleinen Verbreitungsgebieten, manche davon nur auf Serpentingestein. Der Gattungsname wurde zu Ehren von Kopernikus (1473 bis 1543) gegeben. Abbildung Seite 93.

Copernicia prunifera (Mill.) H. E. Moore
Carnaubapalme
Syn. *Copernicia cerifera* (Arr. da Cam. ex Koster) Mart.

Der Artname bezieht sich auf die Früchte (prunifera = kirsch- oder pflaumentragend) bzw. die Tatsache der Wachsproduktion dieser Art (lat. cera = Wachs, fer = tragend).

Die in den Trockengebieten Nordostbrasiliens verbreitete echte Carnauba-Wachspalme ist eine Solitärpalme, deren Stamm bei einem Durchmesser von 60 cm eine Höhe von 10 bis 15 m erreicht und an der Basis verdickt ist. Der untere Teil behält die sparrig abstehenden Blattbasenreste der abgefallenen Blätter. Junge Bäume sind etwa zu zwei Drittel der Stammoberfläche von den Blattrudimenten bedeckt, während bei alten, hohen Bäumen der obere Teil des grauen Stammes glatt, aber noch durch Narben der abgefallenen Blätter gezeichnet ist. Die zahlreichen blaugrün bereiften, fast kreisförmigen Fächerblätter bilden eine dichte kugelförmige Krone, stehen auf langen bedornten Stielen und sind bis zu einem Drittel in steife, starr und spitz abstehende Strahlen eingeschnitten, die Außenränder der peripheren Strahlen mit kleinen zähen Zähnen versehen. Der Blattdurchmesser liegt bei 1,5 m.

Die dreifach verzweigten Blütenstände entwickeln sich zwischen den Blättern, erreichen mehr als 2,5 m Länge und tragen kleine zwittrige Blüten. Kelch- und Kronblätter sind bis zur Hälfte zu einer Röhre verwachsen, die Kronblätter etwas länger als die Kelchblätter. Die Filamente der sechs Staubblätter bilden am Grunde ebenfalls eine Röhre. Die drei getrennten Fächer der Fruchtblätter laufen an der Spitze zu einem gemeinsamen Griffel zusammen. Nur ein Fruchtblatt entwickelt sich zu der eiförmigen Frucht von etwa 2,5 cm Länge und 2,0 cm Breite. Das Nährgewebe der Samen ist außergewöhnlich stark zerklüftet.

Die Carnaubapalme liefert ein sehr hochwertiges Wachs, das auf den jungen frisch entfalteten Blättern in feinen Schüppchen austritt und als Transpirationsschutz an den trockenen Standorten dient. Die Ernte der Blätter erfolgt in der Trockenzeit, indem dreimal im Abstand von zwei Monaten 6 bis 8 Blätter vorsichtig abgeschnitten und auf Matten ausgebreitet werden. Beim Trocknen schrumpfen die Blätter, und die Wachsschüppchen lockern sich. Danach werden die Blätter geklopft und abgeschabt und je Baum 120 bis 160 g Wachs pro Jahr gewonnen. Anschließend wird durch Kochen und damit einhergehende Reinigung das hochwertige Carnauba-Wachs hergestellt, das seinen Namen vom Stamm der Carnaubeira-Indianer führt. Sie leben im Areal von *Copernicia prunifera*. Das Rohprodukt ist wegen seines hohen Härtungsvermögens wichtiges Ausgangsmaterial für die Produktion von Polierwachsen für die Autopflege, von Möbelpolituren und Kohlepapier, aber auch zur Herstellung von Kerzen und Lippenstiften.

Das Holz der langsamwüchsigen Palme ist außerordentlich hart und wird als Bau- und Tischlerholz verwendet. Aus der Pflanze läßt sich weiter Palmkohl und Sagomehl, Palmsirup und Arrak gewinnen. Die Blätter dienen als Deckmaterial für Dächer und zur Herstellung von Hängematten. Die bitter schmeckenden Früchte werden gegessen, die Wurzeln als Heilmittel verwendet.

Ein ähnliches Blattwachs (Caranday-Wachs) liefert die in den Savannen und Dornwäldern des Gran Chaco von Paraguay und Argentinien verbreitete *Copernicia alba* Morong (*C. australis* Becc.), an deren Stammbasis die Blattbasenreste in deutlich spiraliger Anordnung inseriert sind.

Eine junge Pflanze der Kokospalme, *Cocos nucifera*.

Eine Kokospalme, *Cocos nucifera*, mit Früchten.

Frucht der Kokospalme mit Saugorgan und jungem Sproß.

Corypha, Schopfpalme

Die Arten der Gattung *Corypha* L. zählen zu den Mirakeln des Pflanzenreiches. Der Gattungsname gr. koryphe = Schopf, Gipfel nimmt darauf Bezug, daß die Pflanzen bei der Blühreife an der Stammspitze einen mächtigen, viel verzweigten Blütenstand von 8 bis 10 m Höhe mit 60 bis 100 Millionen kleiner Blüten bilden und nach der Fruchtreife absterben. Vergleichbar hiermit ist nur die im Hochland von Oaxaca bei Mexiko vorkommende Agavacee *Fourcroya laevigata*, deren 8 bis 10 m im Durchmesser erreichende meterhohe Rosette sich nach vielen Jahrzehnten in der Ausbildung einer 8 bis 10 m hohen, rispigen Infloreszenz mit hängenden Blüten erschöpft und dann ebenfalls abstirbt. Die Gattung *Corypha* umfaßt

Die kubanische *Copernicia macroglossa* H. Wendl. ex Becc.

Talipotpalme, *Corypha umbraculifera*.

acht Arten, die alle nahe verwandt und von Bengalen und Ceylon bis Malaya und Nordaustralien verbreitet sind. Sie bilden kräftige, nach oben leicht verjüngte Stämme und tragen mächtige Kronen aus meist kreisrunden, vielstrahligen Fächerblättern. Sie zählen zu den imposantesten Palmgestalten der Erde. Ihre Blüten sind zwittrig mit kleinen, am Grunde verbundenen Kelchblättern und größeren Kronblättern. Die Staubblätter sind unterhalb des dreiblättrigen, verwachsenen Fruchtknoten inseriert, aus dem eine deutlich asymmetrische Frucht mit nahe der Basis sitzendem peristierendem Gipfel hervorgeht.

Corypha talieri Roxb.
Abbildung Seite 94.

Wegen ihrer außergewöhnlichen Gestalt verdient *Corypha talieri* Roxb. aus Bengalen besondere Erwähnung. Sie besitzt Fächerblätter, die nur wenig eingeschnitten sind und an *Licuala*-Blätter erinnern. Der Blütenstand ist zur Zeit der Anthese so groß wie der übrige Rest des Baumes. Die Pflanze ist selten, war im 19. Jahrhundert aber in Kalkutta häufig. Im Botanischen Garten war dort 1943 noch ein Exemplar vorhanden.

Corypha umbraculifera L.
Talipotpalme
Abbildung Seite 41 und 93.

Im Vergleich zur Schopfpalme besitzt die Talipotpalme einen gedrungeneren, massigeren Stamm und eine geschlossene, kompaktere Blattkrone, da die Blätter kürzere Stiele und weniger tief geteilte, abwärts gebogene Blattspreiten mit mehr abgerundeten Fächerstrahlen besitzen. Allerdings erreicht der Stamm bei dieser Art 20

Auch bei dieser Art erhebt sich zur Blütezeit die rispige Infloreszenz wie ein mächtiger Kronleuchter mit leicht überhängenden Seitenachsen, die an Straußenfedern erinnern, am Ende des Stammes. Es sind die größten Blütenstände, die im Pflanzenreich vorkommen. Die Früchte sind bei dieser Art, die als die echte Talipotpalme anzusehen ist, mit gut 4 cm im Durchmesser größer als bei *Corypha utan*.

Die Talipotpalme ist in Ceylon und dem südlichen Vorderindien eine alte Kulturpflanze. Wie bei der Dattel-, Kokos- und Betelpalme ist ihre genaue Herkunft unbekannt. Auf Ceylon kommen im Anschluß an Trockenperioden viele Palmen dieser Art gleichzeitig zur Blüte. Der Name Talipot ist aus der Hindusprache abgeleitet und bedeutet Blatt des »Tal-Baumes«, der Bezeichnung für diese Palme. Auf das unverhältnismäßig breite, kräftige Blatt des Baumes bezieht sich auch die Artbezeichnung lat. umbraculifera = schirmtragend. Ein Blatt der Palme ist so groß, daß es 15 bis 20 Menschen bei Regen schützt und trocken hält.

Corypha utan Lam.
Schopfpalme
Syn. *Corypha gembanga* (Bl.) Bl., *C. elata* Roxb.

Sie findet sich im südlichen Vorderindien, auf Ceylon und den Andamanen, in den trockenen Teilen der indomalayischen Inseln und Nordaustraliens sowie in Malaya natürlich verbreitet. Der kräftige Stamm dieser Palme steigt säulenartig bis 20 m Höhe empor und bleibt zunächst von den persistierenden, breit ansetzenden und nur am Grund in der Mitte hälftig aufspringenden Blattbasen eingehüllt. Nach ihrem Abfallen erscheint er spiralig geringelt. An seinem Ende stehen die imposanten Fächerblätter an den bis 4 m langen, dicken Stielen, die eine Blattspreite von 4 m Durchmesser tragen. Der Stiel weist eine gelbe oder grüne Blattscheide auf und einen schwarzen Rand mit entfernt stehenden, dicken sehr kräftigen Zähnen. Die Blattspreite ist bis über die Mitte in zahlreiche Fächerstrahlen gespalten.

Der Blütenstand entwickelt sich, soweit bekannt, nach 50 bis 70 Jahren, oft im Anschluß an ungewöhnliche Trockenperioden und stellt

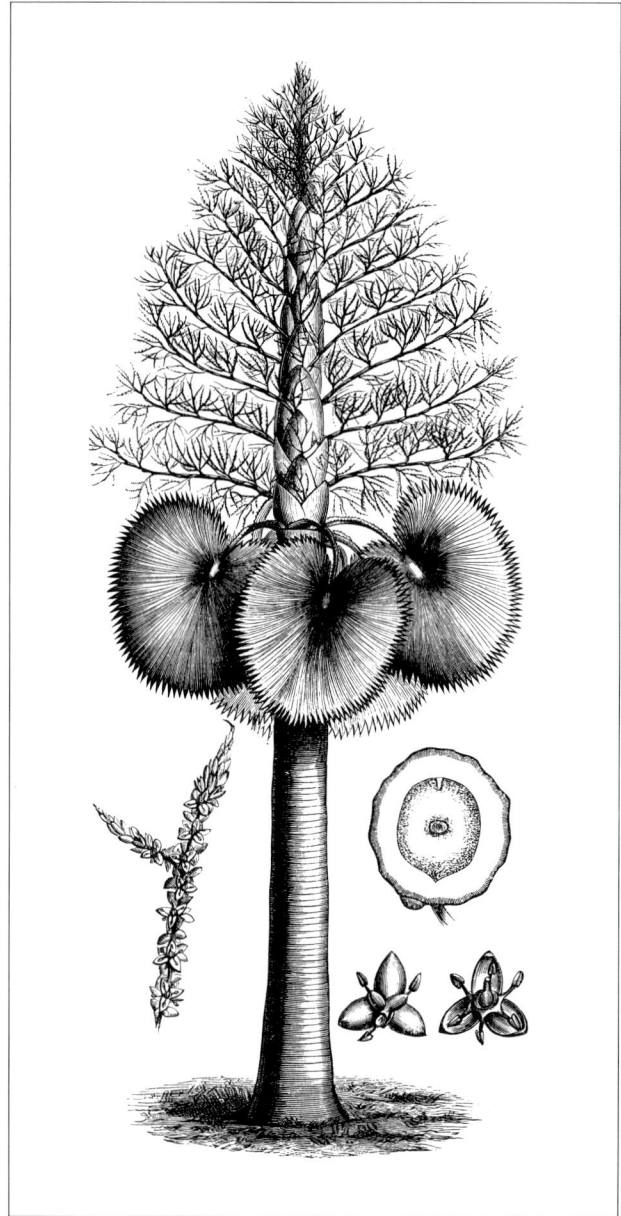

Corypha talieri mit voll ausgebildetem Blütenstand. Die einzelnen Blüten sind nicht eingezeichnet.

bis 30 m Höhe. Er ist nicht durch spiralige Markierungen sondern durch horizontal verlaufende Querringe gemustert. Der sehr dicke Blattstiel wird nur 2 m lang, ist am Rand mit weniger starken, aber spitzen Dornen versehen und trägt eine Spreite, die 2 m lang, aber 4 m breit wird. Auffällig sind zwei große, ohrförmige Verbreiterungen an seiner Basis.

Ausschnitt aus dem Stamm der Schopfpalme *(Corypha utan)* mit den umhüllenden aufgespaltenen Blattbasen.

eine vielfach verzweigte Rispe dar. Die einzelnen Äste der Rispe sind von zahlreichen Scheiden umhüllt. Die cremeweißen Blüten, aus denen die runden, knapp 3 cm großen Früchte hervorgehen, sind von unangenehmem Geruch.

Schon während der etwa ein Jahr dauernden Fruchtzeit vertrocknen die Blätter der Pflanze und senken sich abwärts, so daß die mächtige Infloreszenz dominierend den Stamm überragt. Gleichzeitig setzt der Vorgang des Absterbens und der Fruchtreife ein. Im Stadium des Fruchtbesatzes, wenn die meisten Blätter abgefallen sind, bietet die aus Stamm und zahlreichen, dicht behängten Fruchtrispen bestehende Palme einen einmalig imposanten Anblick. Zu dieser Zeit werden die Bäume von Scharen fliegender Hunde aufgesucht.

Vor der Blühreife läßt sich aus dem Stamm dieser Palme ein rötlicher Sago gewinnen. Im jungen Stadium sind die Samen eßbar; später sollen sie giftig sein. Nach der Vollreife lassen sich Knöpfe, Schmucksachen und kleine Gebrauchsgegenstände daraus herstellen. Die Produktion der großen Samenmengen ist verbreitungsbiologisch mit dem Absterben des Einzelindividuums nach der Fruktifikation zu sehen. Es handelt sich um ein klassisches Beispiel einer Pflanze, die nur ein Mal in ihrem Leben blüht und fruchtet und dann abstirbt (Hapaxanthie).

Die Blattstreifen von *Corypha utan* wurden in Vorderindien als Schreibpapier verwendet, zumal sie besonders leicht sind. Die Schrift wurde mit eisernen Griffeln auf ihnen eingeritzt. Für wichtige haltbare Dokumente benutzte man speziell die Blätter dieser Schopfpalme. Es gibt Dokumente in Museen, die mehr als 1000 Jahre alt sind. Außerdem lassen sich die Blätter als Deckmaterial und die Blattfasern zur Fabrikation von Matten und Seilen, die Blattstreifen zur Herstellung von Flechtwerk verwenden.

Cyrtostachys

Die Gattung *Cyrtostachys* Bl. ist mit elf Arten auf den indomalayischen Inseln und auf den Salomonen verbreitet. Es sind dichte Gebüsche bildende, zierliche, nicht allzu hohe Fiederpalmen, von denen die höchsten 10 bis 12 m Höhe erreichen. Der Name *Cyrtostachys* leitet sich von gr. kyrtos = krumm, gebogen und stachys = Ähre ab.

Cyrtostachys renda Bl.
Rotstielpalme, Siegellackpalme
Abbildung Seite 27 und 96.

Unter den ansprechenden Buschpalmen der Gattung ragt die Siegellackpalme durch besondere Schönheit hervor. Ihre ansehnlichen Blattbasen und die Mittelrippen ihrer Fiederblätter sind leuchtend feuerrot gefärbt. Die Pflanze wächst wie die übrigen Arten in dichten Gruppen und besitzt einen unbewehrten, glatten, grünen, rohrartigen Stamm, der von den abgefallenen Blättern geringelt ist. Die steif aufgerichteten Fiederblätter werden 1,2 bis 1,5 m lang, und ihre schmalen unterseits graugrünen Fiedern sind starr nach vorne gerichtet.

Die Blütenstände erscheinen unter den Wedeln und sind im Kolbenstadium von zwei Hüllblättern umgeben. Aus ihnen gehen die zwei- bis dreifach verzweigten, rispigen Infloreszenzen hervor,

Rotstielpalme, *Cyrtostachys renda*.   Afrikanische Ölpalme, *Elaeis guineensis*.   Kohlpalme, *Euterpe oleracea*.

Erythea armata (Brahea armata) aus Niederkalifornien. Die gewaltigen Blütenstände werden bis zu 5 m lang.

an denen die Blüten in Dreiergruppen stehen, zwischen zwei männlichen Blüten eine weibliche. Die Blütengruppen sind spiralig angeordnet. Die männlichen Blüten besitzen breite sich deckende Kelchblätter und 15 am Grunde verbundene Staubblätter. Aus den weiblichen Blüten gehen die runden bis ellipsoiden Früchte hervor. Die Pflanze ist auf Sumatra beheimatet. Dort wächst sie unter volltropischem Klima gerne an Flußufern. Sie ist eine Zierpalme von hervorragender Schönheit. Ihre Samen keimen innerhalb von zwei bis drei Monaten. Auch die Jungpflanzen sind bereits auffallend dekorativ. Sie gedeihen für längere Zeit nur im feuchten Warmhaus, in dem auch nachts die Wärme nicht unter 18 bis 20 °C sinkt.

Der vorigen Art sehr ähnlich, aber niedriger bleibend, ist *Cyrtostachys lakka* Becc. von der Malayischen Halbinsel und Borneo. Sie wird heute nicht mehr als eigene Art angesehen, sondern als Synonym zu *C. renda* gestellt.

Elaeis, Ölpalme

Die Gattung *Elaeis* Jacq. ist nahe verwandt mit *Cocos* und enthält je eine amerikanische und eine afrikanische Art. Ihr Stamm ist gerade oder kriechend und mit einem dichten Schopf aufrechter, ausgebreiteter oder hängender Fiederblätter gekrönt. Die Blütenstände erscheinen in dichten Büscheln zwischen den Blattbasen, männliche und weibliche Blüten meist an getrennten Ständen, bisweilen aber auch am gleichen Stand. Die Früchte sind eiförmig bis länglich, das äußere Mesocarp fleischig und ölhaltig. *E. guineensis* wird in vielen tropischen Ländern angebaut. Neben der Kokospalme liefert sie ein wichtiges Öl, das zur Herstellung von Margarine, Seifen, Haarwaschmitteln und vielem anderen verwendet wird. Unter günstigen Bedingungen fruchtet sie bereits nach drei Jahren, vorausgesetzt der Boden ist stets feucht. Die Vermehrung erfolgt durch Aussaat. Bei hoher Wärme keimt der Samen in zwei bis fünf Monaten. Bei Kultur im feuchtwarmen Gewächshaus sind tiefe Gefäße erforderlich.

Elaeis guineensis Jacq.
Afrikanische Ölpalme
Abbildung Seite 96.

Ihr natürliches Verbreitungsgebiet erstreckt sich vom tropischen Westafrika bis Ostafrika und Angola, heute aber wird sie in vielen anderen tropischen Ländern angebaut. Der aufrechte Stamm erreicht eine Höhe von 10 bis 20 m und hat einen Durchmesser von 30 bis 60 cm. Die 4 bis 5 m langen Fiederblätter haben einen etwa meterlangen Stiel mit faserig-dornigen Rändern. Die rötlich-schwarzen, 2 bis 3 cm langen Früchte sitzen in dichten Büscheln zwischen großen, lang herausragenden, spitzen Brakteen.

Elaeis oleifera (H. B. K.) Cortés
Amerikanische Ölpalme

Ihre Verbreitung erstreckt sich von Costa Rica bis zum unteren Amazonas. Sie hat einen zunächst kriechenden Stamm, an dessen Unterseite Wurzeln sitzen. Im Alter richtet er sich auf und erreicht eine Höhe von 2 bis 3 m. Die Fruchtstände gleichen denen der vorigen Art, enthalten aber keine Brakteen. Die Früchte färben sich bei der Reife orangerot. Ihre wirtschaftliche Bedeutung ist wesentlich geringer als die von *E. guineensis*.

Erythea, Erytheapalme

Die Gattung *Erythea* S. Wats. umfaßt neun Arten, die von Südkalifornien bis Honduras sowie auf Guadeloupe verbreitet sind. Sie wird heute wieder zu *Brahea* gestellt, von der sie 1800 durch Watson abgetrennt wurde. Der Gattungsname leitet sich von gr. Erytheia ab, dem Namen einer kleinen Insel im Golf von Cadiz, auf der nach der griechischen Mythologie der König Geryon herrschte. Bei den Angehörigen der Gattung handelt es sich um mit schlankem aber kräftigem Stamm versehene, 10 bis 13 m hohe Fächerpalmen mit kreisrunden, von einem Filz bedeckten Blättern. Die Stammbasis ist knollenförmig angeschwollen und bildet zahlreiche Adventivwurzeln, bei denen nicht selten noch die Wurzelhaube zu sehen ist. Über der Anschwellung erscheint der Stamm geringelt. Sein oberer Teil bleibt lange von den sparrig abstehenden Blattbasen eingeschlossen. Alle Arten besitzen kräftige glatte oder mit Randdornen versehene Blattstiele. Spatha und Blütenstand sind dicht behaart, die Achsen der Infloreszenz ledrig und dick. Der Blütenstand ist eine gestreckte, verzweigte Rispe.

Erythea armata (S. Wats.) S. Wats.
Erytheapalme
Gültiger Name *Brahea armata* S. Wats.
Abbildung Seite 96.

Diese Art wird häufig in größeren Gewächshäusern kultiviert. Es handelt sich um eine hochwüchsige, bis 13 m Stammhöhe erreichende Palme, deren Verbreitungsgebiet in Südkalifornien liegt. Der bis 40 cm dicke Stamm ist an der Oberfläche nach Abfallen der Blattbasen mit einer rissigen Borke ausgezeichnet. Die sehr großen Blätter sind bis zur Mitte regelmäßig gespalten, mit 30 bis 40 starr abstehenden Fächerstrahlen versehen, am Rand schwach faserig. Strahlen an der Spitze eingerissen. Blattstiel bis in die Mitte der Spreite fortgesetzt, am Rand mit weißen zurückgebogenen Stacheln. Farbe der regelmäßig geformten Blätter im Gewächshaus blaugrün, an sonnigen Standorten unter freiem Himmel weiß überlaufen. Blütenstand eine überhängende, mehr als 5 m lange rispenförmig verzweigte Infloreszenz, an deren Verzweigungssystem die kleinen blaßweißen Blüten sitzen. Blüten zwittrig, mit sechs verbreiterten, am Grunde verwachsenen Staubblättern, die mit der Blütenhülle verbunden sind. Aus den drei verwachsenen Carpellen gehen rotbraune Steinfrüchte hervor.

Erythea edulis (H. Wendl. ex S. Wats.) S. Wats.
Erytheapalme
Gültiger Name *Brahea edulis* H. Wendl. ex S. Wats.

Der Artname dieser Nutzpalme nimmt auf die eßbaren Beerenfrüchte Bezug, die bei der Fruchtreife in großen Mengen gebildet werden. Die Pflanze ist natürlich in Mexiko, auf Guadeloupe und im Gebiet der Kleinen Antillen in Westindien verbreitet, wurde aber erst um 1875 entdeckt. Es handelt sich um eine nahe Verwandte der vorigen Art mit schlankem, bis 15 m Höhe erreichendem Stamm von 45 cm Durchmesser. Die Blattstiele sind unbewehrt, die Blattspreite von hellgrüner Färbung. Aus den bis 1,8 m langen Infloreszenzen entwickeln sich die bis 25 kg schweren Fruchtstände mit kirschgroßen, schwarz glänzenden, süßen, eßbaren Steinfrüchten, die dichtgedrängt stehen.

Beide Arten sind auffällige, leicht wachsende Palmen, die noch Nachttemperaturen von 13 bis 16 °C als Untergrenze vertragen. Sie benötigen im Gewächshaus viel Licht. Die Anzucht erfolgt in nährstoffreicher, lehmiger, aber durchlässiger Erde bei gleichmäßiger, hoher Bodenfeuchtigkeit. Sie werden in der Freilandkultur in den Tropen leicht vom Palmen-Rüsselkäfer befallen. *Brahea armata* wird in den USA die »Blaue Hesperiden-Palme« genannt und ist z. B. in Florida im Freiland in Kultur.

Euterpe, Euterpepalme

Die Gattung *Euterpe* Mart. umfaßt mehr als 50 Arten in den Tropen der Neuen Welt. Ihr Verbreitungsgebiet reicht von Nicaragua über die tropischen Anden, Guayana und Westindien bis zum südlichen Brasilien. Sie besitzt das größte Artenspektrum in Brasilien. Der Gattungsname leitet sich von gr. Euterpe ab, dem Namen der Muse der lyrischen Dichtung. Es sind überwiegend hohe, wunderbar schlankstämmige Palmen, die bei einem maximalen Stammdurchmesser von 50 cm mehr als 45 m Höhe erreichen können. Der unbewehrte Stamm steigt vielfach bogig auf. Die überhängenden, relativ breiten Fiederblätter setzen mit ihrem langen, glatten, leicht aufgetriebenen, röhrenförmigen Blattgrund den Stamm fort. Unter ihrer Ansatzstelle brechen die dicht verzweigten, besenartig abstehenden Infloreszenzen hervor, die im Jugendstadium von zwei dünnen membranartigen Spathen eingehüllt sind. Aus den Früchten fast aller Arten kann ein beliebtes Beerenmus hergestellt werden, das nach Vergärung ein alkoholhaltiges Getränk liefert. Die Stämme werden meist längs gespalten als Baumaterial verwendet. Die Blätter dienen als Deckmaterial beim Hausbau, müssen allerdings oft ersetzt werden.

Euterpe edulis Mart.
Assaipalme
Abbildung Seite 55.

Die Assaipalme ist wegen ihrer Früchte die bekannteste unter den *Euterpe*-Arten. Sie ist in Ost-Brasilien von Bahia bis Rio de Janeiro verbreitet. Ihr glatter, elegant aufsteigender Stamm erreicht bei einem Durchmesser von knapp 20 cm mehr als 25 m Höhe. Die endständigen 2 bis 3 m langen Fiederblätter besitzen schmal linealische bis lanzettliche, fein zugespitzte Fiedern und einen dreikantigen Blattstiel, der sich deutlich hervortretend als Rhachis fortsetzt. Die kleinen weißen sitzenden Blüten sind getrennt geschlechtig, die männlichen mit sich breit deckenden Sepalen und klappenförmigen Petalen sowie sechs Staubblättern, die weiblichen mit abgestumpft dreieckigen Kelch- und Kronblättern. Als Früchte werden dunkelviolette bis schwarzblaue Beeren mit seitlich stehenden Narbenresten gebildet, die ein süßes, saftiges Fruchtfleisch besitzen. Der Same wird von einer Fasermasse aus feinen rundlichen Strängen eingehüllt. Durch Aufweichen, Durchkneten und Filtrieren des Fruchtfleisches gewinnt man aus den Beeren ein sehr beliebtes, pflaumenblaues und wegen seines Fettgehaltes rahmartiges Getränk, das unter dem Namen Assai in Brasilien vor allem im Staate Para, aber auch noch in Paraguay als Erfrischung weit verbreitet und sehr geschätzt ist.

Euterpe oleracea Mart.
Kohlpalme
Abbildung Seite 96.

Die Kohlpalme ist an sumpfigen Flußufern in Brasilien verbreitet. Dort erreicht ihr Stamm bei einem Durchmesser von nur 30 cm bis 30 m Höhe. Sie besitzt stattliche 1,5 bis 2,0 m lange, bogenförmig ausgebreitete, an der Spitze überhängende prächtige Fiederblätter, deren Seitenfiedern 60 cm lang und 2 bis 3 cm breit werden. Der Blütenstand dieser Art erreicht knapp 1 m Länge. Auch diese Palme ist unter dem Namen Assaipalme bekannt, denn ihre Früchte werden ähnlich verwendet wie die von *Euterpe edulis*. Darüber hinaus liefert *Euterpe oleracea* (lat. oleraceus = krautartig, von olus = Kohl abstammend) aus dem jungen Sproß einen Palmkohl. Die jungen noch gefalteten Blätter und die Blattknospen aus dem Innern der Blattscheiden werden gekocht als wohlschmeckendes Gemüse und in rohem Zustand als Salat gegessen.

In Venezuela kommt *Euterpe precatoria* Mart. mit rötlichen 12 bis 14 mm großen Früchten vor, in Ost-Kuba steigt die 12 m hohe *Euterpe globosa* Gaertn. (lat. globosus = kugelförmig, wegen der runden Früchte) in der Sierra Maestra bis 800 m Höhe empor. Im Botanischen Garten von Rio de Janeiro finden sich an seinem Rand, wo der Garten in die natürliche Vegetation der Zuckerhutberge übergeht, prachtvolle Gruppen schlankstämmiger *Euterpe*-Arten.

Die Assai- und die Kohlpalme sind schnellwüchsige Warmhauspalmen für wissenschaftliche Sammlungen. Sie werden aus Samen herangezogen und gedeihen als Jungpflanzen am besten in Untersätzen, die mit Wasser gefüllt sind. So gedeihen sie auch im Zimmer einige Monate.

Geonoma, *Geonomapalme*

Die Gattung *Geonoma* Willd. ist mit 240 Arten in den Tropen der Neuen Welt verbreitet. Ihr Areal reicht vom südlichen Mexiko und den Antillen über Venezuela nach Kolumbien und Innerbrasilien über die brasilianischen Küstenprovinzen bis nach Rio de Janeiro sowie am Ostabhang der Anden bis Bolivien. Das Mannigfaltigkeitszentrum liegt im Amazonasgebiet und seinen Randbereichen. Dort wachsen die Angehörigen der Gattung als schattenliebende, an hohe Luftfeuchtigkeit angepaßte, niederwüchsige Palmen vom Meeresniveau bis 1800 m Höhe im Unterwuchs von Regen-, Berg- und Nebelwäldern. Es handelt sich überwiegend um niedrige, seltener 5 bis 6 m Höhe erreichende Fiederpalmen mit rohrartigen oder säulenförmigen Stämmchen. Die glänzenden, schön geschnittenen Blätter fallen durch ihre häufig ungleich breiten, vielfach flügelartigen Fiedern auf. Sie setzen ähnlich wie bei *Chamaedorea* oft breitflächig an der Rhachis an und können bis auf ein endständiges Paar reduziert sein. Der Blattstiel ist rund und am Grund oberseits hohl. Die Primärblätter können von den Folgeblättern sehr verschieden sein. So lassen sich bei *Geonoma pinnatifrons* Willd. acht verschiedene Blattformen unterscheiden.

Die mit zwei Hüllblättern versehene, meist auf langem Stiel stehende Infloreszenz ist verzweigt oder ungeteilt und dann kolbig rund. An ihr sitzen zunächst in Gruben eingesenkt in dichten oder lockeren Spiralen zu Dreiergruppen vereint die süßriechenden Blüten, je zwei männliche und eine weibliche zusammen. Die drei Kelchblätter sind frei, die drei Kronblätter am Grunde miteinander verbunden. Die Filamente der sechs Staubgefäße sind zu einer Röhre verwachsen. Von den drei Fruchtblättern des mit weit spreizenden Griffeln versehenen Fruchtknotens ist nur eines fertil. Aus ihm geht eine saftige Beere hervor.

In Gebieten mit Massenauftreten werden die Blätter als haltbares Deckmaterial für Hütten verwendet. So decken die Waika-Indianer am oberen Orinoko ihre 100 bis 140 Quadratmeter großen, imposanten mit hoher Spitze versehenen Rundhäuser mit Geonoma-Blättern, die selbst vor heftigen tropischen Regengüssen schützen.

Geonoma elegans Mart.

Von den zahlreichen Arten der Gattung wird *Geonoma elegans* Mart. aus Zentralbrasilien im Warmhaus gern kultiviert. Sie besitzt einen 2 bis 3 m hohen rohrartigen Stamm und kurz gestielte, bis 75 cm lange Blätter mit 3 bis 7 Fiedern von wechselnder Breite. Die Endfieder ist breit zweigeteilt. Die Blätter sind im Jugendstadium rosa.

Geonoma-Palmen erregen durch ihre schöne und auffallende Belaubung Aufsehen. Sie gedeihen am besten je nach Herkunft im Warm- oder Lauwarmhaus bei hoher Luftfeuchtigkeit in lehmiger Erde. Als Unterholzpalmen verlangen sie Halbschatten und sind vor greller Sonne zu schützen. Die Samen keimen nach zwei bis drei Monaten. Die Vermehrung kann auch durch Stecklinge erfolgen; denn viele Arten treiben aus den Rhizomen Spitzensprosse. Hierauf bezieht sich auch *Geonoma* von gr. geonomos = Ackerbau treibend für die Gattung. Angehörige der Gattung sollten mehr als bisher kultiviert werden. Sie sind als Jungpflanzen für kürzere Zeit im Zimmer bei hinreichender Feuchtigkeit zu halten.

Howea, Kentiapalme

Die Gattung *Howea* Becc. ist benannt nach den Lord-Howe-Inseln östlich von Australien. Dort liegt das natürliche Verbreitungsgebiet der beiden bekannten Arten. Seit rund 100 Jahren vor allem um die Jahrhundertwende eine der am meisten verbreiteten und heute noch beliebtesten Topf- und Warmhauspalmen. Im Alter entstehen Bäume mit schönem glattem, grünem Säulenstamm, der von den Blattnarben gemustert ist, und mehr als 12 m Höhe erreicht. Einhäusig mit Differenzierung in männliche und weibliche Blüten. Männliche Blüten groß mit 30 bis 40 Staubblättern; bei den weiblichen Blüten die Krone vom Kelch umschlossen. Die Gattung wurde 1877 von Beccari aufgestellt. Es sind nur zwei Arten bekannt.

Howea belmoreana (C. Moore et F. v. Muell.) Becc.
Belmoreanische Kentie

Diese *H. forsteriana* nahe verwandte Art wurde nach De Belmore, einem Gouverneur von Neu-Südwales benannt. Sie ist im Vergleich zu *Howea forsteriana* durch grazileren Wuchs ausgezeichnet. Die deutlich verdickte Stammbasis geht in einen sehr schlanken Stamm über, der an der Spitze von einer kleineren im Umriß mehr rundlichen Wedelkrone gekrönt wird. Die kurz gestielten Fiederblätter streben zunächst aufwärts, die Mittelrippe des Blattes neigt sich dann in elegantem

Bogen abwärts. Die Seitenfiedern lassen lediglich auf der Oberseite eine Rippe erkennen. Sie sind auf beiden Seiten gleichmäßig grün und stehen leicht nach oben gerichtet.

Aus der dekorativen, relativ geschlossenen Wedelkrone hängen bogig die unverzweigten einzeln stehenden Blütenstände herab. An ihnen sitzen bei der Reife zitronenförmige 3 bis 4 cm lange Früchte, die eine schnabelartig aufgesetzte Spitze besitzen. Der Blütenkolben ist bei dieser Art im Jugendstadium völlig in die papierartige Spatha eingehüllt.

Howea forsteriana (C. Moore et F. v. Muell.) Becc.
Forstersche Kentie
Abbildungen Seite 31, 48, 109.

Diese Art wurde nach William Forster, einem Senator von Neu-Südwales benannt. Sie ist sehr viel häufiger im Zimmer in Kultur als *Howea belmoreana*. Hier gedeiht sie noch bei geringen Lichtintensitäten und ist eine der dankbarsten Palmen in Wohnzimmern, Wintergärten, Büroräumen und Tropenhäusern. Der Stamm von *Howea forsteriana* ist kräftiger als bei *H. belmoreana*, jedoch an der Basis kaum verdickt. Die Blätter erreichen etwa 3 bis 4 m Länge und stehen waagerecht ab. Die horizontal abspreizenden Seitenfiedern lassen auf Ober- und Unterseite deutlich die Mittelrippe erkennen. Auf der Unterseite sind sie sehr klein punktiert schuppig.

Die Art wird in der Heimat wesentlich höher als die erstgenannte. Der abwärts hängende Blütenstand bleibt auf seiner ganzen Länge von einem papierartig dünnen Hüllblatt umschlossen und ist im Gegensatz zu *H. belmoreana* verzweigt. An einem kurzen breiten Stiel entspringen auf gleicher Höhe 3 bis 8 bis 1 m lange herabhängende Seitenachsen, an denen in Gruppen zwei männliche und eine weibliche Blüte stehen. Früchte 3 bis 4 cm lang, von gestreckt elliptischer Gestalt, an der Spitze ausgezogen sich konisch verjüngend. Bei guter Fruchtreife sind die gleichlangen herabhängenden Seitenäste des Blütenstandes dicht mit den Früchten besetzt.

Beide *Howea*-Arten sind durch die Schönheit ihres Wuchses ausgezeichnet und leicht zu kultivieren. Sie gehören zu den dankbarsten und dekorativsten Zimmerpalmen. Ihre Samen keimen nach zwei bis acht Monaten. Jungpflanzen verlangen in den ersten zwei Jahren eine Temperatur um 20 °C. Ältere halten im Winter auch bei 6 bis 10 °C aus, wachsen aber auch gut bei 18 °C. Dabei vertragen sie viel Schatten. In voller Sonne bekommen die Pflanzen auf den Blättern braune Brandflecken. Aus Kultursubstrat kann eine Mischung aus Mistbeet-, Laub- und lehmige Rasenerde und Sandzusatz oder Einheitserde verwendet werden. Sehr alte Bäume werden am besten im Warmhaus ausgepflanzt. Ein prachtvolles etwa 10 m hohes Exemplar von *Howea belmoreana* steht im großen Palmenhaus des Frankfurter Palmengartens.

Abschließend seien noch einmal die Unterschiede zwischen beiden Arten zusammengefaßt:

Howea forsteriana: Stamm kräftiger, am Grunde nicht verdickt. Fiederblätter horizontal abstehend, 3 bis 4 m lang mit deutlich ausgeprägten Mittelrippen auf beiden Seiten der Fiedern. Fiedern auf der Unterseite punktiert. Früchte im Umriß gestreckt elliptisch, an der Spitze lang konisch verjüngt.

Howea belmoreana: Stamm schlanker, am Grunde verdickt. Die kürzeren Fiederblätter zunächst kurz aufsteigend, sich dann bogig herabneigend, maximal 2 m lang. Seitenfiedern aufwärts gerichtet und nur auf der Oberseite mit Mittelrippe. Früchte elliptisch mit schnabelartig aufgesetzter Spitze.

Hyophorbe

Bei *Hyophorbe* Gaertn. wird im Hinblick auf die Tatsache, daß ihre Früchte als Schweinefutter verwendet werden, auch von Futterpalme gesprochen. Die Gattungsbezeichnung leitet sich von gr. hys, hyos = Schwein und phorbe = Futter ab. Manche Autoren stellen sie in die Gattung *Mascarena*, da alle bekannten drei oder vier Arten auf den Maskarenen-Inseln Mauritius, Réunion und Rodrigues beheimatet sind.

Hyophorbe amaricaulis hort. non Mart.
Hyophorbepalme
Syn. *Mascarena lagenicaulis* L. H. Bailey, *Areca speciosa* hort.
Abbildung Seite 105.

Die Artbezeichnung leitet sich von lat. amarus = bitter und lat. caulis = Stengel ab. Wegen der absonderlichen Gestalt ihres Stammes hat *Hyophorbe amaricaulis* weltweite Verbreitung gefunden. Der Stamm gleicht im Jugendstadium einer überdimensionalen Zwiebel, die von den vertrockneten Blattbasen eingehüllt ist. Mit zunehmendem Alter nimmt der graubraune Stamm flaschenförmige Gestalt an. Er erreicht bei mehr als 50 cm Durchmesser in der Regel nicht mehr als 2 m Höhe und zeigt an der Oberfläche breite Ringfurchen, die von den abgefallenen Blättern herrühren. Über der flaschenhalsartigen Verjüngung setzen die derben, sehr ornamentalen Blätter mit großer, glatter, grüner Blattscheide an, die senkrecht nach oben stehend den Stamm fortsetzen. Blattscheide und Blattstiel sind im Jugendstadium rot überlaufen. Die Wedelkrone besteht meist aus nur fünf bogenförmig überhängenden Blättern, die beiderseits der Rhachis 30 bis 50 Paare oberseits dunkelgrüner, linealisch-lanzettlicher einseitig zugespitzter, V-förmig inserierter Seitenfiedern tragen. Diese werden bis 60 cm lang und 7 cm breit, zeigen drei hervortretende Nerven und stehen lang zugespitzt und starr empor.

Die Blütenstände brechen unter der Ansatzstelle der Blattbasen zunächst als Kolben von sieben bis acht zweizeilig angeordneten, papierdünnen Spathen umhüllt aus dem Stamm hervor. Sie geben nach der Entfaltung die rispige Infloreszenz frei, an der gruppenweise vereint je ein bis zwei weibliche und vier bis sechs männliche Blüten stehen. Die weiblichen Blüten besitzen breite, sich deckende Kelch- und doppelt so lange, breiteirunde, klappige Kronblätter, die männlichen sechs Staubblätter. Die männlichen Blüten fallen ab, bevor sich die weiblichen öffnen. Aus den dreifächerigen, mit zwei sterilen Fächern versehenen Fruchtknoten geht eine mit rauher Oberfläche versehene, unregelmäßig gestaltete Beere hervor. Die auch als Flaschenpalme bezeichnete *Hyophorbe amaricaulis* ist widerstandsfähig gegen Trockenheit und Salzeinwirkung und liebt freien Stand bei großer Helligkeit. Jungpflanzen in Töpfen sind überaus dekorativ. Bei der verwandten Art *Hyophorbe verschaffeltii* H. Wendl. (benannt nach A. Verschaffelt, dem Besitzer einer großen Gärtnerei und Pflanzenimporteur aus Gent) ist der Stamm weniger flaschenförmig ausgebildet. Beide Arten sind schöne Warmhauspalmen, deren Samen nach 50 bis 60 Tagen keimen.

Hyphaene, Dumpalme

Die Gattung *Hyphaene* Gaertn. nimmt infolge der gabeligen Verzweigung des Stammes eine Sonderstellung unter den Palmen ein. Die Abgrenzung der verschiedenen Arten, deren Zahl in Abhängigkeit von den zugrunde gelegten Abgrenzungskriterien schwankt, ist bei dem von Ostafrika über Madagaskar, Palästina, Arabien, Sri Lanka und Indien verbreiteten Formenschwarm der Gattung noch nicht abgeschlossen. An diesem Beispiel wird zugleich die Problematik der sippensystematischen Gliederung bei manchen Arecaceen deutlich. Fast alle Arten sind Charakterpflanzen trockener Steppengebiete. Der Gattungsname leitet sich von gr. hyphaion = weben ab und nimmt auf die ineinander verwobenen Fasern des Fruchtfleisches Bezug.

Hyphaene thebaica (L.) Mart.
Dumpalme
Abbildung Seite 108.

Der Artname der allgemein unter dem Namen Dumpalme bekannten *Hyphaene thebaica* leitet sich von der Stadt Theben, der alten Hauptstadt Oberägyptens am oberen Nil, ab. Hier liegt das Verbreitungsgebiet der Art, die südwärts von der ebenfalls gabelstämmigen *Hyphaene coriacea* Gaertn. abgelöst wird. Das Arel von *Hyphaene thebaica* reicht soweit bekannt von Ägypten bis zum Rand der westlichen Sahara. Der Stamm dieser Art ist vom Grund der abgefallenen Blätter scharf gezeichnet oder vielfach von den persistierenden Blattstreben bekleidet, vor allem unter den Ansatzstellen der Blätter. Die graugrünen Fächerblätter stehen auf bedornten langen Stielen steif aufrecht, in Verbindung mit der Gabelung der Krone eine unverwechselbare Silhouette bildend.

Die Dumpalme ist zweihäusig. Die zwischen den Blättern erscheinenden Infloreszenzen sind kurz und verzweigt, mit ausdauernden röhrenförmigen Spathen am Grunde und einer röhrenförmigen Spatha unter jedem Seitenzweig. An den männlichen Bäumen sitzen die Blüten an den fingerdicken Seitenachsen in Gruben, die aus Deckblättern gebildet werden. Die drei Kelchblätter der gelben Blüten sind am Grunde verbunden, die drei breiten, basal ebenfalls verbundenen Kronblätter überlappen sich in der Knospenlage an der Spitze. Die sechs Staubblätter bilden unter Verwachsung am Grunde einen Ring. An den weiblichen Bäumen zeigen die etwas größeren Blüten drei sich überdeckende Kelchblätter, drei schmalere und drei breit ovale sich ebenfalls deckende Kronblätter. Die sechs vorhandenen Staminodien bilden einen membranösen Ring. Der dreifächerige Fruchtknoten besitzt nur ein fertiles Fach. Aus ihm gehen die auffälligen mit einem ledrigen, glänzenden Exocarp versehenen apfel- oder birnenförmigen Früchte hervor, die ein gut ausgebildetes, faserig schwammiges Mesocarp besitzen, das ein dickes holziges Endocarp umschließt. Darunter folgt der Same mit gleichmäßigem Nährgewebe und einem Hohlraum im Zentrum. Er hat eine dicke, feste, braune Samenschale. Das orangefarbene, zuckerreiche Mesocarp der Früchte wird des lebkuchenähnlichen Geschmacks wegen gerne gegessen. Deshalb wird die Pflanze als Pfefferkuchenbaum, im englischen Sprachgebrauch als Ingwerbrotpalme bezeichnet. Die festen Blätter dieser und verwandter Arten dienen als Deckmaterial beim Hausbau. Die in den Blättern enthaltenen Fasern werden zur Herstellung von Matten, Stricken und Körben verwendet. Nach Abschneiden der Teilkronen tritt ein zuckerhaltiger Saft aus, der nach Vergären ein schwach alkoholartiges Getränk liefert. Der Same wurde früher als »vegetabilisches Elfenbein« zur Herstellung von Schnitzwerk verwendet. *Hyphaene* ist in europäischen Sammlungen kaum vertreten, da ihre Kultur sehr schwierig ist.

Jubaea, Honigpalme

Die Gattung *Jubaea* (Mol.) Baill. mit nur einer Art ist nach König Juba II von Mauretanien benannt, der mehrere fragmentarisch erhaltene botanische Werke schrieb und um die Zeitenwende lebte. Wahrscheinlich spielt auch das lat. Wort juba = Mähne in die Namensgebung hinein.

Jubaea chilensis (Mol.) Baill. Honigpalme
Syn. *Jubaea spectabilis* H. B. K.
Abbildung Seite 44.

Die Honigpalme ist wild wachsend heute nur noch sehr selten an abgelegenen Stellen in den Mittelgebirgen Zentralchiles zu finden. Entsprechend ihrer Verbreitung zwischen 31 bis 35 Grad südlicher Breite ist sie keine Tropenpalme, sondern an temperiertes Klima mit langer Sommerdürre angepaßt. Sie gehört mit ihrem wuchtigen bis 20 m hohen und 1,3 m dicken Stamm zu den eindrucksvollsten Gestalten unter den Palmen überhaupt. Der bleigraue, durch die Reste der abgefallenen Blätter oft mit zackig vorstehenden Blattgrundresten gemusterte Stamm verjüngt sich am Ende ein wenig und trägt zahlreiche 4 bis 5 m lange, locker wirkende Fiederblätter mit kurzem Stiel, die nahezu in Reihen stehen. Beiderseits der Mittelrippe sind die lanzettlich-linealischen, lang zugespitzten Fiedern inseriert.

Der imposante Baum bildet zwischen den breit ansetzenden Blattbasen zahlreiche etwa 1,5 m lange Blütenstände, die von einer kleinen äußeren und einer größeren inneren, zugespitzten, halb verholzten, glatten Spatha eingehüllt sind. Der entfaltete Blütenstand besteht aus einer abstehenden Hauptachse, an der zahlreiche gewellte, dicht stehende Seitenachsen entspringen. Sie tragen am Grunde in Dreiergruppen eine weibliche zwischen zwei männlichen Blüten. Am Ende stehen einzeln oder zu zweien männliche Blüten. Alle Blüten sind purpurrötlich gefärbt. Die männlichen Blüten mit großen Blütenblättern besitzen bis 30 Staubblätter und ein steriles Fruchtknotenrudiment, die weiblichen Blüten mit drei breiten Kelchblättern und drei sich überlappenden Kronblättern enthalten neben dem dreiblättrigen

Fruchtknoten sterile Staubblätter (Staminodien), die einen kleinen häutigen Becher bilden. Die blaßgelben 4 bis 5 cm großen Früchte haben ein fleischiges Mesocarp mit feinen Fasern, das sich gut von dem harten, beidseitig zugespitzten Endocarp löst. Dieser der Kokosnuß entsprechende Steinkern besitzt drei schief stehende, von der Basis entfernte Keimlöcher. Das Nährgewebe der Samen ist eßbar. Die hühnereigroßen Steinkerne der Frucht kommen als Coquitos in den Handel und werden wegen ihres kokosnußähnlichen Geschmacks auch in der Konditorei genutzt.

Die Blütenbildung der Pflanze beginnt erst im Alter von etwa 60 Jahren. Bis dahin haben sich in dem massigen Stamm große Mengen an Zuckerreserven angesammelt, die eine ergiebige Quelle zur Zuckergewinnung darstellen. Hierzu wurde der Baum – bis zum Nutzungsverbot 1971 als Schutz gegen sein Aussterben – so abgeschlagen, daß noch ein Teil der zähen, flach streichenden Wurzeln mit dem Boden in Verbindung blieb. Danach wurde der Sproßvegetationskegel freigelegt und angeschnitten. Bei zweimal täglicher Erneuerung der Wunde ließen sich infolge der Wasserversorgung über die verbliebenen Wurzeln für eine Zeit von 6 bis 8 Monaten täglich 300 bis 400 l Zuckersaft gewinnen. Dieser zuckerhaltige Saft wurde zu Sirup eingedickt und war unter dem Namen Palmhonig ein weit verbreitetes Süßungsmittel, das immer begehrter wurde und zu Raubbau führte.

Die Honigpalme ist heute in erster Linie eine bewundernswerte Zierpalme subtropischer Gartenanlagen, die Trockenheit und auch einige Grad Kälte erträgt. Sie wird z. B. in Südkalifornien kultiviert. Ihr Wachstum ist sehr langsam. Die mit einem an die Kokosnuß erinnernden Nährgewebe versehenen Samen verlieren schnell ihre Keimkraft, benötigen allerdings in den Boden gebracht bis zur Keimung 3 bis 5 Monate.

Latania, Latanie

Die Angehörigen der Gattung *Latania* Comm. ex Juss. werden auf Mauritius »Latanier« genannt. Aus dieser aus dem Indischen abgeleiteten Bezeichnung entstand der Gattungsname für diese sehr schönen Fächerpalmen. Insgesamt sind drei Arten von den Maskarenen und dem benachbarten ostafrikanischen Festland bekannt. Alle drei Arten sind zweihäusige Bäume. Es handelt sich um mittelhohe Palmen, deren Stamm mehr als 10 m Höhe erreicht, am Grunde leicht angeschwollen, geringelt und vielfach von den persistierenden sparrig abstehenden Resten der Blattstiele gezeichnet ist. Die Blätter sind lang gestielt, mit bis 2,5 m Durchmesser erreichender, handfächerförmiger Spreite und starr abstehenden Strahlen versehen. Die Spreite ist so lang wie breit mit eintretendem Blattstiel. Fächerstrahlen an den Rändern glatt oder dornig gezähnt; Blattstiel dreikantig. Im Alter sind Blattstiel und Blattspreitenbasis von einem dichten, weiß schimmernden Wollfilz bedeckt. Die bis 2,5 m langen überhängenden Blütenstände stehen zwischen den Blättern und tragen entweder männliche oder weibliche Blüten. Die männlichen Infloreszenzen bestehen aus fingerförmig angeordneten, walzigen Ästen, auf denen sich die zahlreichen Blüten wie kleine Warzen erheben. Jede Blüte mit 15 bis 30 zu einer kurzen Säule verwachsenen Staubblättern. Weibliche Infloreszenzen mit langgestreckten, armblütigen Zweigen, ihre Blüten größer als die männlichen. Die kugelige 4 bis 5 cm große glänzende Frucht kann bis drei dünnschalige Steinkerne enthalten.

Alle drei Arten werden wegen ihrer rot oder gelb überlaufenen Blattstiele und -rippen als dekorative Zierpalmen in Warmhäusern häufig kultiviert und sind in den Tropen als Freilandpalmen mit ihren dicht stehenden, braunen, glänzenden Früchten im Einzelstand geschätzte Schmuckpalmen.

Die Farbzeichnung kann bei den aufgeführten Arten individuell variieren. Deswegen müssen zur Bestimmung nur junge Blätter herangezogen werden. Auch die Bastardierung im Hinblick auf die Zweihäusigkeit aller Arten ist in Freilandsammlungen zu berücksichtigen.

Die Flaschenpalme, *Hyophorbe amaricaulis*, ist sicher die eigenartigste aller Palmen. Der flaschenförmige Stamm wird selten höher als 2 m.

Alle drei Arten sind sehr schöne dekorative, aber empfindliche Palmen für das feuchte Warmhaus. Sie benötigen fast während des ganzen Jahres mäßige Beschattung. Sie gedeihen gut bei reichlicher Bewässerung in leichter Erde. Die Samen keimen nach ein bis zwei Monaten. Nachttemperatur nicht unter 18 bis 20 °C.

Latania loddigesii Mart.
Syn. *Latania glaucophylla* hort.

Die Heimat dieser Palme liegt auf Mauritius. Sie ist nach Conrad Loddiges benannt, der in Hackney bei London bis 1813 eine große Gärtnerei betrieb. Sie unterscheidet sich von *Latania lontaroides* durch die weniger breiten und weniger intensiv gefärbten Blattstiele. Die Blattspreite ist eher blaugrau als blaugrün überlaufen. Ihr Stamm erreicht mehr als 10 m Höhe. Blattnarben unterseits rot und leicht filzig. Fächerstrahlen relativ breit und mit kleinen Dornspitzen versehen. Die Samen sind lang elliptisch, am Grunde sich verjüngend, am Vorderende mit einer grubigen Zeichnung versehen.

Latania lontaroides (Gaertn.) H. E. Moore
Syn. *Latania borbonica* Lam.; *Latania commersonii* J. F. Gmel.; *Latania rubra* Jacq.

Diese auf Mauritius und Bourbon beheimatete Art findet sich am häufigsten in Warmhauskollektionen in Kultur und ist sowohl in Florida und Südamerika als auch in Südostasien als Freilandpalme verbreitet. In den Gärten ist sie oft unter dem Namen *Latania commersonii* zu finden. Die Palme ist in der Jugend wegen ihrer violett- bis purpurroten Blattstiele, die sich in die Fächerspreite hinein fortsetzen, sehr auffällig. Mit dem Alter verliert sich die rote Zeichnung der Blätter. Der übrige Teil des Blattes ist oberseits dunkelgrün, unterseits heller, im Freiland in den Tropen blaugrau überlaufen. Fächerstrahlen bis zu einem Drittel frei, rot gerändert und bedornt, im Freiland steif und fest, fast stechend abstehend. Die glänzenden, braunen Früchte reifen langsam.

Die Artbezeichnung ist von der Palmengattung *Lontarus* abgeleitet, das aus dem malayischen Wort lontar entlehnt ist.

Latania verschaffeltii Lem.
Syn. *Latania aurea* hort.

Das wesentlichste Kennzeichen der nach A. Verschaffelt benannten Art ist die auffallend goldgelb bis orangefarbene Zeichnung von Blattstiel und Blattadern. Hierauf bezieht sich die als Synonym gebrauchte Artbezeichnung von lat. aureus = goldfarben. Fächerstrahlen sehr weit hinab geteilt, glänzend grün mit gelblichem Schimmer und fein rot gerändert. Der Blattstiel bei dieser Art sehr dicht filzig. Samen seitlich zusammengedrückt mit leistenförmiger Längskante. Die Art kommt auf der Insel Rodriguez vor.

Leopoldinia

Die Gattung *Leopoldinia* Mart. umfaßt vier Arten niedriger bis mittelhoher Palmen, die alle in Brasilien beheimatet sind.

Leopoldinia piassaba Wallace
Para-Piassavapalme

Nur die als Faserlieferant bekannte *Leopoldinia piassaba* greift noch nach Venezuela über. Die Palme wächst im Gebiet der Schwarzwasserflüsse an den nördlichen Nebenflüssen des Amazonas, die durch hohen Huminsäuregehalt dunkelbraun gefärbt sind. Es handelt sich um eine 6 bis 12 m hohe, dickstämmige Palme mit sehr großen, gleichmäßig gefiederten Blättern. Der Blütenstand wird von zwei unvollständigen Spathen umschlossen, die am Grunde der Infloreszenz verborgen sind. Er erscheint zwischen den untersten Blättern, ist relativ klein und starr verzweigt. Am Grunde der Blütenstandsachsen stehen die weiblichen, darüber in kleinen Gruben leicht eingesenkt die männlichen Blüten. Diese besitzen sechs an der Basis verwachsene Staubblätter, die weiblichen einen dreifächerigen Fruchtknoten, aus dem Früchte mit holzig-faseriger Hülle hervorgehen.

Wie bei der Bahiapiassavepalme (*Attalea funifera*) bleiben die von einer dicken Sklerenchymfaserscheide umgebenen Leitbündel des Blattgrundes als dunkelbraune bis 15 cm lange Fasern lange erhalten und hüllen den Stamm je nach Höhe und Alter mit einem zottigen Mantel ein. Die als Para-Piassave-Fasern im Handel bekannten Fasern stellen die wertvollsten aller Piassave-Fasern dar und werden vorzugsweise von den jüngeren wild wachsenden Palmen gesammelt, da sie leichter erreichbar sind. Sie wurden durch Auskämmen am Standort gewonnen. Heute werden die Palmen gefällt, so daß auch von hohen alten Bäumen die Fasern gewonnen werden. Von ihnen als dem besten Rohprodukt ausgehend ist der Name Piassave-Fasern auf die von anderen Palmen gewonnenen Produkte übertragen worden. Sie sind im Gegensatz zur Bahiapiassave flach, weich und biegsam und bilden ein besonders hochwertiges Ausgangsprodukt für Straßenbesen. Sie waren früher besonders begehrt, da aus ihnen Schiffstaue geflochten wurden, die auf dem Wasser schwimmen. Aus den frischen Früchten dieser Palme wird in Brasilien eine Limonade hergestellt.

Licuala

Der Name der Gattung *Licuala* Thunb. ist aus einer auf Celebes gebräuchlichen Molukkensprache entlehnt. Jedoch nicht nur hier, sondern im gesamten Indonesien, in Malaya und Malaysia sowie in Neu-Guinea und Nordaustralien wachsen rund 90 Arten dieser Gattung im Unterwuchs des tropischen Regenwaldes. Sie steigen in Malaya in der Strauchschicht des Unterwuchses der Bergwälder bis 1400 m Höhe empor. Meist handelt es sich um niederwüchsige, vielfach Blattrosetten bildende oder buschartige, in Gruppen wachsende Palmen mit fast rohrartigen Stämmchen, die lange Zeit von den Resten der Blattscheiden bedeckt sind. Die meisten von ihnen besitzen eigenartig geformte, aus vielfach am Ende verbreiterten, völlig freien Strahlen bestehende Blätter. Die Strahlen können im Kreis oder spiralig angeordnet sein. Die in Malaya vorkommenden *Licuala*-Arten nennt man dort »Palas«.

Licuala grandis H. Wendl.
Großblättrige Strahlenpalme
Abbildung Seite 109.

Die auffälligste Art ist die auf Neu-Britannien nördlich von Neu-Guinea beheimatete *Licuala grandis*. Sie wurde inzwischen auch auf der Insel Espiritu Santo auf den Neuen Hebriden gefunden. Sie besitzt einen bis 2 m Höhe erreichenden, von den persistierenden Blattbasenresten eingehüllten, harten Stamm, an dessen Ende dicht gedrängt die auffälligen, kaum eingeschnittenen dunkelgrünen, glänzenden großflächigen Blätter stehen. Der bis 90 cm lange Blattstiel ist an der Basis oder bis über die Mitte bedornt, die aus keilförmigem Grund entspringende Blattspreite breiter als lang und am Rand den Nerven folgend kurz gelappt, jeder Lappen an der Spitze in zwei Zähnen endend.

Die verzweigten 1,2 bis 1,5 m langen nach außen überhängenden Blütenstände tragen 3 bis 4 verdickte Seitenäste, an deren Verzweigungen die 1 cm großen, zwittrigen, gelben Blüten stehen. Ihre Kelchblätter sind abgestutzt, die Kronblätter länger und zugespitzt. An ihrem Grund sind

Blüte und Frucht von zwei *Licuala*-Arten.
A, B *Licuala glabra* var. *selangorensis*: Blüte von der Seite und im Längsschnitt. C *Licuala paludosa*: Frucht.

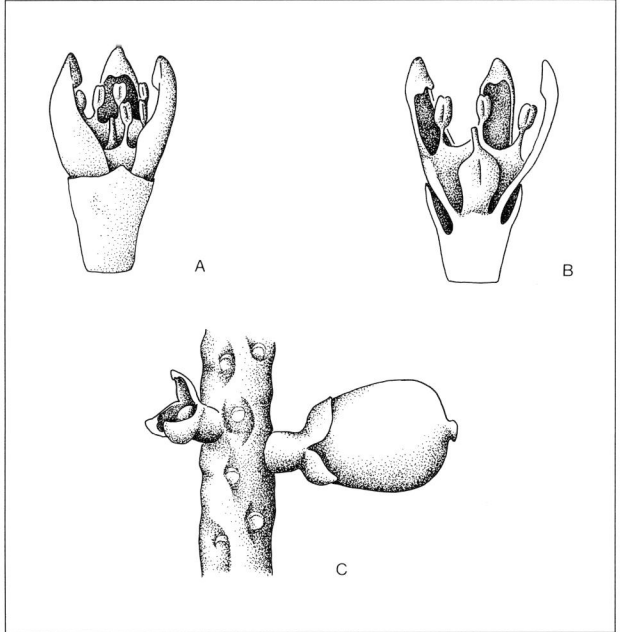

Eine gabelige Verzweigung der Stämme findet nur bei der Gattung *Hyphaene* statt, hier bei *H. thebaica*.

sie mit dem von den sechs Staubblattbasen gebildeten Ring verbunden. Die drei freien Fruchtblätter sind in der Griffelregion verwachsen. Aus ihnen geht eine steinfruchtartige, glänzend karminrote, mit hartem brüchigem Endocarp versehene Beere hervor, die auf dickem Stiel sitzend am Grund von den Kelchblättern umgeben ist.

Aus den Blättern mancher Arten wurden in Assam Sonnenhüte hergestellt, aus den abgeschabten jungen Stämmchen vor allem von *Licuala acutifida* Mart. werden die als »Penang Lawyers« bekannten, relativ schweren Spazierstöcke hergestellt.

Die Großblättrige Strahlenpalme ist eine auffällige Erscheinung in feuchten, schattigen Warmhäusern. Ihre Samen keimen sehr langsam, frühestens nach vier Monaten. Auch nach der Keimung wächst die Pflanze relativ langsam. Am besten gedeiht sie, wenn sie in einem mit Wasser gefüllten Becken steht.

Die beliebte Zimmerpalme *Howea forsteriana*.

Livistona rotundifolia, eine Palme für das warme Zimmer.

Licuala grandis, die auffälligste Art der Gattung.

Livistona, Livistonie

Die Gattung *Livistona* R. Br. wurde nach Patrick Murray, einem Baron der schottischen Grafschaft Livingstone, benannt. Sie ist mit 24 Arten in Südost-Asien, Malaysia, Neu-Guinea und Australien verbreitet. Hierunter finden sich zahlreiche große Gewächshauspalmen. Die Arten aus Zentralchina und den subtropischen Teilen Australiens lassen sich in Südeuropa auch im Freiland kultivieren.

Die Gattung umfaßt sehr verschiedene Arten. Es handelt sich meist um robuste, relativ hohe Fächerpalmen, deren Stamm vor allem unter der Wedelkrone mit Blattscheidenresten eingehüllt ist. Bei manchen Arten bleibt der Stamm vom sparrig abstehenden Grund der Blätter und den dazugehörigen Blattgrundfasern bis zur Basis eingehüllt. Fächerblätter endständig, groß, auf langen meist mit zwei Reihen scharfer Stacheln besetzten Stielen. Spreite rund und bis zur Mitte oder tiefer fächerig gespalten; Fächerstrahlen zweispaltig, oft mit langen Endfasern.

Die kleinen, nach Drude zwittrigen Blüten mit tief dreispaltiger Krone sitzen auf dünnen Verzweigungen an den Ästen großer Rispen, deren Seitenäste oft viele unvollständige, röhrige Spathen aufweisen. Die Beeren sind oval oder kugelförmig.

Livistona australis (R. Br.) Mart.
Australische Livistonie
Syn. *Corypha australis* R. Br.

Unter den zahlreichen Arten der Gattung ist die Australische Livistonie die am meisten widerstandsfähige und robuste Art. Ihr natürliches Verbreitungsgebiet liegt in den feuchten Regenwäldern von Südost-Australien. Die Pflanze besitzt einen säulenförmigen Stamm, der bis 25 m Höhe erreicht. Er bleibt lange von den braunen Blattbasen und Blattgrundfasern eingehüllt. Später lösen sich die Fasern und Blattscheiden ab und geben die rauhe braune Stammoberfläche frei, an der die ehemaligen Ansatzstellen der Blätter treppenförmig abgesetzt sind. Die stattlichen Fächerblätter am Ende des Stammes bestehen aus einem 2–3 m langen Stiel und einer 1,5 bis 2 m Durchmesser erreichenden Spreite von dunkelgrüner Farbe, mit metallenem Glanz. Der Stiel ist vor allem am Grund seitlich mit Stacheln bewehrt, die sich im Alter braunrot verfärben können. Die fächerige Spreite ist in 40 bis 50 schmale Strahlen gegliedert. Sie sind ungeteilt oder an der Spitze scharf zweispaltig und stehen steif aufrecht. Der Stiel setzt sich als Mittelrippe deutlich in die Blattspreite fort. Fächerstrahlen mit deutlich hervortretendem gold-grünem Mittelnerv. Mit zunehmendem Alter bilden sie lang herabhängende Fasern aus. Die bis 1,5 m lange Infloreszenz ist zunächst von der wolligen Spatha eingehüllt. Die runden, bei der Reife rotbraunen Früchte erreichen eine Größe von 2 bis 3 cm Durchmesser.

Livistona chinensis (Jacq.) R. Br.
Chinesische Livistonie
Syn. *Latania borbonica* hort. non Lam.

Entsprechend der Artbezeichnung liegt das Verbreitungsgebiet dieser Palme in Südchina. Ihr Stamm wird in Kultur 8 bis 10 m, in der Heimat bis 15 m hoch und verliert im Gegensatz zur Australischen Livistonie sehr früh die umhüllenden Blattbasen. Er ist zunächst braun gefärbt und zeigt zahlreiche unvollständige, dicht stehende Ringe. Sie verschwinden mit zunehmendem Alter, und der Stamm erhält eine glatte graue Oberfläche. Der Kronendurchmesser beträgt 7 bis 8 m. Die glänzend grünen Fächerblätter sind im Umkreis nicht rund sondern mehr ellipsoid; alle Strahlen an der Mittelrippe schwach filzig und an den Enden lang herabhängend, die Blattstiele bis zur Mitte mit rückwärts gerichteten Stacheln besetzt. Der lange gelbliche Blütenstand entwickelt sich zwischen den Blättern der Wedelkrone und ist in der Regel nicht länger als die Blätter. Die blaugrünen, 16 bis 22 mm großen Früchte dieser Palme werden auch als Latanenäpfel bezeichnet. Sie enthalten unter einer dünnen, sich leicht ablösenden Schale ein schmackhaftes Fruchtfleisch. Die Herztriebe werden ebenso wie die von *Livistona australis* als Palmkohl verzehrt.

Die Chinesische Livistonie war als beliebte Topfpflanze früher unter dem Namen *Latania borbonica* allgemein bekannt, da man irrtümlich annahm, daß sie von der Insel Bourbon stamme. Sie eignet sich ebenso wie die Australische Livistonie gut als Zimmerpflanze und ist wegen der schönen glänzenden Blätter besonders beliebt. Beide Arten verlangen einen hellen Standort, ein nährstoffreiches, kräftiges Substrat und eine Temperatur von 12 bis 14 °C. Sie sind im Handel als Topfpflanzen erhältlich und wachsen relativ langsam.

Livistona rotundifolia (Lam.) Mart.
Rundblättrige Livistonie

Diese aus Java stammende Art ist als Topfpflanze besonders attraktiv, weil sie im Jugendstadium kreisrunde Blätter besitzt. Sie verlangt leichte Erde und Temperaturen zwischen 14 und 18 °C.

Im Alter erreicht diese Waldpalme eine Stammhöhe von 10 bis 14 m Höhe. Der Stamm ist in der Jugend mit Blattbasen und Blattgrundfasern bedeckt. Sobald sie abfallen, erscheinen die gut ausgebildeten Ringfurchen, die durch senkrechte Fissuren gegliedert sind. Die Blätter erreichen 2 m Länge. Ihr Stiel ist mit rückwärts gerichteten Stacheln besetzt, die Blattspreite in viele Lappen eingeschnitten und kreisrund. Die Strahlen sind in den unteren zwei Dritteln verwachsen und im Alter an der Spreite tief zweiteilig. Aus den gelben an verzweigten, bis 2,5 m langen Rispen stehenden Blüten gehen 2 bis 3 cm große, runde, schwarzbraune Beerenfrüchte hervor. Die Pflanze wird neuerdings in Blumengeschäften als besonders dekorative Zimmerpflanze angeboten.

Livistona mariae F. v. Muell.

Unter den zahlreichen Arten der Gattung *Livistona* verdient die in Zentralaustralien isoliert auftretende *Livistona mariae* F. v. Muell. besondere Erwähnung. Sie wächst dort im sogenannten Palm Valley ausschließlich an dieser Stelle. Wie *Livistona australis* wird sie sehr hoch und die Fächerstrahlen ihrer Blätter hängen lang herab. Die Ähnlichkeit zwischen beiden Arten ist groß. Wahrscheinlich handelt es sich bei *L. australis* und *L. mariae* um Angehörige eines gemeinsamen Formenkreises, der im Tertiär von Ost- bis Zentralaustralien verbreitet war. Mit zunehmender Trockenheit des Klimas kam es zu einer Trennung des gemeinsamen Verbreitungsgebietes und als Folge der räumlichen Sonderung bildete sich unter den spezifischen Klimabedingungen in Inneraustralien bei hinreichender Grundwasserversorgung, die auch das Vorkommen von Laubfröschen (*Hyla gillenii*) in den dortigen Wasserlöchern ermöglicht, die Art *L. mariae* aus.

Lodoicea, Seychellennußpalme

Die Seychellennußpalme besitzt die größten Samen im Pflanzenreich und ist wegen ihrer eigenartigen Früchte berühmt. Sie findet sich an Granitstandorten nur auf den Inseln Praslin und Curieuse der Seychellengruppe. Hier wächst sie in Tälern in lockeren Beständen. Der Name der Gattung *Lodoicea* Comm. ex DC. ist von dem latinisierten Wort Lodoicus für Ludwig (Louis) abgeleitet, stammt von COMMERSON und bezieht sich vielleicht auf Ludwig XV. von Frankreich. Der Artname geht auf RUMPHIUS zurück, dem Früchte der Palme von den Malediven vorlagen. Dorthin werden die großen schwimmfähigen Früchte durch Meeresströmungen besonders häufig verfrachtet.

Lodoicea maldivica (J. F. Gmel.) Pers.
Seychellennußpalme
Syn. *Lodoicea sechellarum* Labill.
Abbildungen Seite 9, 112.

Die Pflanze hat einen bis 30 m hohen Stamm, der am Ende eine Krone aus imposanten, lang fächerförmigen Blättern trägt. Der 2,5 bis 3,5 m lange sehr derbe Blattstiel setzt sich in dem gefächerten Blatt fast bis zur Spitze fort (costapalmates Blatt). Die Länge der Spreite beträgt 3,5 bis 5,5 m, ihre Breite 1,8 bis 3,6 m. Die Fächerstrahlen sind bis etwa ein Drittel ihrer Länge eingeschnitten. Die Palme ist zweihäusig, und die Blütenstände brechen aus den Achseln der unteren Blätter hervor. Die männlichen Bäume tragen unverzweigte, 1,0 bis 1,8 m lange kolbenartige Blütenstände mit armdicken Stielen, bei denen 20 bis 30 Blüten in Gruben eingesenkt beisammen stehen. Sie besitzen etwa 30 Staubblätter, die zu einer kurzen Säule verwachsen sind. An den weiblichen Bäumen stehen die Blüten zerstreut. Aus ihnen entwickelt sich die als »Doppel-Kokosnuß« bezeichnete große Steinfrucht, die tief zweilappig ist und in der Gestalt an zwei miteinander verwachsene, lang gestreckte, große Kokosnüsse erinnert. Das den Steinkern umgebende bei der Reife olivgrüne Mesocarp ist wesentlich dünner als bei der Kokosnuß. Vor der Bestäubung der vanilleartig duftenden Blüten bis zur Reife vergehen 6 bis 7 Jahre. Der Same im Innern des braunen Steinkerns bildet ein weißes Nährgewebe aus, das dem der Kokosnuß ähnlich ist und einen Hohlraum umschließt. Das Gewicht der reifen Frucht beträgt 10 bis 25 kg.

Lodoicea maldivica, die Seychellennußpalme am heimatlichen Standort.

Männliche Pflanze der *Lodoicea maldivica*.

Die Früchte keimen ein halbes Jahr nach dem Abfallen und bilden etwa neun Monate später das erste Blatt. Bei der Keimung und Jugendentwicklung bildet die Pflanze im Boden ein mehr oder weniger rundes Postament von etwa 1 m Durchmesser in 50 bis 60 cm Tiefe im Boden. Es ist von zahlreichen Perforationen durchzogen, durch welche die Wurzeln hindurchwachsen. Es tritt jedoch keine Verwachsung zwischen Wurzeln und Postament ein, das nach dem Absterben der Bäume noch lange erhalten bleibt. Die Pflanze beginnt nach etwa 30 Jahren zu blühen und zu fruchten, auch wenn sie noch keinen Stamm gebildet hat. Das Alter der Bäume mit 30 m Stammhöhe wird auf 600 bis 800 Jahre geschätzt. Da die Früchte sehr begehrt sind, ist die Zahl der vorhandenen Bäume sehr zurückgegangen. Die

Metroxylon sagu Rottb.
Sagopalme
Syn. *Metroxylon rumphii* (Willd.) Mart.
Abbildung links.

Das papuanische Wort sago bedeutet so viel wie Brot. Daher der Name Sagopalme. Die Artbezeichnung des Synonyms leitet sich vom Namen des holländischen Kaufmanns und Botanikers Rumphius her.

Das natürliche Verbreitungsgebiet der Sagopalme liegt auf den Molukken und dem Westteil von Neu Guinea, doch ist sie heute mit Schwerpunkt auf dem gesamten Malayischen Archipel, auf der Halbinsel Malaysia und auf den Salomonen allgemein in Kultur. Hier wächst sie unter perhumiden tropischen Klimabedingungen am besten in sumpfigen Flußniederungen und in Küstennähe. Die ausläuferbildende Pflanze ist hapaxanth, d. h. sie blüht nur einmal am Ende ihres etwa 15 Jahre dauernden Lebens mit einem terminalen Blütenstand und stirbt dann ab. Der hellbraune Stamm erreicht bei einem Durchmesser von 50 bis 80 cm eine Höhe von 8 bis 10 m und ist entweder grob geringelt oder von den ihn rings umgreifenden großen Blattbasen, an denen oft noch Blattstielreste stehen, eingehüllt. Die aufwärts gerichteten, bogig überhängenden Blätter werden 5 bis 7 m lang und haben eine sehr derbe, beiderseits glatte Rhachis, an der die zahlreichen

Sagopalme, *Metroxylon sagu*, blühend und abgestorben.

Das »Kokospälmchen«, *Microcoelum weddelianum*.

noch auf den Inseln vorhandenen Bestände werden auf 4000 Pflanzen geschätzt, so daß strenge Schutzmaßnahmen zur Erhaltung angebracht sind.

Metroxylon, Sagopalme

Die Gattung *Metroxylon* Rottb. umfaßt eine Gruppe großer, schnellwüchsiger Fiederpalmen, deren Areal von Südostasien über den Indomalayischen Inselarchipel, Neu Guinea, die Karolinen, Salomonen, Neuen Hebriden bis zu den Fidschi- und Samoa-Inseln reicht. Der Gattungsname leitet sich von gr. metra = Mark und xylon = Holz ab.

hellgrünen, spitz ausgezogenen Seitenfiedern stehen. Sie besitzen eine gut ausgebildete Mittelrippe mit kleinen Dornen am Ende und an den Rändern der Seitenfiedern.

Die mächtigen 5 bis 7 m langen Infloreszenzen des Baumes sind vielfach verzweigt und mit zahlreichen Tragblättern versehen. Die Blüten sind polygam-monözisch, d. h. es kommen zwittrige und eingeschlechtige Blüten vor. Die drei Kelchblätter sind am Grund glockenförmig verwachsen, die drei Kronblätter in der Knospenlage lose verbunden. In den männlichen und in den Zwitterblüten sind sechs Staubblätter vorhanden. Der dreifächerige Fruchtknoten zeigt an der Oberfläche feine Schüppchen, die später als gelbbraune Schuppen die kugelförmige 2,5 bis 4 cm große Frucht bedecken. Sie umschließt einen beidseitig leicht konkav abgeplatteten Samen.

Wie bei fast allen Kulturpflanzen gibt es auch von der Sagopalme zahlreiche Kulturformen. Manche von ihnen haben kammähnliche Blattstielbekleidungen, die in lange, weiche Stacheln übergehen können, andere haben dornige Spathen. Die auf den Pazifischen Inseln kultivierten Sagopalmen besitzen steifere Stämme und keine Ausläufer. Ihre Blattscheiden und Blattstiele sind dornig, ihre Blütenstände größer mit horizontal ausladenden Seitenachsen erster Ordnung.

Plantagen von Sagopalmen sind selten. Doch wachsen sie überall in halb domestiziertem Zustand in der Nähe von oder in menschlichen Siedlungen. Ihre Eigentümer achten auf hinreichende Vermehrung. Sie verlangen neben hoher Wärme und Luftfeuchtigkeit freien Stand, d. h. sie sind lichtbedürftig. Die Ernte setzt ein, ehe die Infloreszenzbildung beginnt. Dann werden die Bäume abgeschlagen, entblättert und in 1 bis 2 m lange Stücke zerlegt. In mühseliger Arbeit wird nach Abheben des sehr festen äußeren Teils des Stammes das Sagopulver gewonnen und in Form kleiner Kügelchen zu Perlsago oder flacher Kuchen zu Flockensago aufgearbeitet. Ein Baum liefert im Mittel 100 bis 300 kg, im Extrem 500 kg Rohsago, der 50 % Stärke enthält. Die Blätter stellen eines der besten Materialien zum Dachdecken dar. Der bei der Sagogewinnung längs gespaltene äußere Teil des Stammes dient als Trog bei Ausschlemmen des Palmmarkes.

Microcoelum

Die Microcoelumpalme ist allgemein als »Kokospälmchen« bekannt und wurde früher in die Gattung *Cocos* gestellt, zu der heute nur noch die Kokospalme als einzige Art gehört. Der Name der Gattung *Microcoelum* Burret et Potzt., von der nur zwei Arten aus Brasilien bekannt sind, leitet sich von micros = klein und koilon = Höhlung ab.

Microcoelum weddelianum (H. Wendl.) H. E. Moore
Mircocoelumpalme, Kokospälmchen
Syn. *Cocos weddeliana* H. Wendl.; *Microcoelum martianum* (Glaz. ex Drude) Burret et Potzt.
Abbildung Seite 113.

Die Artbezeichnung wurde der Pflanze zu Ehren des englischen Botanikers H. A. Weddel gegeben, der 1843–1848 und 1851 Südamerika bereiste. Der alte Artname nimmt auf K. F. P. von Martius Bezug, der Direktor des Botanischen Gartens in München war und 1817 das berühmte Werk »Historia Naturalis Palmarum« veröffentlichte.

Die Pflanze gehört zu den beliebtesten und am meisten verbreiteten Zimmerpalmen und ist in den tropischen Teilen Brasiliens beheimatet. Sie erreicht bis 1,5 m Stammhöhe. Der Stamm wird bis 5 cm dick und ist von den abstehenden, hellbraunen Mittelrippen der abgefallenen Blätter und braunen Blattgrundfasern eingehüllt. Die wunderbar grazilen Fiederblätter erreichen bis 1,5 m Länge, und ihre Rhachis trägt bis zu 25 an beiden Seiten gleichmäßig angeordnete Fiederpaare. Die schlanken lineal-lanzettlichen Fiedern werden bis 12 cm groß. Sie sind auf der Unterseite grauweiß überlaufen und verleihen der Pflanze einen bläulichen Schimmer. Die Blütenstände werden 50 bis 60 cm lang, die 1,5 cm großen Früchte sind bei der Reife orangefarben.

Aufgrund ihrer außergewöhnlich eleganten Gestalt und des Farbenspiels der fein gefiederten, überhängenden Blätter hat sich das »Kokospälmchen« als Zimmerpflanze den Weltmarkt erobert und stellt eine wichtige Palme für den Topfverkauf dar. Die Samen keimen nach 48stündigem Einquellen im warmen Wasser bei einer Bodenwärme von 25 bis 30°C in zwei bis drei Monaten, doch überläßt man die recht komplizierte Anzucht besser Spezialbetrieben, zumal die Keimpflanzen leicht unter Pilzbefall leiden. Um so dankbarer ist die Microcoelumpalme, wenn sie bald nach dem Erwerb in einen größeren Topf verpflanzt, im warmen Zimmer, am besten in Fensternähe, aber vor Sonne geschützt, bei genügender Luftfeuchtigkeit weiterkultiviert wird. Hinreichende Feuchtigkeit erzielt man am besten dadurch, daß man stets genügend Wasser im Untersatz stehen läßt. Bei guter Pflege kann sie ein Alter von mehr als zehn Jahren erreichen.

Neodypsis

Die Gattung *Neodypsis* Baill. ist mit 15 Arten auf Madagaskar verbreitet. Ihr Name leitet sich von gr. neo = neu und *Dypsis* ab, einer Gattung kleiner Palmen mit meist rohrartigen Stämmchen, die ebenfalls auf der an Palmen reichen Insel Madagaskar beheimatet sind.

Neodypsis decaryi Jumelle
Neodypsispalme
Abbildung Seite 116.

Der Artname wurde zu Ehren des französischen Botanikers und Pflanzensammlers Decary gegeben, der speziell auf Madagaskar sammelte. Die Art wurde 1933 im Südosten der Insel entdeckt. Dort wächst sie in mittelfeuchten Wäldern in etwa 100 m Höhe.

Es handelt sich um eine außergewöhnliche Erscheinung unter den Palmen, denn die Pflanze erregt durch ihre streng dreizeilig angeordneten, großen Fiederblätter Aufsehen. Meist besitzt sie einen kurzen Stamm, der im Alter 3 bis 6 m Höhe erreicht. An ihm sitzen die mit auffallend großen Blattbasen versehen bis 2,5 m langen, graugrünen Fiederblätter, die sich durch eine besonders kräftige, hervortretende Mittelrippe auszeichnen und an der Spitze in elegantem Bogen überneigen. Die 50 bis 60 gleichweit entfernten Fiederpaare stehen in ebenmäßigem Abstand, die basalen Fiedern lang bandförmig herabhängend, den ornamentalen Eindruck dieser einmaligen Palme steigernd. Weiterhin sind die breit kahnförmigen, den Stamm umfassenden bis 40 cm breiten Blattscheiden, die Mittelrippen der Blätter, die Rippen der Basalfiedern, die Spathen und die basalen Achsenabschnitte der verzweigten Infloreszenz von einem rotbraunen feinen Flaum bedeckt.

Die Blütenstände erscheinen zwischen den Blättern und sind im Kolbenstadium von zwei Spathen eingehüllt. Die äußere persistierende ist zweifurchig, die innere doppelt so lang wie die äußere, an eine zugespitzte Keule erinnernd. Der rispenförmige Blütenstand ist dreifach verzweigt, die Seitenachsen sitzen in den Achseln kurz abgestutzter Tragblätter. An ihnen stehen in Gruben nahezu verborgen je eine weibliche zwischen zwei männlichen Blüten. Die männlichen Blüten bestehen aus drei kurzen gedrungenen, sich überlappenden (imbricaten) Kelchblättern, drei schmaleren, sich nicht überlappenden (valvaten) Kronblättern, sechs Staubgefäßen und einem sterilen Fruchtknoten. Die weiblichen Blüten tragen sich deckende Kelch-, nur an den Spitzen imbricate Kronblätter, sechs kleine Staminodien und einen einseitig angeschwollenen Fruchtknoten. Die reifen, knapp 1,5 cm messenden Früchte zeigen eine überlaufen olivgrüne Färbung und besitzen unter dem Exocarp ein Mesocarp, das aus einer sehr dünnen, gelbgrünen, fleischigen äußeren und einer faserigen Innenschicht besteht.

Diese außerordentlich imposante und dekorative Palme stellt offenbar sehr spezifische Klimaansprüche. Dementsprechend ist sie bisher wenig bekannt. Sie gedeiht z. B. in Florida aber nicht in Kalifornien. Neuerdings wird sie als Jungpflanze im Handel angeboten.

Nypa, Nipapalme

Die Nipapalme ist eine Brackwasserpflanze, die in Südostasien im Küstenbereich, teilweise auch in Flußastuarien riesige Flächen bedeckt. Das Verbreitungsgebiet dieser paläotropischen, im salzhaltigen Schlamm lebenden Fiederpalme

Blütenstand von *Nypa fruticans*, in der Mitte die weiblichen, seitlich die männlichen Blüten.

Neodypsis decaryi, eine seltene Palme aus mittelfeuchten Wäldern im Südosten von Madagaskar.

reicht von den Philippinen über die malayischen Inseln, Malakka und Hinterindien bis zu den Salomonen und Marianen. Der Gattungsname ist von dem malayischen Wort »nipah« entlehnt. Die Gattung *Nypa* Steck (*Nipa* Thunb.) ist monotypisch, d. h. sie umfaßt nur eine Art.

Nypa fruticans Wurmb
Nipapalme
Syn. *Nipa fruticans* (Wurmb) Thunb.
Abbildung oben links.

Die Pflanze kriecht im salzhaltigen Küsten- und Uferschlamm mit einem leicht abgeflachten, sich verzweigenden Rhizom, das mit zahlreichen langen, sehr festen Wurzeln im Substrat verankert ist. Das Rhizom ist reich an Interzellularen von schwammiger Struktur und geringem spezifi-

schen Gewicht. An ihm entspringen in Rosetten stehend bis 7 m lange, sehr feste, aufrecht gerichtete Fiederblätter mit zwei Reihen bis 1 m langer lanzettlicher, steifer, lang zugespitzter Seitenfiedern.

Die Blütenstände erscheinen in den subterminalen Blattachseln. Sie enden in einem kugelförmigen weiblichen Blütenstand und tragen seitenständige Kolben mit männlichen Blüten. Die größeren Basalspathen und die zahlreichen kleineren unvollständigen Spathen an den Seitenachsen der Inflorszenz sind orangefarben und mit olivgrünen Punkten geziert. Während der Entfaltung fühlen sie sich infolge der entstehenden Atmungswärme warm an. Die weiblichen zitronengelben Blüten stehen kopfig gedrängt in Spiralen auf dem verdickten Ende der Hauptachse. Sie bestehen aus dem durch gegenseitigen Druck polyedrischen Fruchtknoten mit sechs winzigen Tepalen am Grunde. Die männlichen cremefarbenen Blüten sind in den seitlich stehenden Kolben eingesenkt, mit sechs schmalen, an der Spitze eingebogenen fast gleichen Blütenblättern versehen und besitzen nur drei zu einer gemeinsamen Säule verwachsene Staubblätter (Synandrium), die das Perianth überragt. Sie blühen von oben nach unten auf. Aus den einfächerigen Fruchtknoten gehen verholzende, kastanienbraune, kantige Früchte hervor, die dicht gedrängt stehend einen kopfgroßen Fruchtstand bilden. Die dicht verflochtenen Mesocarpfasern der Einzelfrucht sind mit dem dicken holzigen Endocarp verwachsen.

Das junge Nährgewebe der Frucht wird gegessen. Aus den jungen Blütenständen wird unter seitlichem Zusammendrücken zuckerhaltiger Blutungssaft gewonnen, aus dem Palmwein (Toddy) gemacht wird. Durch Kochen läßt sich ein dunkelbrauner Zuckersirup daraus herstellen, doch ist die Gewinnung von Rohzucker schwierig. Bis zum Beginn des Zweiten Weltkrieges wurde der Zuckersaft zu Nipa-Whisky und Nipa-Branntwein verarbeitet. Die Cuticula der jungen Blätter läßt sich abstreifen und wird nach Trocknen in Malaya als Zigarettenpapier benutzt. Es verleiht den Zigaretten einen schärferen Geschmack mit im Mund leicht brennendem Rauch. Früher wurde aus dem Ascherückstand der Blätter auch Salz gewonnen. Für den Hausgebrauch werden noch heute sowohl die Blätter, z. B. zum Decken von Dächern, als auch die Früchte vielfältig genutzt, so daß die Nipapalme in Südostasien eine ähnliche Bedeutung hat wie die Kokospalme. Leider ist diese am natürlichen Standort in riesigen Mengen wachsende Palme auf längere Zeit im Gewächshaus kaum zu halten.

Phoenix canariensis, die Kanarische Dattelpalme am natürlichen Standort auf den Kanarischen Inseln.

Orbignya

Die Gattung *Orbignya* Mart. ex Endl. umfaßt 22 Arten, die vom südlichen Mexiko über Mittelamerika bis Brasilien verbreitet sind. Von der nahe verwandten Gattung *Attalea* unterscheiden sie sich durch ihren Blütenbau (s. S. 71). Der Gattungsname wurde zu Ehren von A. D. d'Orbigny, einem französischen Naturforscher des 19. Jahrhunderts gegeben, der in den Tropen Lateinamerikas sammelte und später Professor am Jardin des Plantes in Paris war.

Orbignya cohune (Mart.) Dahlgr. ex Standl.
Cohune- oder Corozopalme
Syn. *Attalea cohune* Mart.

Der Artname ist aus einer in Britisch Honduras gebrauchten Sprache entlehnt, denn dort bildet die Palme in den Sumpfniederungen auf drainierten Böden zwischen trockenen von der Karibischen Kiefer bestandenen Bergrücken ausgedehnte Bestände, kommt aber auch an Berghängen bis 300 m Höhe vor. Das gesamte Verbreitungsgebiet reicht von Südmexiko bis Costa Rica.

Es handelt sich um eine imposante Palme mit riesigen Fiederblättern, die bis 10 m Länge und mehr erreichen und in spitzem Winkel aufrecht stehen, am Ende mit ihren langen hängenden Fiedern elegant übergeneigt. Nach manchen Angaben können die Blätter bis 18 m lang und 2,5 m breit werden. Der graubraune, genarbte Stamm erreicht 10 bis 15 m Höhe, 30 bis 40 cm Durchmesser und ist in seinen jungen Partien von Blattbasenrudimenten bedeckt. In den Achseln der Blätter entspringen hängende männliche und weibliche Blütenstände. Sie sind 1,0 bis 1,5 m lang und einfach verzweigt. Die männlichen Blütenstände besitzen zahlreiche kleine Blüten mit 12 bis 14 Staubblättern. Die weiblichen Stände tragen größere Blüten mit dickeren, zähen Perigonblättern. Aus ihnen gehen die auffälligen Fruchtstände mit 6 cm langen, an kleine Kokosnüsse erinnernden Früchten hervor, die in großen Mengen gebildet werden und eine aufgesetzte Spitze besitzen. Es kommen Fruchtstände mit 800–1000 Früchten vor.

Aus den Samen mit 65 bis 70 % Fettgehalt wird ein Fett gewonnen, das dem Kokos- und Palmkernöl ähnlich ist. Auch aus der äußeren Faserschicht der Steinfrüchte mit 10 bis 20 % Fettgehalt läßt sich ein dunkelgrünes Fett auspressen. Das Fett wird teilweise als Speiseöl, teilweise als Schmieröl, teilweise zur Seifenfabrikation verwendet.

Die in den Früchten der nahe verwandten in Brasilien beheimateten Palmen *Orbignya speciosa* Barb. Rodr. und *Orbignya martiana* Barb. Rodr. gebildeten Samen sind als Babassunüsse bekannt und werden ebenfalls zur Ölgewinnung verwendet. Das aus dem gemahlenen Nährgewebe dieser Samen gewonnene Fett ist wasserhell, riecht nußartig und schmilzt zwischen 21 bis 31 °C. Es ist bei Zimmertemperatur salbig fest und als lange haltbares, gutes Speisefett heute in Brasilien von großer Bedeutung.

Phoenix, Dattelpalme

Zur Gattung *Phoenix* L. zählen die bekanntesten Palmen. Der Name wurde bereits von Theophrast für die Dattelpalme als Kulturpflanze verwendet. Ebenso benutzt der römische Geschichtsschreiber Plinius die Bezeichnung nicht nur für die Dattelpalme, sondern als Kennzeichnung für die Palme schlechthin. Im Griechischen bedeutet phoinix = dunkelrot, purpurrot, das ethymologisch zu phoinos = blutrot gehört. In der Mythologie und Lebensweise der Bewohner Phöniziens im syrischen Küstenbereich spielten die verschiedenen Sippen der Gattung *Phoenix* eine so wichtige Rolle, daß die Bezeichnung für diesen Fruchtbaum und den Vogel Phoenix ineinander verschmolzen.

Die Gattung *Phoenix* umfaßt etwa 13 Arten, doch ist es schwierig, die einzelnen Arten gegeneinander abzugrenzen. Bei dieser seit 8000 Jahren, nach anderen Angaben noch länger, genutzten Palmengattung ist Kreuzbefruchtung die Regel, so daß zahlreiche Hybriden existieren. Das Areal der formenreichen Gattung spannt sich von den Kanaren im Westen durch Nordafrika bis

Vorderindien, Sumatra, Formosa und Taiwan im Osten, und speziell in Nordafrika und dem vorderen Orient gibt es einen Formenschwarm schwer abgrenzbarer Sippen. Andere Arten kommen in den tropischen Teilen vom mittleren und südlichen Afrika mit Madagaskar und auch in Hinterindien vor. Innerhalb der Gattung finden sich sowohl stammbildende hohe als auch niedrige stammlose Buschpalmen. Alle tragen gefiederte Blätter, die stammbildenden eine dicht zusammenschließende Wedelkrone. Die Fiederblätter sind kurz gestielt, oft mit unregelmäßig angeordneten, schmal lanzettlichen, derben Fiedern, die nach der Blattbasis hin in Blattdornen übergehen. Die Seitenfiedern sind an der Basis V-förmig einwärts zusammengefaltet und sitzen mit schmalem Grund der Rhachis an.

Sämtliche Arten sind zweihäusig mit 0,1 bis 1,0 m langen reichblütigen, meist starren Rispenästen, die im Kolbenstadium von einem einzigen Hüllblatt umschlossen sind. Die männlichen Blüten sitzen dicht gedrängt an den Infloreszenzachsen. Sie besitzen einen kurzen becherförmigen Kelch, eine lange dreiblättrige Krone und sechs Staubblätter. Die weiblichen Blüten tragen breitere, sich deckende innere Blütenhüllblätter, stielförmige unfruchtbare Staubblätter (Staminodien) und drei freie, dreieckig aneinandergepreßte, von je einer Narbe gekrönte Fruchtblätter. Von ihnen entwickelt sich in der Regel eines zu einer fleischigen, meist länglichen Beere, die einen tief gefurchten, steinharten Samen mit hornartigem Endosperm umschließt.

Phoenix canariensis hort. ex Chabaud
Kanarische Dattelpalme
Abbildungen Seite 30, 117, 119, 120.

Die Kanarische Dattelpalme ist nur auf den Kanarischen Inseln verbreitet und gehört daher zu den Endemiten dieser Inselgruppe. Natürliche Vorkommen sind dort heute selten, zumal der Übergang vom spontanen zum subspontanen Vorkommen infolge Verbreitung durch Kultur bei dieser beliebten Art gleitend ist. In der Jugend, in der sie als eine der wichtigsten Topfpflanzen in großem Umfang kultiviert wird, besitzt *Phoenix canariensis* mit ihren sparrig abstehenden Blättern keinen Stamm. Die Seitenfiedern sind linealisch bis lanzettlich und lang zugespitzt, breiter und nicht so hart und stechend wie bei der echten Dattelpalme. Sie gehen am Grunde der Rhachis in Dornen über. Unmittelbar nach der Keimung sind die Blätter der Kanarischen Dattelpalme wie bei allen Palmen ungeteilt bzw. wenig geteilt. Die Primärblätter sind wesentlich kleiner und einfacher im Vergleich zu den Folgeblättern. So ist die Blattspreite bei den zuerst gebildeten Blättern von *Phoenix canariensis* ungefiedert und zeigt deutlich die für die Knospenlage charakteristische Faltung. Bereits am ersten Primärblatt läßt sich die Mittelrippe erkennen, die den Erstlingsblättern der Fächerpalmen z. B. *Trachycarpus fortunei* fehlt. Beim zweiten Primärblatt haben sich dann an der Blattbasis bereits schmale Segmente abgegliedert, ein Vorgang, der sich bei den folgenden Laubblättern weiter ausprägt, so daß die für die erwachsene Pflanze typische Gestalt zustande kommt. Bei den Fächerpalmen folgen auf das ungeteilte Primärblatt zunächst dreistrahlige und dann mehr- bis vielstrahlige Fächerblätter, so daß der Übergang von den Primär- zu den Folgeblättern auch hier kontinuierlich ist.

Primärblätter der Kanarischen Dattelpalme (A, B) und der Hanfpalme (C, D).

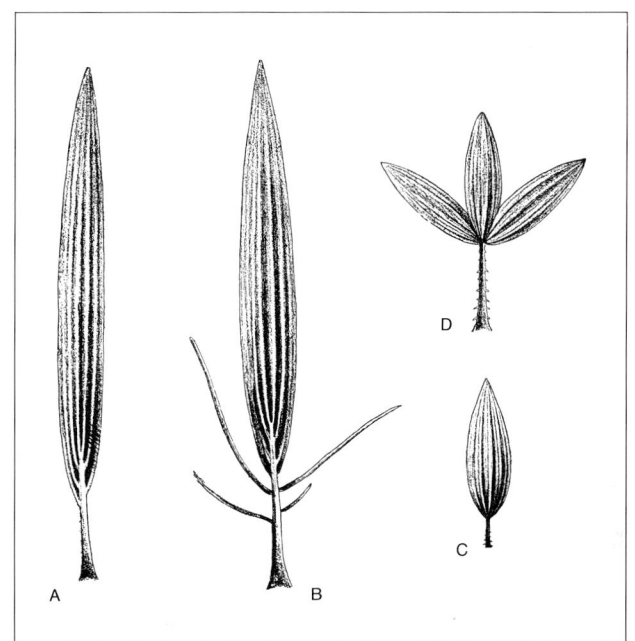

Phoenix canariensis.

Die Kanarische Dattelpalme mit Fruchtständen.

Fruchtende Echte Dattelpalme, *Phoenix dactylifera.*

Phoenix theophrasti, eine nur auf Kreta wachsende Art.

Als Zierpalme in Gärten, Parks und Anlagen gehört *Phoenix canariensis* zu den am meisten verbreiteten Zierpalmen. Man findet sie in allen mediterranen und subtropischen Gebieten der Erde. Der gedrungene, durch die Blattbasen der abgefallenen Blätter eigenartig gemusterte Stamm trägt am Ende eine eindrucksvolle Wedelkrone 5 bis 6 m langer Blätter. Von *Phoenix dactylifera* unterscheidet sich die Art durch die kompaktere Gestalt und die breiteren, mehr bogig überhängenden Fiederblätter. Bei der Reife verfärben sich die Blütenstandsachsen der in Kultur bevorzugten weiblichen Bäume leuchtend goldgelb bis orangerot. Die zahlreichen eiförmigen Früchte, die dicht gedrängt an den reich verzweigten Infloreszenzen sitzen, sind nicht genießbar. Sie erhöhen den ästhetischen Reiz dieser geschätzten Zierpalme. In den kleinen Nischen über den Blattbasen siedeln sich bei älteren Bäumen, deren Stamm 15 bis 18 m Höhe erreichen kann, vor allem im luftfeuchten tropischen und subtropischen Klima häufig Epiphyten, vor allem Farne, an, die die Schönheit des Baumes steigern.

Bei Zimmerkultur verlangt *Phoenix canariensis* mit ihren sparrig abstehenden Blättern genügend Raum. Sie kann sowohl in Erde als auch in Hydrokultur gehalten werden. Die Pflanze muß frostfrei überwintert werden und steht im Sommer am besten im Freien.

Phoenix dactylifera L.
Dattelpalme
Abbildungen Seite 10, 13, 29, 35, 120.

Der Artname der echten Dattelpalme leitet sich von gr. dactylos = Dattel ab und kennzeichnet die datteltragende Phoenix-Art. Sie ist heute in Nordafrika und Arabien als wichtigster Oasenbaum verbreitet und wird seit ältester Zeit im Gebiet um den Persischen Golf kultiviert. Von der Kanarischen unterscheidet sich die Echte Dattelpalme durch ihren schlankeren, höheren Stamm, der in der Regel 16 bis 20 m hoch ist, jedoch bis 45 m Höhe erreichen kann und die schmaleren, steiferen, meist blau bereiften stehenden Blätter. Die blaugrüne Färbung erstreckt sich auf Mittelrippe und Fiederblätter. Die schmal linearen Seitenfiedern stehen unregelmäßig, oft zu mehreren beieinander, die obersten sind der Mittelrippe oft in spitzem Winkel eingefügt und an der Spitze zweispaltig. Auch der Stamm der echten Dattelpalme ist von den Narben der abgefallenen Blätter gemustert, aber weniger auffällig als bei der Kanarischen Dattelpalme. Die aus den schmaleren Fiederblättern gebildete Krone besitzt weniger, maximal etwa 20 Blätter und erscheint insgesamt lockerer, das Blatt insgesamt schlanker. Schon aus der Ferne lassen sich echte Dattelpalmen an ihrer schlankeren Wuchsgestalt von Kanarischen Dattelpalmen unterscheiden.

Nicht selten wird *Phoenix dactylifera* auch als Zierpalme in Gebieten mit mediterranem Klima – so an der Riviera – angebaut, auch wenn sie nicht fruchtet. Als Zimmerpflanze ist sie leicht zu halten. Sie wächst im Zimmer aber nur dann gut, wenn man sie im Winter luftig und nicht zu warm, möglichst bei Temperaturen nicht über 10 bis 12 °C hält und sie im Sommer an einen sonnigen Platz ins Freie stellt, denn nach dem Wort eines arabischen Dichters taucht die Dattelpalme »ihren Fuß ins Wasser und ihr Haupt in das Feuer des Himmels«. Mit zunehmendem Alter wird die echte Dattelpalme im Zimmer noch sparriger und steifer als die dunkler grüne Kanarische.

Bei zu warmem und wenig luftigem Standort tritt bei beiden *Phoenix*-Arten Pilzbefall durch *Graphiola phoenicis* auf, der an kleinen Höckern auf den Blättern zu erkennen ist. Daneben kann es zu einer Blattfleckenkrankheit kommen, die an den runden zunächst gelben, später braunen Flecken zu erkennen ist. Die Pflanzen müssen dann mehrfach mit kupferhaltigen Mitteln gespritzt und vor allem luftig und kühl gestellt werden.

Im Raum um den Persischen Golf ist wohl das Ursprungsgebiet von *Phoenix dactylifera* zu suchen, doch ist wie bei den meisten alten Kulturpflanzen die Wildform nicht bekannt. Unter den verschiedenen von Nordafrika bis Indien verbreiteten *Phoenix*-Arten verdient vor allem die indische *Phoenix sylvestris* (L.) Roxb. Beachtung. Sie wird auch als »Walddattel« bezeichnet, und ihre relativ kleinen Früchte werden nicht nur in Indien sondern auch in Ägypten gegessen. Aus Nordwestafrika ist *Phoenix atlantica Chev.*, von Ostkreta

Phoenix theophrasti Greuter bekannt. Doch ist die Abgrenzung der verschiedenen von den Kanaren bis Indien verbreiteten Arten problematisch (vgl. S. 13 und 14).

Die wichtigsten Anbaugebiete der Dattelpalme liegen in der Sahara, im südlichen Palästina, in Arabien, Ägypten sowie im südlichen Irak und im Iran. Hier sind infolge künstlicher Bestäubung der zweihäusigen Pflanze im Verlaufe jahrtausendelanger Kultur zahlreiche Sorten entstanden, die über Monate verteilt unterschiedlich heranreifen. Grundsätzlich muß bei den mehr als 100 Sorten zwischen Zuckerdatteln und Stärkedatteln unterschieden werden. Während sich bei den Zuckerdatteln bei der Reife die zunächst gebildete Stärke in Zucker umwandelt, tritt bei den großfrüchtigeren Stärkedatteln dieser Prozeß nicht ein. Diese Stärkedatteln sind in getrocknetem Zustand sehr lange haltbar und stellen in gepreßtem Zustand das sogenannte »Dattelbrot« dar, das in Schafsleder eingenäht noch heute die Grundnahrung der Beduinen liefert. Auch die etwa 55 % Zucker enthaltenden Zuckerdatteln bilden im arabischen Raum ein wichtiges Nahrungsmittel. Hier wird der Eigenverbrauch auf 1 Million t im Jahr geschätzt. An der Spitze der Erzeugung stehen Ägypten, Irak, Iran und Saudi-Arabien, die mehr als die Hälfte der Welternte erzeugen. Daneben werden Datteln in Kalifornien, Arizona, Texas, Mexiko, Brasilien, Argentinien, Südafrika und Australien angebaut.

In Europa ist der Palmenhain von Elche bei Alicante berühmt. Dort sind ähnlich wie in den Oasengebieten günstige klimatische und edaphische Bedingungen für eine erfolgreiche Dattelpalmenkultur gegeben. Auch hier werden relativ wenig männliche Bäume gepflanzt, um hohe Erträge zu erzielen, und die abgeschnittenen Blütenstände männlicher Pflanzen werden als Pollenspender in den weiblichen Bäumen aufgehängt. Im Gebiet um Elche sind Dattelpalmen wohl schon von den Phöniziern gepflanzt worden. Später wurden die Dattelhaine dort im 12. Jahrhundert von maurischen Herrschern erweitert.

Phoenix dactylifera beginnt mit 6 bis 7 Jahren zu fruchten und liefert mit 30 Jahren bei vollem Ertrag 80 bis 110 kg frische Früchte pro Baum. Der Ertrag läßt bei guter Pflege erst im Alter von 100 Jahren nach, und man kennt Dattelpalmen, die 200 Jahre alt sind. Guter Fruchtbehang ist an eine ausreichende Wasserversorgung und ein Temperaturmittel von etwa 30 °C im Sommer gebunden. Das nötige Wasser stammt entweder vom Grundwasser oder wird durch Bewässerung zugeführt, wie es vor allem in den Oasen praktiziert wird. Insgesamt ist die Weltproduktion an Datteln steigend.

Außer zum Verzehr werden Datteln auch zur Herstellung eines Sirups verwendet, der fälschlich als »Dattelhonig« bezeichnet wird. Aus ihm läßt sich Zucker und unter Vergären Arrak gewinnen. In den alten Kulturgebieten von *Phoenix dactylifera* werden die festen Blätter der Dattelbäume zum Decken von Dächern verwendet. Die Stämme dienen als Bau- und Brennmaterial. Die aus den Blättern gewonnenen Blattstreifen und Fasern benutzt man zur Herstellung von Matten, Körben und Stricken.

Ansatz der Blattkrone von *Phoenix paludosa* mit den verdornten Basalfiedern und dem in ein Netzwerk aufgelösten Blattgrund, dessen Rand erhalten bleibt.

Phoenix paludosa Roxb.
Abbildung Seite 122.

Die am weitesten nach Osten und zugleich in die perhumiden Tropen Asiens reichende Art ist *Phoenix paludosa* Roxb., die an der Westküste von Malaya ein geschlossenes und an der Ostküste einige disjunkte Vorkommen hat. Sie tritt dort am inneren Rand der Mangrove auf. Es handelt sich um eine im Alter schlankstämmige Palme bis 6 m Höhe, die auch vielfach buschig wächst. Die glänzend grünen, zuweilen gelblichen, unterseits grau überlaufenen Blätter fallen dadurch auf, daß ihre Blattbasen bei geschlossenem Rand in zahlreiche Fasern aufgelöst sind. Wie bei den meisten *Phoenix*-Arten sind die unteren Fiedern verdornt. Der Blütenstand dieser salztoleranten Palme steht bürstenförmig aufrecht. Aus den drei getrennten Fruchtblättern der weiblichen Blüten gehen kleine orangefarbene Beeren hervor. An dem hornigen Nährgewebe des Samens liegt der Same nur bei dieser *Phoenix*-Art seitlich an.

Phoenix reclinata Jacq.
Senegalesische Dattelpalme
Syn. *Phoenix leonensis* Lodd., *Phoenix spinosa* Schumach.

Unter den *Phoenix*-Arten für das Warmhaus ist die aus den tropischen Teilen Afrikas stammende *Phoenix reclinata* die häufigste. Die Artbezeichnung reclinata = zurückgebogen nimmt auf die Form der zurückgebogenen Blätter Bezug. Die Synonyme verweisen auf die Vorkommen in Sierra Leone bzw. auf den dornigen Charakter (spinosus = dornig) der Basalfiedern.

Diese Art wächst infolge Sproßbildung an den Rhizomen in Gruppen zu einer niederen Buschpalme heran. An den bis 8 m hohen, oft übergeneigten Stämmen mit ihrer von Blattgrundfasern und Blattbasenresten eingehüllten Oberfläche stehen dicht gedrängt die sparrigen Fiederblätter, die sich an den Enden bogig abwärts neigen. Die in verschiedenen Winkeln inserierten Seitenfiedern sind steif und stehen nahe beieinander. Sie erreichen bis 30 cm Länge und 2,5 cm Breite, sind linealisch-lanzettlich und am vorderen Ende stechend zugespitzt. Die Seitenfiedern gehen zur Blattbasis hin in Dornen über. Die Blätter alter Pflanzen sind auf der Unterseite schuppig.

Der 90 cm lange reich verzweigte Blütenstand erscheint in den Blattachseln und ist in der Jugend von einer kahnförmigen Spatha eingehüllt. Als Früchte werden an den weiblichen Pflanzen 2 cm lange, eiförmige, glänzend orangefarbene, rötliche Beeren gebildet, die dicht gedrängt beieinander stehen. Der darin enthaltene Same ist eiförmig, aber mit abgerundeten Enden. Die Beeren sind eßbar und wirken adstringierend. Diese Palme wächst unter subtropisch-tropischem Klima, z. B. in Florida im Freiland. Sie ist auch in Venezuela in Höhen bis 1300 m Höhe in Kultur und wird dort als Senegalesische Palme bezeichnet, da sie auch in Senegal natürlich verbreitet ist. In den Tropen vermehrt sie sich in Kultur auch vegetativ durch Sproßbildung am Grunde des Stammes. Wenn man alle Stämmchen bis auf eines entfernt, erreicht die Pflanze größere Höhe als in Buschform. In der Heimat werden ihre Blätter zu Flechtwerken verschiedenster Art verwendet. *Phoenix reclinata* wird vereinzelt in Blumengeschäften angeboten. Ihre Samen keimen nach 30 Tagen.

Phoenix roebelenii O'Brien
Zierliche oder Zwerg-Dattelpalmen

Die zierliche Dattelpalme ist im Gegensatz zu den meist afrikanischen Arten der Gattung in Assam und Cochinchina beheimatet. Es handelt sich um eine sehr kleine Phoenix-Art, die entweder buschig wächst oder im Einzelstand 1 bis 2 m hohe Stämmchen bildet. Die Pflanze ist mit ihren schlanken, bogig überhängenden Fiederblättern auf dünnem Stämmchen überaus dekorativ. Die kleine Blattkrone am Ende des Stämmchens besteht aus weichen, dunkelgrünen, fein gefiederten Blättern, deren schmale lineale Seitenfiedern streng zweizeilig angeordnet und mit weißlichen Fasern geziert sind. Es können 30 bis 40 Fiederpaare beiderseits der Mittelrippe stehen. An der Basis des Blattes sind die Fiedern zu schwach dornigen Anhängseln umgebildet. Die jungen Triebe erscheinen mehlig bestäubt. Unmittelbar unter der Blattkrone ist das 10 cm dicke Stämmchen von den Blattbasen abgefallener Blätter und Blattgrundfasern eingehüllt. Dort erscheint auch der 30 bis 40 cm lange Blütenstand der zweihäusigen Pflanze, der rispig verzweigt in zahlreiche Seitenäste endet. Die männlichen Blüten besitzen sechs Staubgefäße. Die aus den weiblichen Blüten hervorgehenden verkehrt eiförmigen Beerenfrüchte sind in der Längsrichtung maximal 1,5 cm groß und von weinroter Farbe. Die systematische Stellung dieser Zierpalme ist noch nicht hinreichend geklärt. Manche Autoren sehen sie als eine Form von *Phoenix paludosa* an, andere bezeichnen sie als var. *loureirii* von *Phoenix humilis*.

Diese zu den kleinsten aller Dattelpalmen zählende Art ist eine schöne Zierpalme für wärmere Räume. Sie sollte somit etwas wärmer gehalten werden als die vorigen Arten, am besten bei einer Nachttemperatur von 14 bis 16 °C. Auch im Sommer sollte sie im Haus bleiben. Während die anderen Arten in lehmiger Rasenerde gedeihen, verlangt *Phoenix roebelenii* ein mehr humoses Substrat. Es ist also wichtig, alte Lauberde oder Torfmull beizumischen. In den Tropen ist die Zwerg-Dattelpalme auch in Gartenanlagen im Freien anzutreffen, z. B. am Strand von Rio de Janeiro und in Venezuela.

Phoenix theophrasti Greuter
Abbildungen Seite 26, 120.

Eine weitere Art aus dem Formenschwarm der *Phoenix sylvestris*-Gruppe ist die an einer einzigen Stelle in Ostkreta vorkommende *Phoenix theophrasti* Greuter. Es handelt sich um eine leicht halophile Art, die unter Adventivsproßbildung Seitenstämme bildet und die Differenzierung in männliche und weibliche Palmgruppen gut erkennen läßt. Nach der Isolierung Kretas wurde diese Art von dem Schwarm der übrigen *Phoenix sylvestris* nahestehenden Formen geographisch isoliert. Sie füllt an der Ostspitze von Kreta heute ein einziges eingezäuntes Tal aus und kann im Hinblick auf die geographische Isolation als eigene Art betrachtet werden.

Phytelephas, Elfenbeinpalme

Die Gattung *Phytelephas* Ruiz et Pav. ist mit 15 Arten in Peru, Ecuador und Kolumbien verbreitet. Der Gattungsname leitet sich von gr. phyton = Pflanze und elephas = Elfenbein ab.

Die kurzstämmigen Arten dieser Gattung wachsen unter volltropischen Klimabedingungen entlang von Strömen, Bächen und an Quellsümpfen meist in niedrigen Lagen, können jedoch in der Bergregion bis 1000 m Höhe emporsteigen und nicht selten geschlossene Bestände bilden.

Phytelephas macrocarpa Ruiz et Pav.
Elfenbeinpalme, Steinnußpalme, Taguapalme
Abbildungen Seite 32, 38, 129.

Die bekannteste Art ist *Phytelephas macrocarpa*, deren Samen das vegetabilische Elfenbein liefern (gr. macrocarpa = großfrüchtig). Es wird seit 1826 zur Herstellung von Knöpfen nach Europa exportiert. Das natürliche Verbreitungsgebiet dieser Art liegt in Kolumbien und Ecuador. Es handelt sich um eine zweihäusige Palme mit zunächst im Boden verstecktem, im Alter bis 2 m langem, niederliegendem Stamm, der von zahlreichen sproßbärtigen Wurzeln gestützt bogenförmig aufsteigt. An seinem Vorderende stehen die bis 6 m langen, wunderbar ebenmäßig gefiederten Blätter auf kurzem Stiel mit sehr zahlreichen etwa 60 cm langen und 6 cm breiten Fiedern, die am Grunde der Rhachis opponiert und an der Spitze wechselständig verschoben stehen.

Die männlichen Pflanzen sind etwas größer und kräftiger als die weiblichen. An ihrer Sproßachse entspringen zwischen den Blättern die unverzweigten langen, walzenförmigen Blütenstände, die im Jugendstadium von mehreren Spathen eingehüllt sind. Die in großer Zahl den Kolben bedeckenden männlichen Blüten besitzen eine unregelmäßige, becherförmige Blütenhülle und zahlreiche Staubblätter. An den weiblichen Pflanzen brechen die Blütenstände aus verhältnismäßig längeren Scheiden hervor und bilden ein Blütenknäuel, bei dem in den Achseln spiralig angeordneter Deckblätter die weißen, weiblichen Blüten stehen. Sie bestehen aus einem zweikreisi-

Oben: Kleinfruchtige Elfenbein-Palme *(Phytelephas microcarpa)*. Vorn männliche und hinten weibliche Pflanze.

Rechts: Kleinfruchtige Elfenbein-Palme
(Phytelephas microcarpa).
A Männliche Blüte. B Weibliche Blüte mit Staminodien und einem Perianthblatt.

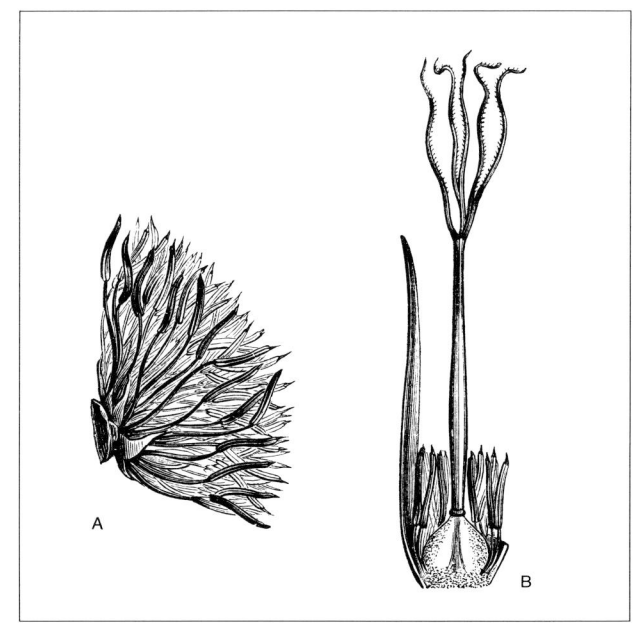

gen Perianth, einer größeren Anzahl von Staminodien und einem meist aus vier bis sechs Carpellen aufgebauten Fruchtknoten mit vorgestrecktem Griffel, der am Ende in den tief gespaltenen Narben endet.

Aus den kugelförmigen Infloreszenzen gehen die kopfgroßen Fruchtstände hervor. Sie stellen ein Aggregat von meist sechs aneinandergepreßten und verwachsenen Einzelfrüchten dar. Jede Frucht ist gefächert und an der Peripherie mit harten, holzigen Protuberanzen versehen. In ihrem Innern sitzen die unter dem Namen Elfenbein- oder Steinnüsse bekannten eigroßen Samen, die auch Tagua-Nüsse genannt werden. Sie haben eine braune, mit einem Netzmuster versehene Samenschale und ein zunächst milchiges Nährgewebe, das seines Wohlgeschmacks wegen gerne verzehrt wird. Es wird bei der Vollreife steinhart und ist weißer als echtes Elfenbein. Außer Knöpfen werden Stockgriffe und Schnitzereien daraus hergestellt. Es läßt sich schwer schneiden aber gut drechseln und färben und war früher ein wichtiger Handelsartikel. Die fleischige Wand der reifenden Früchte (Pipa de Tagua) liefert unter Vergären ein wohlschmeckendes Getränk (Tagua-Bier), das von den Bewohnern im Verbreitungsgebiet der Palme geschätzt wird. In botanischer Hinsicht ist *Phytelephas macrocarpa* wegen ihrer Morphologie eine außergewöhnliche Palme von besonderer Schönheit.

Pinanga, Pinanga-Palme

Die Gattung *Pinanga* umfaßt 150 Arten, die von Sri Lanka über Java, Indonesien und Südost-China bis Neu Guinea als kleine Unterwuchspalmen in verschiedenartigen Waldformationen verbreitet sind. Dort finden sie sich meist als schwer zu unterscheidende Jungpflanzen sowohl im tropischen Regenwald als auch im Bergwald. Vielfach wachsen sie buschige Gruppen bildend in Unterholzlücken. Das Sippenzentrum der Gattung liegt auf Sumatra, Borneo, Celebes und der Malayischen Halbinsel. Aus Malaya kennt man bisher 25 Arten, doch gibt es noch immer neue *Pinanga*-Arten zu entdecken.

Es handelt sich um kleine, oft winzige Palmen, deren glatte, grüne, rohrartige Stämmchen meist in Gruppen an Rhizomen entspringen und von den abgefallenen Blättern quergeringelt erscheinen. Die eine kleine lockere Endkrone bildenden Blätter sind unregelmäßig gefiedert, mit sehr verschieden geformten oder verschieden breiten, gegenständigen oder alternierenden Seitenfiedern, die Endfieder meist auffällig vergrößert. Selbst innerhalb der gleichen Art können die Fiederblätter beträchtlich variieren. So können z. B. am gleichen Fiederblatt zugespitzte Fiedern am Grund und Fiedern mit breiteren, gezähnten Spitzen am Ende der Rhachis stehen.

Die jungen Blätter erscheinen oft wachsrosa gefärbt und bilden erst später sehr schnell Chlorophyll in den Zellen. Sie verhalten sich somit ähnlich wie andere Pflanzen in den Tropen, die das auffällige Phänomen der »Blattausschüttung« zeigen. Hierunter versteht man die Tatsache, daß junge Blätter schubartig und in größerer Anzahl gebildet schlaff und rosa gefärbt an den Sproßenden herabhängen. Die Bildung von Blattgrün und die Verfestigung des Blattes erfolgt dann relativ schnell. In diesem Entwicklungsverhalten der Blätter haben manche Forscher eine Anpassung an die intensiven Gewitterregen in den Tropen gesehen. Manche *Pinanga*-Arten besitzen in der Jugend orangefarbene oder kupferrote Blattorgane. Der kleine mit einer Spatha versehene Blütenstand bricht meist unterhalb der Krone aus dem Stämmchen hervor und steht auffällig isoliert. Das winzige Hüllblatt fällt früh ab. Die getrennt geschlechtigen Blüten stehen in Dreiergruppen, je eine weibliche mit zwei männlichen Blüten beisammen, die Gruppen in Reihen angeordnet. In den männlichen asymmetrischen Blüten mit drei ovalen Kelch- und drei linealischen Kronblättern finden sich sechs bis zahlreiche Staubblätter; in den weiblichen Blüten schließen die drei Narben über dem Fruchtknoten dicht zusammen. Die an den grünen Stämmchen stehenden Fruchtstände springen durch ihre bunten Farbkontraste ins Auge, denn mit der Fruchtreife färben sich die Infloreszenzachsen von grün nach dunkelrosa oder purpurn. Die Früchte sind klein, elliptisch oder eiförmig mit fleischigem bis faserigem Mesocarp. Wegen ihrer interessanten Blattform, der verschiedenen Blattfärbung im Jugendstadium und den sich sehr bunt verfärbenden Blütenstandsachsen sind die *Pinanga*-Arten geschätzte Zierpalmen.

Pinanga decora Lind. et Rodig.

Diese Art ist in Sammlungen nicht selten vertreten, da sie wie *Pinanga kuhlii* bei relativ niedrigen Temperaturen gedeiht. Die von Borneo stammende Art ist von buschigem Wuchs und besitzt ungleich gefiederte, schöne grüne Blätter, die in der Jugend braun gefärbt sind. Der Artname decora von lat. decus, decoris = Schmuck deutet darauf hin, daß es sich um eine dekorative Kleinpalme handelt; der Gattungsname leitet sich von dem malayischen Wort pinang für die Pinanga-Palmen ab. Die Pflanze benötigt schattigen Stand und kommt mit einer Nachttemperatur von 14 °C aus. Alle anderen Arten verlangen, soweit bisher bekannt, mehr Wärme. Die Samen keimen nach zwei Monaten. Neben entsprechender Temperatur sind hohe Luftfeuchtigkeit und entsprechende Beschattung bei diesen empfindlichen Palmen erforderlich.

Pinanga kuhlii Bl.

Die auf Sumatra und Java beheimatete *Pinanga kuhlii* ist ein Schmuck tropischer Gärten und Patios. Sie wird z. B. in Venezuela und Florida kultiviert, verträgt allerdings als Unterwuchspalme des tropischen Regenwaldes dort wenig Sonne. Sie gehört mit 6 bis 8 m Höhe zu den stattlichsten Arten der Gattung. Die mit fast rundem Stiel versehenen Fiederblätter erreichen bis 1 m Länge. Ihre sichelförmigen bis linealisch-lanzettlichen, relativ breiten Seitenfiedern stehen in 6 bis 8 Paaren beiderseits der Rhachis und sind in der Form variabel. Sie besitzen viele gleichwertige Nerven. Der Blütenstand erscheint unter der Blattkrone. Die Spatha dieser Art ist etwa 20 cm lang und an der Innenseite dunkel weinrot gefärbt. Auffallend sind die runden bis eiförmigen gut 1 cm großen Beerenfrüchte. Sie stehen in zwei Zeilen völlig frei an der verzweigten Infloreszenz unterhalb der Blattnarben an himbeerroten Achsen. Das Verbreitungsgebiet liegt auf Java, Sumatra und den südlichen Andamanen-Inseln.

Polyandrococos

Diese Palme stammt aus dem östlichen Brasilien, wo sie im Küstengebiet von Bahia und Sergipe in offenen Waldformationen auf trockenen sandigen Böden wächst. Sie wurde ursprünglich mit vier weiteren nahe verwandten Arten in die Gattung *Diplothemium* gestellt. Ihr neuer Gattungsname *Polyandrococos* Barb. Rodr. bezieht sich auf cocos und gr. polyandros = viele Männer (Staubgefäße) habend, denn in ihren männlichen Blüten finden sich 90 bis 120 Staubblätter.

Polyandrococos caudescens Barb. Rodr.
Buripalme
Syn. *Diplothemium caudescens* Mart., *Ceroxylon niveum* hort.

Die Artbezeichnung caudescens leitet sich von caudex, codex = Baumstamm her und bedeutet stammbildend. Sie nimmt auf die Tatsache Bezug, daß diese Art einen bis 7 m hohen hellbraunen bis grauen, kräftigen Stamm von 25 bis 30 cm Durchmesser besitzt. Die Stammoberfläche ist durch dicht stehende unvollkommene Ringe gezeichnet und bei jungen Bäumen ganz von den persistierenden Blattgrundresten eingehüllt. Die Pflanze bildet eine imposante, wuchtige Wedelkrone aus 3 bis 4 m langen Fiederblättern, die über kurzem Stiel 70 bis 90 Paare schwertförmiger Seitenfiedern mit kräftiger Mittelrippe tragen. Die am Grunde mit langen gelben Fasern gezierten Blätter streben zunächst steil aufwärts und neigen sich dann bogenförmig über. Die mittleren übertreffen die basalen und apicalen Seitenfiedern an Länge und Breite. Alle Fiedern sind scharf zugespitzt, oberseits glänzend grün und unterseits infolge feiner Behaarung silbrig weiß.

Der unverzweigte Blütenstand steht zwischen den Blättern und wird im Knospenstadium von zwei Spathen umgeben. Die äußere kleine fällt früh ab, die innere schmal kahnförmige mit aufgesetzter Spitze ist verholzt und bleibt erhalten. Sie öffnet sich seitlich mit einem Schlitz und gibt den unverzweigten Blütenstand frei. Die getrennt geschlechtigen Blüten sind an der Blütenähre so verteilt, daß an ihrer Spitze Dreiergruppen von zwei männlichen und einer weiblichen Blüte sitzen. Am Grunde des ährenförmigen Blütenstandes finden sich nur weibliche Blüten. Die mit großem Kelch versehenen männlichen Blüten öffnen sich zuerst und überdecken die weiblichen Blüten mit ihren zahlreichen, schwach rosafarbenen Staubblättern. Nach ihrem Abfallen erblühen die ebenfalls ansehnlichen weiblichen gelben Blüten. Allgemein sind die Blüten bei dieser Art sehr viel auffallender, als dies bei Palmen gewöhnlich der Fall ist. Aus den weiblichen Blüten gehen stattliche, bis 4 cm große, orangefarbene, eßbare Früchte mit fleischigem, aber faserigem Mesocarp hervor, die dicht gedrängt an dem kolbenähnlichen, hängenden Fruchtstand sitzen. Ihr Steinkern ist glatt und am Grunde mit drei Keimporen versehen.

Die Pflanze erregt durch den Dimorphismus ihrer Primär- und Folgeblätter Aufsehen. Die Erstlingsblätter besitzen bis zum Alter von zwei Jahren eine geschlossene Spreite und stellen auffallend große, ungeteilte, bis 1,5 m lange, sehr derbe Organe dar. Sie bleiben lange mit den ihnen folgenden 3 bis 4 m großen Fiederblättern erhalten. Jüngere Pflanzen sind deswegen für botanische Sammlungen besonders interessant. Die in Südflorida Buripalme genannte Art ist für große Warmhäuser geeignet.

Pritchardia, Pritchardiapalme

Die Gattung *Pritchardia* Seem. et H. Wendl. ex H. Wendl. wurde nach St. F. Pritchard, einem südafrikanischen Botaniker benannt, der im 19. Jahrhundert lebte. Sie wurde früher mit der Gattung *Washingtonia* vereinigt, von der sie sich dadurch unterscheidet, daß ihre Staubblätter zu einer Röhre verwachsen sind. Insgesamt umfaßt die Gattung *Pritchardia* heute 38 Arten, die alle auf den Inseln Polynesiens beheimatet sind, davon weitaus die meisten auf Hawai, aber auch auf den Fidschi-, Marquesas- und Sandwich-Inseln. Dort wachsen sie in kollinen Berglagen mit höherem Niederschlag, in Tallagen im Regenwald oder in geschützten Küstenlagen immer bei hoher Luftfeuchtigkeit. Es handelt sich um prachtvolle Solitärpalmen, von denen manche den ganzen Zauber der Südsee ausstrahlen. Ihr mittelhoher, glatter oder geringelter Stamm zeigt zuweilen Vertikalzeichnungen. Die mäßig dichte, aber überaus imposante Krone besteht aus meist kreisrunden bis schmal fächerförmigen Blättern, die auf unbewehrten Stielen stehen und eine aufwärts gerichtete, gefaltete Spreite tragen. Die Fächerstrahlen sind bis auf ein Viertel bis zur Hälfte eingeschnitten, ihre Spitzen am Ende zweispaltig. Zwischen den Einschnitten finden sich häufig zarte, weiße, gekräuselte Fäden. Im Jugendstadium sind die ornamentalen, flächig wirkenden Blattorgane auffallend groß und werden mit zunehmender Stammhöhe kleiner. Die auf langen Stielen stehenden Blütenstände bilden sich in der lockeren Krone zwischen den Blättern und sind im Knospenstadium von vielen dicht sich überlappenden Hüllblättern umgeben, die nach dem Blühvorgang erhalten bleiben. An ihren zahlreichen, gedrängt stehenden Seitenachsen stehen einzeln die zwittrigen, cremefarben, gelben oder orangefarbenen Blüten. Ihre Kelchblätter bilden eine glokkenförmige, kurz dreizähnige Röhre. Die längeren ebenfalls glockenförmig vereinten Kronblätter fallen beim Öffnen der Blüte schnell ab.

Es sind sechs Staubblätter vorhanden. Der dreifächerige Fruchtknoten trägt am Ende einen gut ausgebildeten Griffel. Bei manchen Arten, z. B. *Pritchardia lanigera* Becc. mit goldgelben Blüten wird reichlich Nektar gebildet. Die runden bis eiförmigen Früchte besitzen ein leicht fleischiges, mit Längsfasern versehenes Mesocarp. Die Samenschale ist an einer Seite verdickt.

Pritchardia pacifica Seem. et H. Wendl. ex H. Wendl.
Pazifische Pritchardie
Syn. *Eupritchardia pacifica* (Seem. et H. Wendl. ex H. Wendl.) O. Kuntze
Abbildung Seite 129.

Diese prachtvolle Fächerpalme stammt von den Tonga-Inseln und wurde von dort nach den Fidschi-Inseln eingeführt, bevor die Europäer dorthin gelangten. Es handelt sich um eine stattliche Pflanze mit 10 m hohem, am Grunde unverdicktem Stamm von 25 bis 30 cm Durchmesser. Die aus zahlreichen, wenig tief geteilten Strahlen bestehenden, flächigen, außergewöhnlich eindrucksvollen 2 m und mehr breiten Blätter stehen auf deutlich rinnenförmigen, am Grunde hellbraun-faserigen, auf der Rückseite mit dichtem, weißlich-kleieartigem Überzug bedeckten Stielen.

Elfenbeinpalme, *Phytelephas macrocarpa*.

Pazifische Pritchardiapalme, *Pritchardia pacifica*.

Stämmchen der Steckenpalme, *Rhapis humilis*.

Rhopaloblaste ceramica (Miq.) Burret. aus Indonesien.

Sie sind im Jugendstadium unterseits leicht bereift und wirken fest, ohne starr zu sein. Die Blütenstände ragen nicht über die Blätter hinaus. Ihre Blüten sind gelb, die etwa 12 mm großen Früchte schwarz und auf dicken Stielen sitzend mit deutlich persistierendem Griffel, etwas größer als bei der folgenden Art.

Pritchardia thurstonii F. v. Muell. et Drude

Sie kommt von den Fidschi-Inseln und wächst dort auf Kalkuntergrund. Sie ist etwas schlankstämmiger als die vorige Art und kann bei einem Stammdurchmesser von 20 cm mehr als 8 m hoch werden. Der braune geringelte Stamm ist mit deutlichen Vertikalfissuren versehen und am Grund unmittelbar über dem Boden leicht verdickt. Die über 2 m breiten Blätter tragen weniger Fächerstrahlen als bei *Pritchardia pacifica*. Sie sind durch wollige Schuppen nahe am Blattstiel auf der Blattunterseite ausgezeichnet. Der Stiel verläuft bei beiden Arten ein Stück in die Blattspreite hinein. Die Blütenstände dieser Palme hängen an bis 3 m langen Stielen mit ihren zahlreichen gedrängt stehenden Seitenzweigen geballt aus der imposanten Fächerkrone gebogen herab. Der Reiz dieser wundervollen Palme wird durch die zwar kleineren, aber bei der Reife tief roten, kugeligen Früchte erhöht. Insbesondere diese, aber auch die vorige Art ist von einmaliger Schönheit.

Die Samen beider Arten keimen nach zwei bis drei Monaten. In den ersten Jahren gedeihen sie am besten im Halbschatten. Später vertragen sie volle Sonne. Doch lieben sie gleichmäßige Umweltbedingungen, insbesondere im Hinblick auf Luftfeuchtigkeit. Am besten wachsen sie an geschützten Küsten und nur in den Tropen. Aus ihren festen, aber geschmeidigen Blättern werden Fächer und Hüte hergestellt.

Ptychosperma

Die Gattung *Ptychosperma* Labill. umfaßt rund 40 Arten, die von Australien über Neu-Guinea und Neu-Irland bis zu den Salomonen in lichten Regenwäldern verbreitet sind. Es handelt sich meist um einzelstämmige, gelegentlich auch buschig wachsende Arten. Unter ihnen ist *Ptychosperma elegans* aus dem mittleren und östlichen Queensland als Gewächshauspalme in den gemäßigten Breiten und als mittelgroße Palme in Vorgärten und Parks der Tropen die bekannteste. Der Gattungsname leitet sich von gr. ptyche = Falte und sperma = Same ab und nimmt darauf Bezug, daß der Same mit drei Furchen versehen ist, in denen man früher ein systematisches Merkmal sah.

Ptychosperma elegans (R. Br.) Bl.
Faltenpalme
Syn. *Seaforthia elegans* R. Br.

Ptychosperma elegans aus Nordost-Australien ist eine schlankstämmige elegante Palme von maximal 9 m Stammhöhe bei 7 bis 10 cm Stammdurchmesser. Der an der Basis angeschwollene Stamm ist in der Jugend rohrartig, glänzend grün und glatt, durch die Narben der abgefallenen Blätter geringelt. Später bildet sich an der Oberfläche eine dünne Borke, so daß eine Verfärbung nach braungrau eintritt, jedoch bleiben die Narbenringe als Absätze erhalten. Die lockere Krone besteht aus 6 bis 8 Fiederblättern, die mit glattem, grünem Grund nach oben gerichtet als Kronenschaft den Stamm scheinbar fortsetzen. Die gefiederten bis 2,5 m langen Spreiten stehen auf kurzem schuppigem Stiel, streben zunächst schräg aufwärts und neigen sich dann in elegantem Bogen über. Auf jeder Seite der Rhachis stehen 20 bis 25 unregelmäßig inserierte bis 80 cm lange und 5 bis 9 cm breite, unterseits etwas blassere Fiedern, die meist mit fünf Falten versehen und an der Spitze gestutzt oder unregelmäßig gekerbt sind. Die Blätter wirken aus der Ferne, als seien sie am Rand abgestutzt.

Der sparrig verzweigte 40 bis 50 cm große Blütenstand bricht unter der Ansatzstelle der Blattscheiden hervor und ist zunächst von zwei grünen, papierartig dünnen Spathen eingehüllt, die bald abfallen. An den Infloreszenzachsen stehen in Dreiergruppen die weißen Blüten, zwei männliche und eine weibliche, beisammen. Die männlichen Blüten besitzen zahlreiche Staubblätter und ein Fruchtknotenrudiment. Aus den weiblichen Blüten geht eine bei der Reife leuchtend rote, glänzende, elliptische Frucht von 1,5 cm Länge und 1,0 cm Breite hervor. Die Pflanzen sind im Freiland zur Fruchtzeit mit ihren weithin leuchtenden Fruchtständen sehr dekorativ. Die Samen keimen nach 35 Tagen, und die Pflanze wächst relativ schnell. Sie gedeiht bei uns am besten im Lauwarmhaus. Im Freien wächst sie am besten bei leichtem Schatten oder verlangt zumindest am Nachmittag Sonnenschutz. Gegen kalten, trockenen Wind ist sie empfindlich.

Raphia, Raphiapalme

Die Gattung *Raphia* P. Beauv. ist mit mehr als 30 Arten im tropischen Afrika südlich der Sahara und auf Madagaskar sowie in Mittelamerika und Brasilien verbreitet. Es handelt sich überwiegend um kurzstämmige Palmen mit Fiederblättern, die in Waldgebieten, Waldinseln und Galeriewäldern an sumpfigen Standorten vorkommen. Sie wachsen einzeln oder bilden infolge Adventivsproßbildung Gruppen und Gebüsche. Ihre Blätter gehören zu den größten im Pflanzenreich. Der Stamm ist meist im oberen Teil mit den Blattbasen und langen, zähen, braunschwarzen, dornigen Blattbasenresten bekleidet.

Die endständigen vielfach verzweigten Infloreszenzen erscheinen zwischen den Blättern. An ihren Endverzweigungen stehen in den Achsen ringförmiger Hüllblätter an der Spitze zahlreiche männliche, an der Basis wenige einzelne weibliche Blüten.

Die männlichen Blüten bestehen aus drei am Grunde verwachsenen Kelchblättern, drei zugespitzten Kronblättern und 6 bis 10 an der Basis verbundenen Staubblättern. Sie sitzen in der Achsel eines zweikieligen Tragblattes. Die mit ähnlicher Blütenhülle ausgestatteten weiblichen Blüten besitzen ein weiteres dünnes Tragblatt, das Kelch und Krone umschließt. Die in ihnen vorhandenen Staminodien bilden einen Ring. Der einfächerige Fruchtknoten ist mit drei kurzen Narben versehen. Die hühner- bis gänseeigroßen, mit schnabelähnlicher Spitze versehenen Früchte sind mit großen, glänzenden, braunen Schuppen bekleidet, die sich überdecken.

Raphia farinifera (Gaertn.) Hyl.
Bastpalme
Syn. *Raphia ruffia* (Jacq.) Mart.
Abbildungen Seite 38, 41.

Die echte Bastpalme ist auf Madagaskar beheimatet und der Lieferant des in der Gärtnerei verwendeten Bastes. Es handelt sich um eine in lockeren Gruppen wachsende Palme, die sich durch Sprosse in Ausläufern vermehrt. Der dicke Stamm wird maximal 9 m hoch und trägt an seinem Ende steil aufgerichtet riesige 15 bis 20 m Länge erreichende Fiederblätter, welche die größten Blätter im Pflanzenreich darstellen. Ihr sehr derber, verbreiterter Stiel ist am Grund mit blaßbraunen, vorwärts gerichteten Zähnen versehen. Die zahlreichen schmalen Fiedern werden 1 bis 2 m lang. Die unteren sind sehr schmal und tragen am Rand sowie auf der Mittelrippe Stacheln. Die mittleren Seitenfiedern sind breiter, aber weniger stark mit Stacheln versehen. Die am Ende der Rhachis inserierten Seitenfiedern sind kürzer und nahezu stachellos, lang zugespitzt, rauh, oberseits dunkelgrün und unterseits weißgrün.

Zur Gewinnung des Bastes werden die Blätter als Ganzes abgenommen, ihre sehr langen Seitenfiedern am Grunde oberflächlich angeschnitten, und dann die Bastbündel gemeinsam mit der Oberhaut bis zur Fiederspitze hin abgezogen. Der auf diese Weise gewonnene Bast wird nicht nur im Garten- und Weinbau verwendet, sondern auch viel in der feinen Korbflechterei verarbeitet. So werden auf Madagaskar Hüte, Matten und Wandbehänge daraus hergestellt. Auch Gürtel und Untersetzer lassen sich daraus anfertigen. Der Blattstiel vertritt im Gebiet der natürlichen Verbreitung beim Hausbau den Bambus, da er sehr leicht, biegsam und elastisch ist. Aus der korkigen Innenmasse der Blattstiele werden leichte Stäbe hergestellt. Der Stamm der Palme enthält vor der Blühreife reichlich Stärke, aus der in Madagaskar ein Sago gewonnen wird. Hierauf nimmt der Artname lat. farinifera = mehltragend Bezug.

Raphia vinifera P. Beauv.
Weinpalme

Eine nahe verwandte Art der Madagassischen Bastpalme ist die in Nigeria beheimatete Weinpalme. Sie ist *Raphia farinifera* ähnlich, besitzt jedoch einen kürzeren Stamm und weniger große Blätter. Sie liefert wie viele andere Palmen vor der Blattreife einen zuckerhaltigen Saft, der zum Vergären besonders geeignet ist. Zu seiner Gewinnung werden die Blütenstände vor dem Austreiben abgeschnitten oder es wird am oberen Ende des Stammes ein Zapfloch gebohrt, aus dem der Saft ausfließt. Aus den jungen Blättern werden die Leitbündel mit ihren umhüllenden Festigungsfasern teilweise durch Hand-, teilweise durch Maschinenarbeit isoliert. Sie werden anschließend gebleicht, getrocknet und zu Schiffstauen, Fischernetzen, Sackgewebe, Bindfäden u. ä. verarbeitet und sind unter dem Namen Piassave-Fasern bekannt. Die echten Piassave-Fasern stammen jedoch von der Piassave-Palme (*Attalea funifera*).

Rhapis, Steckenpalme

Der Gattungsname leitet sich von gr. rhapis = Rute ab. Zur Gattung *Rhapis* L. f. ex Ait. zählen 17 Arten, die im südlichen China und in Thailand verbreitet sind. Sie alle sind niedrige, buschig wachsende, sehr attraktive Pflanzen, die Ausläufer treiben und dichte geschlossene Rasen bilden können. Da sie leicht in Töpfen zu kultivieren sind, wurde die Gattung bereits 1774 in England eingeführt. Die meisten von ihnen sind immer noch wenig bekannt. Darüber hinaus ist die Unterscheidung der Arten schwierig, da sie je nach Standort sehr variieren. Alle Arten sind zweihäusig.

Oben links: Königspalmen prägen die kubanische Landschaft.
Unten links: Sabalpalmen in der Savanne.
Oben rechts: *Washingtonia robusta*. Die den Stamm umhüllenden toten Blätter sind typisch für diese Palme.
Unten rechts: Blattschopf einer jungen *Washingtonia robusta*.

Rhapis excelsa (Thunb.) Henry
Steckenpalme
Syn. *Rhapis flabelliformis* L'Hérit. ex Ait.
Abbildung Seite 60.

Die Heimat von *Rhapis excelsa* ist wahrscheinlich in China zu suchen, doch wurde sie bisher nicht wild gefunden. Sie besitzt rohrartige, über 5 m Höhe erreichende, 4 bis 5 cm dicke Stämmchen. Die diese relativ locker einhüllenden groben Fasern stellen Rudimente der Blattbasen dar. In der Regel ist das gesamte Stämmchen von einer dichten Matte kunstvoll ineinander verwobener Fasern umgeben. Nur bei alten Pflanzen löst sich das Faserkleid ab, und das glatte schwarze, mit dunkelbraunen Ringen versehene, an einen Bambussproß erinnernde Stämmchen tritt zutage. Die dekorativen Blätter sind handförmig-fächerförmig geteilt. Ihre kreisförmig stehenden Einschnitte enden 5 bis 8 cm über dem Stiel, d. h. sie sind am Grund miteinander verbunden. Ihre Breite beträgt in der Mitte 5 bis 7 cm. Sie sind an der breiten Spitze mit fünf tiefen Zähnen versehen, ihr Rand ist fein gezähnt. Die Blattspreite hat einen Durchmesser von 30 bis 35 cm.

Der Blütenstand mit zwei bis drei Spathen und kurzem Stiel erscheint in den Achseln der oberen Blätter und ist reich und sparrig verzweigt. Die männlichen Pflanzen tragen dicht gedrängt zahlreiche cremeweiße Blüten, mit kleinen abgestutzten Kelchblättern, größeren Kronblättern und sechs Staubblättern. An den weiblichen Pflanzen sitzen locker die rosafarbenen mit dicken Narben versehenen Blüten, aus denen runde bis elliptische, dünnfleischige Früchte mit weichem Endocarp von etwa 7 mm Durchmesser hervorgehen.

Aus den Stämmchen dieser Art werden Schirme und Stöcke hergestellt.

Rhapis humilis Bl.
Niedrige Steckenpalme
Abbildung Seite 129.

Diese Art ist der vorigen ähnlich, doch am Blattschnitt mit den dichter zusammenneigenden, schmaleren, elegant nach hinten gebogenen Fächerstrahlen gut zu unterscheiden. Ihre natürliche Verbreitung ist ungewiß, liegt aber wohl in Südchina. Sie wurde aus Japan nach Europa eingeführt. Sie unterscheidet sich durch die feineren, dichter miteinander verwobenen, stammumhüllenden Blattgrundfasern und die nur 2 bis 3 cm dicken Stämmchen, die auch dichter zusammenstehen als bei *Rhapis excelsa*. Ihre Blätter sind kleiner, aber mit mehr Einschnitten versehen, die 3 cm über dem Stiel enden, d. h. sie sind am Grund weniger weit miteinander verbunden. Sie sind im Vergleich zur vorigen Art schlanker und vorne zugespitzt. Die Blütenstände dieser Art sind stärker verzweigt und stehen auf längeren, leicht wolligen Blütenstielen. Die Zahl der Fiederstrahlen ist kein sicheres Unterscheidungsmerkmal, zumal beide Arten oft bastardieren und leicht vegetativ weitervermehrt werden können.

Beide *Rhapis*-Arten sind in den USA als Lady-Palmen bekannt und stellen ausgezeichnete und haltbare Palmen für kühle Zimmer, Treppenhäuser, Wintergärten, Kalthäuser und Dekorationen dar. Sie lassen sich durch Teilung oder Abtrennen der Ausläufer leicht vermehren und können im Sommer im Freien stehen. Wegen der vegetativen Vermehrung sind ihre Blüten und Früchte sehr selten. Sie bevorzugen schattigen Stand und nährstoffreichen Boden. Zuweilen kann aus einer einzelnen Pflanze ein ganzes Gebüsch entstehen.

Rhopalostylis, Nikanpalme

Zur Gattung *Rhopalostylis* H. Wendl. et Drude zählen drei Arten von Fiederpalmen, die auf den Norfolk- und Kermadec-Inseln sowie auf Neuseeland verbreitet sind. Es sind mittelhohe Palmen mit glattem, grünem Stamm, der von den Narben der abgefallenen Blätter geringelt ist. Der Gattungsname leitet sich von gr. rhopalon = Keule und stylis = Kolben ab und nimmt auf den auffällig abstehenden Blütenkolben unterhalb der Ansatzstelle der Blattbasen Bezug. Die endständigen Blätter bilden eine starre, schräg nach oben gerichtete Wedelkrone. Sie besitzen kräftige, gleichmäßig angeordnete, linealisch-lanzettliche, zugespitzte Fiedern mit gut ausgeprägter Mittelrippe. Auffallend ist der große bis 40 cm lange, glatte grüne Blattgrund, der senkrecht stehend und am Grunde schwach aufgetrieben den Stamm fortsetzt. Unter dem Blattansatz brechen die in den Achseln ehemaliger Blätter angelegten, mit zwei Spathen versehenen Blütenkolben hervor. Sie geben nach der Öffnung die starr abstehenden Rispen mit kurzem, dickem, abgeplattetem Stiel frei und tragen zahlreiche kleine Blüten.

Rhopalostylis baueri (Seem.) H. Wendl et Drude
Syn. *Areca baueri* (Seem.) Hook. f.,
Kentia baueri Seem.

Der Stamm dieser Art wird bis 6 m hoch bei einem Durchmesser von 12 bis 15 cm. Blätter bis 3 m lang; ihre Fiedern gegenständig, bis 60 cm lang und 4 bis 5 cm breit, lanzettlich bis linealisch mit oberseits hervortretender Mittelrippe. Die Fiedern stehen an einer derben, im Querschnitt rhombischen, braun filzigen Rhachis mit kupferfarbenem Schimmer. Den gleichen Filzbelag zeigen die Fiedern an jungen Pflanzen beiderseits der Rippe. Ihr Kolben ist 30 bis 60 cm lang, die Blüten von weißer Farbe. Die Frucht ist eine kleine scharlachrote Beere. Insgesamt kräftiger und derber als *Rhopalostylis sapida* und in den Sammlungen häufiger. Ihr natürliches Verbreitungsgebiet sind die Norfolk- und Kermadec-Inseln östlich von Australien.

Rhopalostylis sapida (Soland. ex G. Forst.) H. Wendl. et Drude
Nikanpalme
Syn. *Areca sapida* Soland. ex G. Forst.,
Kentia sapida (Soland. ex G. Forst.) Mart.

Von allen Palmen auf der südlichen Erdhälfte geht *Rhopalostylis sapida* am weitesten nach Süden. Sie besitzt einen aufrechten, stark geringelten Stamm bis 9 m Höhe und 20 bis 30 cm Durchmesser. Die Blätter werden jedoch nur 1,2 bis 1,8 m lang; ihre Fiedern sind sehr schmal, linealisch mit zurückgebogenem Rand, bis 45 cm lang mit schülfriger Mittelrippe, an der Spitze gespalten. Der Blütenkolben ist 50 bis 75 cm lang. Wie bei der vorigen Art geht aus ihm nach Öffnen eine verzweigte derbe Infloreszenz hervor, an der die blaß rosa bis purpurn gefärbten Blüten sitzen. Aus ihnen entwickeln sich nach der Befruchtung eiförmige, braune Beeren. Der Artname lat. sapida = schmackhaft deutet darauf hin, daß sie eßbar sind. Die natürliche Verbreitung liegt auf Neuseeland und den Norfolk-Inseln.

Beide *Rhopalostylis*-Arten sind dankbare Gewächshauspflanzen und können im Sommer auch im Freien und im Wintergarten gehalten werden. Sie gedeihen dort bei einer Temperatur von 8 bis 14 °C. Die Anzucht erfolgt aus Samen, die aus dem Gebiet der natürlichen Verbreitung importiert werden. Sie haben eine lange Keimungsspanne von zwei bis neun Monaten. Die Weiterkultur erfolgt in Töpfen, später in Kübeln in einer Mischung aus gleichen Teilen von Mistbeet-, Laub- und lehmiger Rasenerde mit Sandzusatz bei Tagestemperaturen von 20 bis 22 °C und Nachttemperaturen von 16 bis 18 °C. Älteren Pflanzen genügen niedrigere Temperaturen.

Roystonea, Königspalme

Die Gattung *Roystonea* O. F. Cook ist zu Ehren des amerikanischen Generals Roy-Stone benannt, der als Ingenieur in Puerto Rico arbeitete. Die Gattung umfaßt 16 Arten, deren Areal sich von Süd-Florida über Südost-Mexiko entlang der Nordküste Südamerikas bis zu den Antillen erstreckt. Der Schwerpunkt der Verbreitung liegt auf den Großen Antillen. Es handelt sich um imposante, prachtvolle Palmen mit glattem, meist grauem Stamm, der in einen von den Blattbasen gebildeten Kronenschaft übergeht und eine Wedelkrone großer Blätter trägt. Bei zwei Arten stehen die zahlreichen Seitenfiedern der Blätter in einer Ebene, bei allen anderen sind sie in verschiedenem Winkel an der Rhachis nach oben inseriert, so daß das Blatt federartig aufgelockert erscheint. Die Blütenstände sind im Kolbenstadium von zwei Spathen umschlossen und erscheinen unter dem Blattansatz. Die einhäusigen, relativ kleinen Blüten sind männlich oder weiblich von weißer bis gelber Farbe, die weiblichen kleiner als die männlichen. Die Früchte sind rund bis ellipsoid, ihr Fruchtfleisch ist dünn und fleischig mit dün-

nen Fasern. Der ehemalige Griffel sitzt der Steinfrucht nahe dem Grunde seitlich an. Fast alle *Roystonea*-Arten wachsen im feuchten, warmen Flachland in Regenwaldnischen, an sumpfigen Standorten und entlang von Flußläufen, oft nahe der Küste. Manche vertragen Brackwasser.

Roystonea oleracea (Jacq.) O. F. Cook
Karibische Königspalme
Syn. *Oreodoxa oleracea* (Jacq.) Mart.

Die Karibische Königspalme ist eine herrliche Fiederpalme, deren grauer schlanker Stamm schnurgerade emporsteigt. Sie gehört zu den höchsten Palmen und erreicht bei einem Durchmesser von 40 bis 60 cm mehr als 40 m Höhe. Das Gebiet ihrer natürlichen Verbreitung reicht von Ost-Kolumbien über Venezuela bis Trinidad und Barbados. Der mit einem Kronenschaft versehene Stamm trägt eine Wedelkrone von Blättern, die 5 bis 7 m lang werden. Ihr Blattstiel ist kurz, aber im Gegensatz zu *Roystonea regia* sind bei ihr die heller grünen Fiedern beiderseits der Rhachis in zwei Zeilen angeordnet, so daß die Krone ebenmäßiger erscheint. Die Blütenstände erscheinen wie bei der Kubanischen Königspalme unterhalb der Blattbasen. Ihre Seitensprosse sind wellenförmig hin und her gebogen. Die zahlreichen kleinen Blüten sind von gelbweißer Farbe. Die in großer Zahl an dem 1 m langen Blütenstand gebildeten Früchte sind elliptisch, leicht abgeplattet, bis 2 cm lang und 1 cm breit, bei der Reife von schwarzpurpurner Farbe.

Diese Art findet sich weniger häufig angepflanzt als die folgende. Ihr Wuchs ist vielleicht schöner, vor allem graziler, aber nicht so monumental wie derjenige von *Roystonea regia*. Der harte Außenteil ihres Stammholzes ist nicht so dick, wird aber ähnlich verwendet wie bei der Kubanischen Königspalme. Auch die Blattscheiden dienen zum Verpacken von Tabak. Ebenso läßt sich aus ihren Früchten ein Öl pressen. Der Artname von lat. oleraceus, von olus, oleris = Kraut, Kohl abgeleitet, nimmt darauf Bezug, daß sich aus dem Scheitel Palmkohl gewinnen läßt.

Roystonea regia (H. B. K.) O. F. Cook
Kubanische Königspalme
Syn. *Oreodoxa regia* H. B. K.
Abbildungen Seite 12, 30, 132.

Diese Art wird als die Königspalme schlechthin bezeichnet und McCurrach sagt von ihr: »There is nothing in the palm family to quite equal the tall, majestic, stately appearance of the royal palm.« Auf diese Tatsache deutet auch die Artbezeichnung lat. regius = königlich hin.

Das natürliche Verbreitungsgebiet von *Roystonea regia* liegt auf Kuba. Sie wächst dort am besten auf tiefgrundigen, nährstoffreichen Roterdeböden, überwiegend im Flachland. In der Regel steigt sie nicht über 300 m Höhe empor. Vegetationskundlich stellt sie ein Glied der regengrünen bis immergrünen Waldformationen der Insel dar. Als Wappenpflanze von Kuba steht sie unter Schutz, was dazu geführt hat, daß heute mehr Bäume vorhanden sind als im ursprünglichen Stadium. Die glatten grauen, leicht geringelten Stämme des Baumes ragen wie mächtige Säulen bis 40 m Höhe empor und weisen fast immer in Abhängigkeit von den Ernährungsbedingungen Anschwellungs- und Verjüngungszonen auf. Ihr Durchmesser schwankt zwischen 60 bis 80 cm. Die bis 2 m langen, geschmeidig weichen, grünen Blattbasen setzen den Stamm fort und gehen in die eigentliche 3 bis 4 m lange Blattspreite über. Der steife Blattstiel ist 50 bis 60 cm lang, die Fiedern beiderseits der Rhachis sind zahlreich, werden mehr als 1 m lang und stehen in verschiedenen Richtungen ab.

Die Blütenstände stehen zunächst als Kolben weithin sichtbar in schrägem Winkel unterhalb des Blattbasenansatzes vom Stamm. Sie sind im Gebiet der natürlichen Verbreitung 1,0 bis 1,5 m lang. Die innere Spatha ist außen grün und innen weiß. Der reich verzweigte Blütenstand ist etwa so breit wie lang und sitzt mit kurzem, dickem Stiel am Stamm. An seinen zahlreichen Seitenachsen stehen nach Léon (wohl in herbarisiertem Zustand) 6 mm große männliche und 4 mm große weibliche Blüten; nach eigenen Beobachtungen in

Die Hanfpalme, *Trachycarpus fortunei*, ist die gegen niedere Temperaturen am wenigsten empfindliche aller Palmen. In den wärmsten Gebieten Deutschlands hält sie einige Winter im Freien aus.

Kuba sind sie am Baum deutlich größer, etwa 2 cm im Durchmesser. Sie sind von gelbweißer Farbe. Die männlichen Blüten besitzen 6 bis 9 Staubgefäße, die weiblichen haben Kelchblätter, die ein Viertel bis ein Drittel so lang sind wie die Kronblätter, und einen aus Staminodien gebildeten Becher. Die drei Narben sind fleischig und ohne Anhängsel. Es wird reichlich Nektar produziert, so daß blühende Königspalmen zur Blütezeit von Schwärmen nektar- und pollensuchender Bienen, Fliegen und Schmetterlinge besucht werden. Als Früchte werden in großen Mengen runde 8 bis 12 mm große, zuerst grüne, dann rote und schließlich dunkelbraune bis schwarze Früchte gebildet. Die Kubanische Königspalme ist überall in den Tropen als sehr geschätzte Zierpalme verbreitet. Sie wächst relativ schnell, verlangt aber volltropisches Klima. Sie gehört zu den eindrucksvollsten Gestalten unter den Palmen.

Sabal, Sabalpalme

Abbildung Seite 132.

Die Gattung *Sabal* Adans. umfaßt 25 Arten, deren Verbreitungsgebiet von Venezuela über Mittelamerika und Mexiko durch die südlichen Vereinigten Staaten zu den Antillen reicht. Die Herkunft des Gattungsnamens ist unklar, da ihr Autor Adanson, nach dem der Affenbrotbaum (*Adansonia digitata*) benannt ist, zur Ethymologie keine Angaben macht. Wenn *Sabal* nicht zu arab. sabal = Korn, Ähre gehört, könnte es aus einer afrikanischen Sprache entlehnt sein, da Adanson fünf Jahre Afrika, besonders Senegal, bereiste. Fast alle *Sabal*-Arten sind mächtige stammbildende Fächerpalmen, deren Stamm sich am Grund zunächst schräg erhebt. Er ist entweder von den sich kreuzenden, spreizend abstehenden Blattbasenhälften bedeckt, völlig glatt oder mit Ringen gezeichnet. Nur zwei Arten sind stammlos bzw. bilden eine gedrungene, im Boden steckende Sproßachse aus. Die höchsten Arten erreichen 25 m Höhe bei einem Stammdurchmesser von fast 1 m. Die Fächerblätter stehen auf einem unbewehrten Stiel mit oberseits scharfen glatten Rändern. Dieser Stiel setzt sich oft halbkreisförmig zurückgebogen in die aus zahlreichen Strahlen bestehende Spreite fort, die auf diese Weise eine eigenartige Zweiteilung und Rückwärtskrümmung erfährt. Die Spreite selbst ist kreisrund oder an der Basis keilförmig, oft mehr als 2 m im Durchmesser; die Fächerstrahlen sind schmal und an der Spitze zweispaltig, meist starr abstehend, seltener grazil überhängend.

Der Blütenstand ist eine reich verzweigte Rispe mit zahlreichen Tragblättern. Er kann aufrecht, waagerecht oder hängend sein und trägt kleine zwittrige, weiße Blüten zwischen Deckblattpaaren. Die Blütenkrone ist tief dreiteilig, doppelt so lang wie der Kelch, mit sechs am Grunde angewachsenen Staubblättern. Der dreifurchige verwachsenblättrige Fruchtknoten ist in den Griffel verschmälert. Die Frucht ist klein, rund, steinfruchtähnlich mit dünnem Fruchtfleisch und einem Samen.

Auf Kuba ist die Gattung *Sabal* durch vier Arten vertreten, die als Reste der ehemaligen wechselfeuchten bis feuchten Wälder weithin das Landschaftsbild beherrschen. Zur Ernte der Blätter steigt ein Mann an den bis 15 m hohen glatten Stämmen empor, indem er ein Seil in bestimmten Windungen um Stamm und Fuß schlingt und das Seil langsam höher schiebt. Dieser sogenannte »desmochador« beläßt stets so viele Blätter in der Wedelkrone, wie zum Weiterwachsen des Baumes notwendig sind.

Aus dem unteren Miocän sind in Europa zahlreiche Blattabdrucke erhalten, die der Gattung *Sabal* zugeordnet werden müssen. Die nördlichen Fundpunkte liegen bei 5 Grad nördlicher Breite. Aus Italien sind fossile *Sabal*-Blätter noch aus dem oberen Miocän bekannt. Auch in Nordamerika kommt die Gattung fossil vor.

Sabal blackburniana Glazebr. ex Schult. et Schult. f.
Schirmblättrige Sabalpalme
Syn. *Sabal umbraculifera* Mart.

Von den 25 Angehörigen der Gattung *Sabal* werden mehrere Arten als Zierpalmen in den Tropen angepflanzt. Unter ihnen ist *Sabal blackburniana* systematisch gut abgegrenzt. Die Heimat dieser

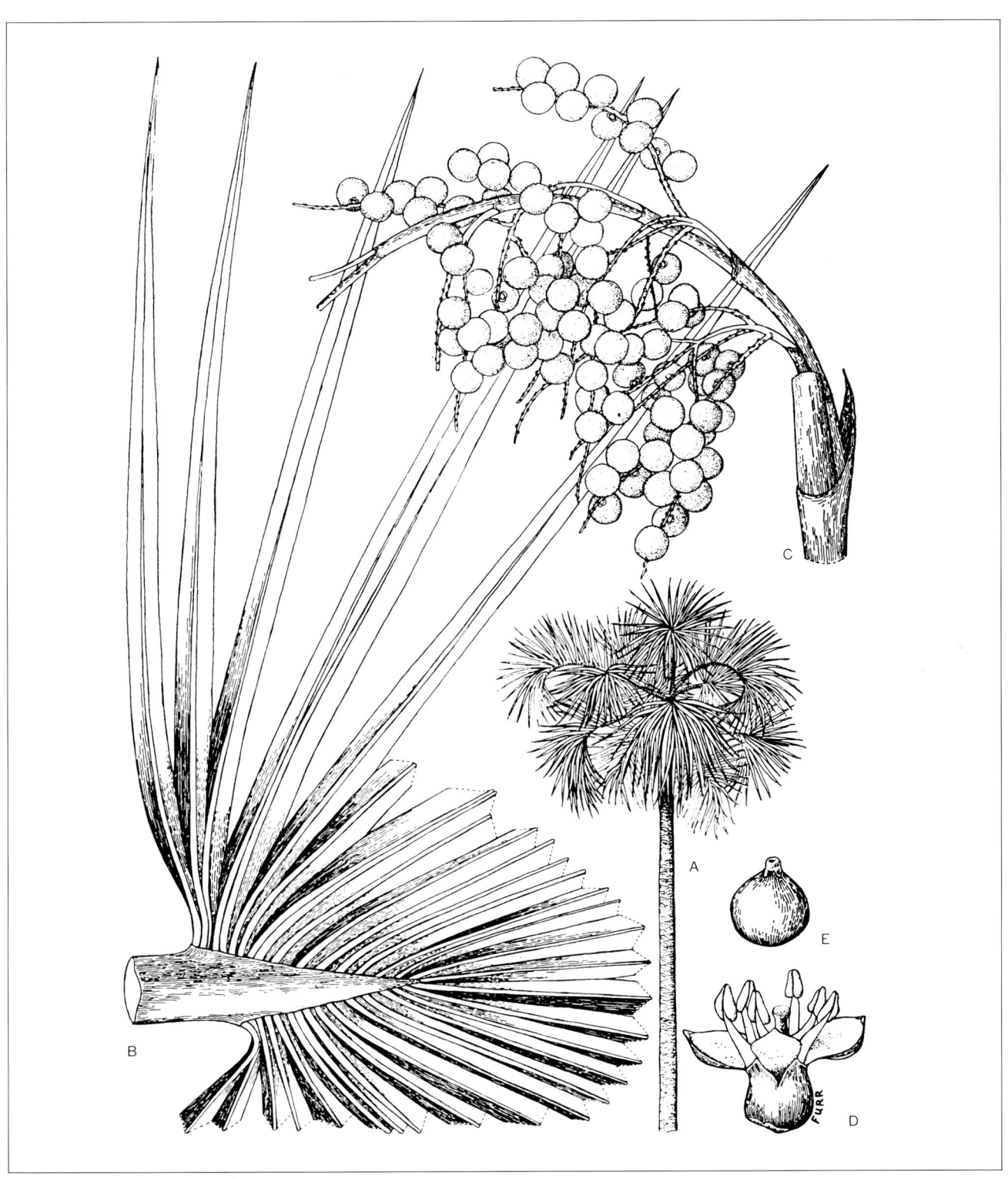

Sabal mexicana. Reproduktion einer Federzeichnung.
A Habitus der Palme. Die deutlich zurückgebogenen Blätter sind gut sichtbar.
B Ausschnitt aus dem Blatt, den in die Blattfläche hinein verlängerten Blattstiel zeigend (Costapalmates Fächerblatt).
C Fruchtstand.
D Blüte.
E Frucht mit aufsitzendem Griffel.

Art ist unbekannt. Sie ist nach dem nordamerikanischen Pflanzensystematiker Benjamin Blackburn benannt. Es handelt sich um eine hochwachsende Art mit einem säulenförmigen glatten, weißgrauen Stamm. Das Synonym lat. umbraculifera = schirmtragend paßt gut zu den mächtigen Blattorganen, die einen mehr als 2 m langen, sich in die Blattspreite fortsetzenden Blattstiel und eine bis 2 m lange und 3 m breite Spreite besitzen. Auf der Unterseite der Fächerstrahlen findet sich eine deutlich ausgeprägte Mittelrippe. Die Blattfläche selbst ist glänzend graugrün, nicht bläulich überlaufen. Der Blütenstand erreicht nur 1 m Länge und ist somit kürzer als die Blattstiele, meist in der Blattkrone verborgen, aber reich verzweigt. Die runden im Durchmesser 2 cm großen Früchte sind bei der Reife tief dunkelbraun und glänzend gefärbt.

Sabal mexicana Mart.
Mexikanische Sabalpalme
Syn. *Sabal umbraculifera* hort. ex Mart.
Abbildung Seite 139.

Die Mexikanische Sabal- oder Texaspalme ist eine hohe, robuste Art mit rauhem Stamm, der lange von den ausdauernden, abstehenden Blattbasen eingehüllt ist. Sie lösen sich im Alter am Stammgrund ab. Der Stamm erreicht bei einem Durchmesser von 60 cm bis 20 m Höhe. Die Krone ist dicht, aus 2 bis 3 m langen graugrünen Fächerblättern gebildet. Davon entfallen 1,0 bis 1,5 m auf die festen Blattstiele. Die Blattspreite erscheint durch den in die Fläche eintretenden Stiel charakteristisch gewellt. Die Blütenstände erreichen die Länge der Blätter. Ihre Seitenzweige sind schlank, kahl und dicht mit weißen Blüten besetzt. Die aus den Zwitterblüten hervorgehenden runden, braunen bis schwarzen Früchte sind 1,2 bis 2,0 cm groß. Auch diese Art zeigt die typische Rückwärtsbiegung der Blätter, obwohl sich der Blattstiel nur 10 bis 15 cm weit in die Spreite fortsetzt. Sie kommt am Rio Grande in Texas, in Mexiko und Guatemala vor. Dort wächst sie oft in Gruppen in Flußtälern und auch am Rand der Mangrove. Die Mexikanische Sabalpalme wird in Guatemala häufig als Schmuckpalme angepflanzt, aber gleichzeitig auch, um ihre Blätter zu nutzen. Sie dienen zum Decken von Häusern und Hütten, aber auch zur Herstellung von Hüten. Sie wurde angepflanzt auch in Puerto Barrios im Golf von Honduras beobachtet. Neben den genannten Arten verdient *Sabal causiarum* (O. F. Cook) Becc. mit ihrem sehr massiven, hellgrauen Stamm Erwähnung. Sie ist als Hutpalme von Puerto Rico bekannt.

Sabal minor (Jacq.) Pers.
Kleine Sabalpalme
Syn. *Sabal adansonii* Guersent

Die kleine Sabalpalme bildet selten einen oberirdischen Stamm aus. Er steckt fast immer gerade oder gebogen im Erdboden und ragt nur ausnahmsweise bis 2 m empor. In diesen Fällen ist er von den persistierenden Blattbasen eingehüllt. Die blaugrünen Fächerblätter sind etwas länger als ihr Stiel, kreisrund und meist in der Nähe der Mittellinie fast bis zum Grund der Blattfläche eingerissen. Diese besteht aus 25 bis 40 Strahlen, die 50 bis 100 cm lang und nur 1,0 bis 1,5 cm breit werden. Sie sind bis zur Mitte miteinander verbunden, steif, lang ausgezogen und unterseits mit einem deutlich hervorstehenden Hauptnerv versehen. Der Blattstiel setzt sich bei dieser Art nicht in die Spreite fort. Der aufrecht stehende, die Blätter überragende, reich verzweigte Blütenstand kann über 2 m Länge erreichen und scheint bei der »stammlosen« Pflanze aus dem Erdboden zu kommen. Aus den weißen Zwitterblüten gehen kugelförmige, rund 1 cm große, dunkelbraune bis schwarze, glänzende Früchte hervor. Die kleine Sabalpalme ist von Georgia, Carolina, Florida bis Osttexas und Südwestarkansas verbreitet. Hier kann sie z. B. den Unterwuchs in Kiefernwäldern bilden. Der Habitus dieser Art kann sehr variieren. Dies gilt für fast alle *Sabal*-Arten, insbesondere auch für die folgende Art.

Sabal palmetto (Walt.) Lodd. ex Schult. et Schult. f.
Palmettopalme
Abbildung Seite 34.

Die Palmettopalme ist im Gegensatz zu der vorigen eine prachtvolle, robuste Säulenpalme, deren

Stamm bei einem Durchmesser von 30 bis 45 cm mehr als 25 m Höhe erreicht. Ihre natürliche Verbreitung liegt im Küstengebiet von Carolina und Florida, in Georgia und auf den Bahama-Inseln. Auch diese Art zeigt einen sehr unterschiedlichen Habitus. Bei manchen Bäumen ist der Stamm von den sich überkreuzenden, gespaltenen Blattgrundhälften eingehüllt, bei anderen fallen die Blattbasen zeitig ab, ohne daß der Grund dafür ersichtlich ist. Der Stamm ist dann geringelt und grau. Die Krone ist dicht und kompakt. Der Blattstiel ist 1,0 bis 1,5 m lang, die Spreite 1 bis 2 m lang, um ein Drittel breiter als in der Längsrichtung. Die gesamte Spreite ist in der ganzen Länge gebogen und tief eingeschnitten, auf jeder Seite mit 30 bis 40 Fächerstrahlen, die bis zur Hälfte verbunden sind. Der reich verzweigte Blütenstand steht zwischen den Blättern und ist etwa so lang wie diese. Die Blüten sind weiß bis cremefarben, die Früchte kugelig, braun bis schwarz glänzend wie bei *Sabal minor*. Diese Art geht von allen Palmen der Neuen Welt am weitesten nach Norden.

Sabal-Palmen eignen sich weniger für die Topfkultur als zum Auspflanzen in großen Palmenhäusern. Ihre Bestimmung im jugendlichen Zustand ist gerade im Hinblick auf die außerordentliche Variabilität nahezu unmöglich. *Sabal palmetto* gedeiht bei einer Nachttemperatur von 12 °C, die übrigen verlangen 14 bis 16 °C. Zur Kultur ist sehr nahrhaftes lehmiges Substrat notwendig. Die Vermehrung erfolgt durch Samen, die bei der in Venezuela beheimateten *Sabal mauritiiformis* (Karst.) Griseb. et H. Wendl. mit ihren unterseits wunderbar blau überlaufenen Blättern nach 55 bis 60 Tagen keimen.

Salacca

Die Gattung *Salacca* Reinw. ist mit 14 Arten in Assam und Indochina sowie auf Sumatra, Java, Borneo und den Philippinen verbreitet. Der Gattungsname leitet sich von einer molukkanischen Volksbezeichnung ab. Fast alle Arten sind ausgesprochene Schattenpflanzen, die auf nährstoffreichen Böden meist an sumpfigen Standorten oft entlang von Flußufern dichte, dornige Gebüsche bilden. Mehrere von ihnen besitzen eine eßbare Fruchtpulpa. Unter ihnen ist *Salacca zalacca* die bekannteste Art.

Salacca zalacca (Gaertn.) Voss
Salakpalme
Syn. *Salacca edulis* Reinw.
Abbildungen Seite 39, 142

Es handelt sich um eine 6 m hohe Buschpalme mit unterirdischem Sproß, an dem die sperrig auseinanderweichenden, schlanken Fiederblätter stehen. Die etwa 2 m langen Blattstiele sind mit großen, abgeplatteten, glänzend schwarzbraunen Dornen besetzt. Die Rhachis trägt zahlreiche, relativ breite, am Ende zugespitzte, rückwärts gebogene Fiedern, die oberseits glänzend grün und unterseits weißlich grün gefärbt sind. Sie sind unregelmäßig angeordnet, stehen oft in Paaren opponiert, aber auch gruppenweise beisammen. Die Art ist zweihäusig.

Die Blütenstände sind verzweigt und ohne Stacheln. Sie erscheinen zwischen den Blattstielen über dem Erdboden. Bei den männlichen Pflanzen sind die 0,5 bis 1,0 m langen wenig verzweigten Blütenstände übergeneigt und am Grunde mit einem größeren Tragblatt, an den Verzweigungen mit zahlreichen kleineren Tragblättern besetzt. Die zahlreichen Blüten stehen in Paaren dicht gedrängt beieinander und sind von Tragblättern eingehüllt. Unter den drei dünnen, am Grunde abgerundeten Kelchblättern befindet sich ein weiteres kleines, wollig behaartes Tragblatt. Die drei längeren Kronblätter sind an der Basis zu einer fleischigen Röhre verbunden. Neben den sechs Staubblättern ist ein kleiner steriler Fruchtknoten vorhanden.

Die weiblichen Blüten stehen gedrängt in 20 bis 30 cm langen aufrechten Ähren, am Grunde von einem später zerspleißenden großen Hüllblatt umgeben. Ihre Blüten sind größer als die männlichen und besitzen drei dünne Kelchblätter, drei am Grunde urnenförmig verbundene Kronblätter, sechs Staminodien und einen dreifächerigen Fruchtknoten, der an der Oberfläche mit borstigen Schuppen besetzt ist. Aus ihm entwickelt sich die eiförmige bis runde, 6 bis 8 cm große, an der

Oberfläche mit rötlich braunen, glänzenden Schuppen bekleidete Frucht. Sie birgt in drei Segmenten je einen Samen, von einer braunen, süßsäuerlich schmeckenden Pulpa umgeben. Sie ist in den Gebieten der natürlichen Verbreitung als durststillendes Mittel geschätzt. Die Pflanze findet sich im gesamten Malayischen Archipel, doch ist ihre genaue Herkunft unbekannt. Wie bei vielen domestizierten und halb domestizierten Nutzpflanzen gibt es auch von dieser viele Varietäten.

Salakpalme (*Salacca zalacca*).

Trachycarpus, Hanfpalme

Die Gattung *Trachycarpus* H. Wendl. ist mit vier bis sechs Arten vom westlichen Himalaja bis China und Japan verbreitet. Ihr Name leitet sich von gr. trachos = rauh und karpos = Frucht ab. Systematisch steht sie wegen des Blütenbaues der Zwergpalme (*Chamaerops humilis*) nahe.

Trachycarpus fortunei (Hook.) H. Wendl.
Hanfpalme
Syn. *Chamaerops fortunei* Hook.
Abbildungen Seite 16, 31, 34, 119, 136.

Die bekannteste und in Kultur am weitesten verbreitete Art ist *Trachycarpus fortunei*, die auch Chinesische Hanfpalme genannt wird, obwohl ihr natürliches Verbreitungsgebiet von Oberburma durch Südchina bis Südjapan reicht. Sie ist eine der am meisten frostresistenten Palmen und hat in Georgia (USA) im Freiland bei Temperaturen bis −12 °C überwintert. An den vom Golfstrom erwärmten Westküsten Englands, Schottlands und Irlands gedeiht sie ganzjährig im Freien.

Es handelt sich um eine mittelhohe Palme, die überwiegend einzeln gepflanzt wird, aber auch Gruppen bildet. Meist sind die Pflanzen 2 bis 3 m hoch, doch erreicht diese schlankstämmige Art im hohen Alter Höhen von 12 m. Der Stamm ist in der Jugend völlig, im Alter nur im oberen Teil von einem dichten Netz brauner Fasern und den persistierenden, schräg nach oben gerichteten Blattgrundresten eingehüllt. Die festen, an den Rändern fein gezähnten Blattstiele tragen eine bis 90 cm Durchmesser erreichende fächerförmige Spreite mit relativ wenigen Segmenten, die verschieden tief, meist bis zum Grund eingeschnitten und an der Spitze zweispaltig sind. Die oberseits dunkelgrünen, glänzenden Blätter zeigen unter günstigen Klimabedingungen unterseits einen silbrigen Schimmer. Die ausgefranste Blattzunge steht im Winkel schräg nach innen.

Der rispenförmige bis 50 cm lange Blütenstand ist vor der Entfaltung von mehreren Spathen eingehüllt. Zu Beginn der Blüte quellen die zahlreichen Blüten als gelbe Masse aus den sich abspreizenden Spathen hervor. Blüten getrenntgeschlechtig oder polygam auf kurzen Stielen, mit verlängert dreieckigen Perianthblättern, die männlichen mit sechs einem fleischigen Boden aufsitzenden Staubblättern, die weiblichen mit drei getrennten dickfleischigen Fruchtblättern, aus denen eine blaue, bohnenförmige, glatte Beere hervorgeht. Das äußerst zähe Fasergewebe am Grunde der Blätter wird in China zur Herstellung von Flechtereien wie Matten und Tauwerk verwendet. Auch das dauerhafte, gegen Nässe widerstandsfähige Holz ist sehr geschätzt.

Als kälteertragende Art ist die Chinesische Hanfpalme an der Riviera eine häufige Erscheinung, ebenso an der Südseite der Alpen, z. B. in Meran oder am Garda-See. Dort gibt es in Gardone sehr alte hochstämmige Pflanzen. *Trachycarpus fortunei* ist eine sehr schöne, harte Kalthauspflanze, die als Jungpflanze auch im Zimmer ohne Schwierigkeit zu halten ist. Im Winter nimmt sie mit jedem nicht zu dunklen, frostfreien Standort vorlieb, sofern gelüftet wird. Im Sommer sollte sie ins Freie gestellt werden. In Gebieten mit Weinbauklima überdauert sie ähnlich wie die Feige bei milden Wintern im Freien. Zur Kälteresistenz s. Seite 34.

Wallichia

Die Gattung *Wallichia* Roxb. ist nach dem englischen Botaniker Nathaniel Wallich benannt, der Superintendent des Botanischen Gartens in Kalkutta war. Sie umfaßt neun Arten, die vom Südabfall des Himalaja bis Hinterindien verbreitet sind. Es handelt sich um Palmen von außergewöhnlichem Habitus mit rohrartigem bzw. fehlendem Stamm und flossenähnlichen, einzeln oder büschelig stehenden Blattfiedern.

Wallichia densiflora (Mart.) Mart.
Wallichiapalme

Wallichia densiflora ist in Assam und am Südabhang des Himalaja verbreitet. Dort wächst die Palme in schattigen, feuchten Tälern, in denen sie bis 1200 m Höhe emporsteigt. Sie persistiert mit einem verzweigten Rhizom, an dem an den sitzenden Sproßvegetationskegeln oder an gedrungenen, sich kaum über die Oberfläche erhebenden, rohrartigen filzigen Stämmen die 3 bis 4 m langen Blätter stehen. Die Fiedern stehen weitläufig entfernt, sind von keilförmiger Gestalt und am Rand gezähnt, oberseits glänzend grün, unterseits bereift. Mit ihren breit ausladenden Blättern und der wiederholten Adventivsproßbildung stellt *Wallichia densiflora* eine breit buschig wachsende Palme dar, die an eine mächtige Farnpflanze erinnert.

Die Blütenstände stehen dicht am Boden, aus einem kräftigen Stiel mit fingerartig angeordneten Verzweigungen bestehend. Sie hängen über und sind von großen purpurrot und goldgelb gestreiften Deckblättern eingehüllt. Die Blüten sind sehr klein, stehen sehr dicht beisammen (lat. densiflora = dichtblütig) und sind eingeschlechtig, die männlichen mit sechs der Kronröhre im Grunde angewachsenen Staubblättern, die weiblichen mit kurzem, gestieltem, zwei- bis dreifächerigem Fruchtknoten, aus dem eine meist einsamige Frucht mit dünnem Fruchtfleisch hervorgeht. Eine außergewöhnliche Erscheinung ist ebenfalls die hierher gehörende *Wallichia disticha* T. Anders. aus dem Himalaja mit rohrartigem bis 6 m hohem Stamm und streng zweizeilig angeordneten Blättern, an denen die Fiedern in Büscheln stehen.

Wallichia densiflora ist wie ihre Verwandten einfach zu kultivieren, leicht- und schnellwüchsig, verlangt allerdings nahrhafte, durchlässige, humos-lehmige Erde. Die Vermehrung erfolgt durch Samen oder Ausläufer, die erst abgetrennt werden dürfen, wenn sie hinreichend bewurzelt sind.

Washingtonia

Die Gattung *Washingtonia* H. Wendl. wurde zu Ehren von George Washington, dem ersten Präsidenten der Vereinigten Staaten, benannt. Sie wurde früher als Untergattung zu *Pritchardia* geführt und 1879 von H. Wendland als eigene Gattung abgetrennt. Sie umfaßt nur zwei Arten in Kalifornien, West-Arizona und Nord-Mexiko, während die zahlreichen Arten der Gattung *Pritchardia* auf den Hawaii- und Fidschi-Inseln verbreitet sind. Die systematische Aufspaltung ist abgesehen von der geographischen Trennung problematisch, denn als wesentliches Unterscheidungsmerkmal wird angegeben, daß bei *Washingtonia* die Blätter lang herunterhängend am Stamm verbleiben und als dichter Mantel bis zum Erdboden reichen, während dies bei *Pritchardia* nicht der Fall ist.

Washingtonia filifera (Lind. ex André) H. Wendl.
Fädige Washingtonie
Syn. *Pritchardia filifera* Lind. ex André
Abbildungen Seite 24, 55.

Die Blätter sind vor allem bei *Washingtonia filifera* durch lange hängende Fasern an den Fächerstrahlen der Blätter ausgezeichnet. Die Blattstiele sind flach gewölbt und am Rand bedornt.

Die Fädige Washingtonie bildet einen 18 bis 22 m hohen säulenförmigen Stamm mit einem Durchmesser bis 1 m. Der grüne Blattstiel wird 1 bis 2 m lang, ist am Grunde beiderseits mit Dornen versehen und trägt einen bis 2 m Durchmesser erreichenden Blattfächer mit 50 bis 70 Strahlen. Die Blätter sind graugrün, und die zugespitzte Blattzunge (Hastula) an der Übergangsstelle zwischen Blattstiel und Blattspreite wird mehr als 10 cm lang. Die Blattspreite ist zwischen den Strahlen bis zur Hälfte eingerissen; zwischen den Segmenten bleiben beim Einreißen feine lange Fasern stehen.

Die verzweigten, 3 bis 4 m Länge erreichenden Blütenstände stehen in den Blattachseln zunächst aufrecht und neigen mit zunehmender Fruchtreife über. An ihnen sitzen in großer Anzahl die kleinen zwittrigen weißen Blüten. Diese sind wie bei der Gattung *Pritchardia* gebaut (s. S. 128). Aus dem dreilappigen, mit deutlich ausgebildetem Griffel versehenen Fruchtknoten gehen knapp 1 cm große eiförmige, auf zylindrischem Stiel sitzende, steinfruchtartige, braunschwarze Beeren hervor. Diese Palme ist mit ihrem schlanken Stamm und den graziös überhängenden langfaserigen Blattfächern von besonderer Schönheit. Sie ist sehr widerstandsfähig und in Parks und Anlagen mit Mittelmeerklima eine weit verbreitete Erscheinung. In Alleen gepflanzt, entfaltet sie besondere Wirkung.

Sie wächst relativ schnell, und ihre Samen keimen bereits nach 15 bis 30 Tagen. Es handelt sich zugleich um eine typische Kalthauspflanze, die in Sammlungen häufig ist und neuerdings als besonders dekorative kleine Topfpflanze im Handel angeboten wird. Diese Art kann im Freiland leicht mit *Livistona chinensis* verwechselt werden.

Washingtonia robusta H. Wendl.
Washingtonie
Syn. *Washingtonia filifera* var. *robusta* (H. Wendl.) Parish
Abbildung Seite 133.

Im Gegensatz zur mehr nördlich verbreiteten in Kalifornien beheimateten Fädigen Washingtonie ist diese Art in Nordwest-Mexiko, im südlichen Sonora und in Nieder-Kalifornien natürlich verbreitet. Beide Arten sind einander sehr ähnlich und im Hinblick auf die individuelle Variabilität werden die Unterscheidungsmerkmale nur beim Vergleich möglichst vieler Pflanzen deutlich. Es kommt hinzu, daß die Bäume in Abhängigkeit von Alter und Standort verschieden aussehen können.

Abgesehen von den unterschiedlichen Verbreitungsgebieten besitzt *Washingtonia robusta* einen schlankeren, bis 25 m hohen Stamm, der im Gegensatz zu *Washingtonia filifera* mehr bräunlich als grau erscheint und an der Basis elefantenfußartig verbreitert ist. Nach Entfernen der Blätter zeigen nach McCurrach die Blattbasen im Innern um den Stamm eine kreuzweise Verflechtung, wie sie in idealer Weise bei der in West-Kuba verbreiteten Fächerpalme *Coccothrinax crinita* vorkommt. Die Blattstiele sind im Gegensatz zum gleichmäßig grünen Stiel von *Washingtonia filifera* im oberen Teil rotbraun gefärbt und bei Jungpflanzen auf der ganzen Stiellänge bestachelt. Sie erreichen höchstens 1,2 m Länge. Die Blattspreiten erscheinen im Gegensatz zum graugrünen Farbton von *Washingtonia filifera* frisch glänzend grün und hängen mehr über. Die Blattzunge an der Übergangsstelle von Blattstiel zu Blattspreite auf der Blattoberseite wird nur 6 bis 8 cm lang und ist unterseits von einem handgroßen braunen, glänzenden Filz umgeben. Herabhängende Fäden sind an den Fächerblättern nur in der Jugend vorhanden. Sie verschwinden im Gegensatz zu *Washingtonia filifera* mit zunehmendem Alter. Dies gilt auch für die Zähne des Blattstiels. Insgesamt hängen die Blätter nicht so graziös über.

Die Blütenstände entspringen zwischen den Blattbasen, sind 2 bis 3 m lang und hängen unter der Krone herab. Sie sind durch blaß braune Tragblätter und fleischfarbene Blüten ausgezeichnet. Die fast kugeligen, dunkelbraunen, erbsengroßen Früchte werden reichlich gebildet.

Als klassischer Ort für das spontane Vorkommen von *Washingtonia robusta* ist der Palmcañon etwa 40 km östlich von Banning, Riverside Country in Kalifornien berühmt. Hier wachsen Tausende von Exemplaren in allen Altersstadien, von denen die größten nahezu 30 m Höhe aufweisen. Sie gedeihen hier nur, weil sie mit den Wurzeln das Grundwasser erreichen.

Auch diese Fächerpalme wird in Gebieten mit mediterranem Klima vor allem in den südwestlichen Vereinigten Staaten als ornamentaler Freilandbaum gepflanzt. Eine alte Allee sehr hoher schlankstämmiger Bäume findet sich dort z. B. in einer Orangenplantage in Redlands, Kalifornien. Die Art ist empfindlicher gegen Frost und anhaltende Niederschläge als die vorige. In Mitteleuropa zählt sie zu den verbreiteten Kalthauspflanzen. Die Artbezeichnung robusta = hart, fest, kräftig, die sich von lat. robur: ursprünglich »Kernholz der Eiche« ableitet, ist wenig zutreffend.

Systematischer Überblick über die Familie der Palmae

In vereinfachter Form wiedergegeben nach »Genera palmarum« von NATALIE W. UHL und JOHN DRANSFIELD, 1984. Es sind nur die Gattungen aufgeführt, die im vorliegenden Buch besprochen sind.

Die Familie wird in 6 Unterfamilien eingeteilt:
1. Coryphoideae Griffith
2. Calamoideae Griffith
3. Nypoideae Griffith
4. Ceroxyloideae Drude
5. Arecoideae Drude
6. Phytelephantoideae Drude

Diesen 6 Unterfamilien werden folgende Tribus zugeordnet:

1. **Coryphoideae**
   Phoeniceae Drude mit *Phoenix*
   Borasseae Martius mit *Lantania, Borassus, Lodoicea, Hyphaene*
   Corypheae mit *Coccothrinax, Trachycarpus, Chamaerops, Rhapis, Livistona, Licuala, Pritchardia, Colpothrinax, Brahea (Erythea), Copernicia, Washingtonia, Corypha, Sabal*
2. **Calamoideae**
   Metroxylon, Salacca, Calamus, Raphia
3. **Nypoideae**
   Nypa
4. **Ceroxyloideae**
   Ceroxylon, Hyophorbe, Chamaedorea
5. **Arecoideae**
   Caryota, Arenga, Wallichia, Leopoldinia, Chrysalidocarpus, Neodypsis, Euterpe, Roystonea, Archontophoenix, Cyrtostachys, Howea, Ptychosperma, Pinanga, Areca, Acanthophoenix, Butia, Jubaea, Cocos, Syagrus (Arecastrum), Attalea, Orbignya, Elaeis, Bactris, Geonoma
6. **Phytelephantoideae**
   Phytelephas

Bestimmungsschlüssel

Vorbemerkung: Es sind nur die in dem vorliegenden Werk besprochenen Gattungen aufgeführt. Da einzelne Gattungen mehr als 100 Arten von verschiedenem Habitus enthalten, werden in den einzelnen Punkten des Schlüssels nur die wichtigsten, allgemeingültigen Merkmale aufgeführt.
Die Zahlen in Klammern verweisen auf Abbildungen und Beschreibung im Text.

Palmen mit Fiederblättern (24, links) . . . . B
Palmen mit Fächerblättern (24, rechts) . . . . A

A Palmen mit Fächerblättern

1. Pflanzen mit Ausläufern, dichte Bestände bildend. Sprosse dünn, rohrartig, in der Jugend dicht von untereinander verwobenen Fasern umhüllt (129 unten links). Blätter im Umriß kreisförmig, mit schmalen, am Grund ± hoch verbundenen Fiedern (60 unten), 17 Arten
. . . . *Rhapis*
– Habitus der Pflanzen und Blätter anders gestaltet *2*
2. Pflanzen mit sehr großen, terminalen Blütenständen, nach der Fruchtreife absterbend. Blätter mit großer, im Umriß fast kreisförmiger, am Rand in zahlreiche Fächerstrahlen aufgelöster Spreite (93 rechts; 94), 8 Arten . . *Corypha* (92)
– Palmen mit seitlichen Blütenständen, ausdauernd, nach der Blüte nicht absterbend *3*
3. Stamm im Alter etwa in der Mitte mit faßartiger, wasserspeichernder Verdickung. Nur in Westkuba, 2 Arten . . . . *Colpothrinax* (90)
– Stämme nicht mit faßartiger Auftreibung . . . *4*
4. Stämme regelmäßig gabelig verzweigt (108), nur die madagassische *Hyphaene shatan* ist häufig unverzweigt, Zahl der Arten unsicher
. . . . *Hyphaene* (102)
– Stamm nicht regelmäßig gabelig verzweigt . . . *5*
5. Früchte sehr große, tief 2lappige Steinfrüchte (Doppel-Kokosnuß, 9). Stamm bis 30 m hoch. Blattstiel 2,5–3,5 cm lang, sich in der gefächerten Blattspreite bis zur Spitze fortsetzend (costapalmates Blatt). Seychellen und Malediven, 1 Art
. . . . *Lodoicea* (111)
– Früchte kleiner, nicht tief 2lappig *6*
6. Blattspreiten groß, breiter als lang, mit keilförmigem Grund, am Rand kurz gelappt; jeder Lappen an der Spitze in 2 Zähnen endend (109 unten links). Blattstiele ± 90 cm lang, bis über die Mitte bestachelt. Pflanzen nur bis 2 m hoch, 87 Arten . . . . *Licuala* (107)
– Blätter und Pflanze anders gestaltet *7*
7. Blattspreite auf der Unterseite mit Wachsschuppen, die als Carnauba-Wachs geerntet werden. Stamm 10–15 m hoch, von den sparrig abstehenden Resten der abgefallenen Blätter bedeckt (93), 25 Arten . . . . *Copernicia* (91)
– Blätterunterseite ohne Wachsabscheidungen, zuweilen aber bläulich bereift *8*
8. Pflanze von der Basis her reich verzweigt, strauchbildend, seltener mit Stämmen bis zu 8 m Höhe. Einzige europäische Palme, nur im westlichen Mittelmeergebiet verbreitet (Karte Seite 86, 89), 1 Art . . . . *Chamaerops* (85)
– Solitärpalmen, selten gruppenbildend, mit großen, bis 30 m hohen Stämmen *9*
9. Pflanzen mit langen, bei *Erythea armata* bis 5 m langen, überhängenden, rispig verzweigten Blütenständen (96 unten). Blätter groß, mit 30–40 starr abstehenden Fiederstrahlen, blaugrün bis weiß überlaufen oder grün. Blattstiel am Rand bestachelt oder glatt, sich bis in die Mitte der Spreite fortsetzend. Stammbasis knollig mit zahlreichen sproßbürtigen Wurzeln, 9 Arten
. . . . *Erythea* (97–98)
– Blütenstände nicht bis 6 m lang und bogig überhängend *10*
10. Stamm bis 25 m hoch, von den alten, abgetrockneten, herunterhängenden Blättern fast bis zum Erdboden umhüllt (133). Blätter an der Übergangszone zwischen Blattstiel und Spreite mit einer Blattzunge (Hastula). Fächerstrahlen am Rand mit weißen Fasern *(W. filifera)*, 2 Arten
. . . . *Washingtonia* (144)

–	Stämme nicht von den herabhängenden, abgetrockneten Blättern umhüllt *11*
11.	Blattspreiten bis 2 m Durchmesser, aber meist kleiner *14*
–	Blattspreiten 2–3 m im Durchmesser *12*
12.	Blattstiel und Spreitenbasis mit dichtem weißem Wollfilz; Spreite bis 2,5 m Durchmesser, handfächerförmig, fast kreisrund, Fächerstrahlen an den Rändern glatt oder gezähnt. Stamm bis 10 m hoch, an der Basis leicht verdickt, geringelt, oft von den sparrig abstehenden Resten der Blattstiele bedeckt. Blattstiele und -rippen rot oder gelb überlaufen, 3 Arten . . . . . *Lantania* (104)
–	Blätter ohne dichten Wollfilz *13*
13.	Früchte relativ klein, z. T. tiefrot; Blattspreiten meist kreisrund oder schmal-fächerförmig, bis 2 m im Durchmesser, aufwärts gerichtet. Fächerstrahlen auf ein Viertel bis zur Hälfte eingeschnitten (129 oben rechts), an den Spitzen 2spaltig. Stamm bis 10 m hoch, an der Basis nicht verdickt, glatt oder geringelt, 38 Arten . . . . *Pritchardia* (128)
–	Früchte 15–20 cm groß und bis 2 kg schwer, mit faserig-saftigem Mesokarp. Stämme bis 30 m hoch, geringelt und unregelmäßig mit zerschlitzten Blattgrundfasern bedeckt. Blattstiel unregelmäßig gezähnt, bis 1,5 m lang. Spreite bis 3 m im Durchmesser, mit bis zur Mitte eingerissenen Fächerstrahlen, 1–9 Arten . . . . *Borassus* (72)
14 (11).	Blattstiel glatt, sich in die kreisrunde, bis 2 m im Durchmesser große Spreite fortsetzend. Fächerstrahlen schmal, an der Spitze 2spaltig, starr abstehend. Stamm bis 25 m hoch (*Sabal minor* stammlos), am Grund schräg aufsteigend, glatt oder mit Ringen oder von sich kreuzenden, abstehenden Blattbasen bedeckt, 25 Arten . . . . *Sabal* (138–139)
–	Blattstiel am Rande fein gezähnt oder derb bestachelt *15*
15.	Blattstiel am Rand fein gezähnt. Spreite bis 90 cm im Durchmesser, mit wenigen bis zum Grund eingeschnittenen, an der Spitze 2spaltigen Fächerstrahlen. Stämme 2–3, auch bis 12 m hoch (16), in der Jugend völlig, im Alter nur im oberen Abschnitt von einem dichten Netz brauner Fasern und den aufwärtsgerichteten Blattgrundresten bedeckt. Früchte kleine, bohnenförmige, glatte, blaue Beeren, 4–6 Arten . . . . *Trachycarpus* (143)
–	Blattstiele lang (2), am Rand meist mit 2 Reihen scharfer Stacheln. Spreiten rund, bis zur Mitte oder tiefer fächerig gespalten. Fächerstrahlen 2spaltig, oft mit langen Endhaaren. Früchte klein, z. T. eßbar (*L. chinensis*), 24 Arten . . . . *Livistona* (109–110)

B Palmen mit Fiederblättern

1.	Solitärpalmen mit unverzweigten Stämmen *10*
–	Strauchig-buschig wachsende, von der Basis her verzweigte Palmen *2*
2.	Blattscheiden und Mittelrippen der Fiederblätter leuchtend rot (96 oben links), 11 Arten . . . . *Cyrtostachys* (95)
–	Blattscheiden und Mittelrippe nicht leuchtend rot, anders gefärbt *3*
3.	Kletterpalmen. Blattrhachis peitschenartig verlängert (bis 1 m) und mit rückwärts gerichteten Stacheln besetzt (79), häufig auch mit besonderen, in der Achsel der Blattscheide entspringenden, stachelbewehrten Klettertrieben (Flagellen), 340 Arten . . . . *Calamus* (75)
–	Nicht mit Hilfe der verlängerten Blattrhachis oder Flagellen kletternde Palmen *4*
4.	Pflanzen ohne Rhizom, mit wohlentwickelten, aufrechten Stämmen *8*
–	Pflanzen mit unterirdischem Stamm oder Rhizom *5*
5.	Pflanze mit unterirdischem Stamm, dem die bis 6 m langen Blätter entspringen. Blattstiele mit abgeflachten, glänzend schwarzbraunen Stacheln (142). Vorwiegend an sumpfigen Orten, 14 Arten . . . . *Salacca* (14)
–	Pflanze mit verzweigtem oder unverzweigtem Rhizom *6*
6.	Pflanzen mit dicht bestachelten, z. T. rohrartigen Stämmen, diese zuweilen auf 1 reduziert. Stacheln in Ringen, abwechselnd mit den Blattnarben. Auch Blattstiele bestachelt. Früchte pfirsichartig, ca. 35 Arten . . . . *Bactris* (71)
–	Pflanzen stachellos *7*
7.	Kleine, oft winzige Palmen mit glatten, grünen, rohrartigen, quergeringten Stämmchen, die in Gruppen den Rhizomästen entspringen. Blätter unregelmäßig gefiedert, in der Jugend oft rosa oder orangefarben-kupferrot, schlaff herabhängend, später sich aufrichtend und ergrünend. Achsen der Fruchtstände sich von grün nach dunkelrosa oder purpurn verfärbend. Früchte klein, rot bis schwarz, 150 Arten . . . . *Pinanga* (126)
–	Stämme gedrungen, sich kaum über die Erde erhebend oder rohrartig-filzig. Blätter 3–4 m, mit flossenähnlichen, einzeln oder büschelig stehenden Blattfiedern. *W. densiflora* im Wuchs an eine mächtige Farnpflanze erinnernd, 9 Arten . . . . *Wallichia* (143)
8 (4).	Pflanze mit Ausläufern. Stämme 1,5–2 m hoch. Blätter meist mehrpaarig, seltener einpaarig gefiedert oder einfach, an der Spitze geteilt oder

	ungeteilt, ca. 130 Arten .... *Chamaedorea* (83)
–	Pflanzen ohne Ausläufer *9*
9.	Pflanzen bis 2 m hoch, selten höher, buschbildend, zuweilen auch mit einfachem Stämmchen. Blätter in Form und Größe variabel, häufig mit ungleich breiten Fiedern, die breitflächig an der Rhachis ansetzen und bis auf ein Fiederpaar reduziert sein können, ca. 240 Arten .... *Geonoma* (99)
–	Pflanze mit zahlreichen, 9–15 m hohen, schlanken, grünen oder gelben, quergeringelten Stämmchen (41). Fiederblätter bogig überhängend (41 links unten), mit 40–50 cm langen, am Grund leicht blasenförmig aufgetriebenen Blattscheiden; Mittelrippe und Fiedern bei intensiver Sonneneinwirkung sich gelb verfärbend. Früchte klein, goldgelb. Nur in Madagaskar beheimatet, 24 Arten .... *Chrysalidocarpus* (87)
10 (1).	Blätter doppelt gefiedert, 5–6 m lang, bis 3,5 m breit. Fiedern an einen Fischschwanz erinnernd. Infloreszenzen von der Stammspitze sich basalwärts entwickelnd (80 oben rechts), 27 Arten .... *Caryota* (81)
–	Blätter stets einfach gefiedert *11*
11.	Blütenstände endständig, groß, reich verzweigt. Pflanze nach der Fruchtreife absterbend, sich aber durch Ausläufer vermehrend, 28 Arten .... *Metroxylon* (113)
–	Blütenstände seitlich *12*
12.	Fiederblätter in 3 Zeilen angeordnet. Blattscheiden insgesamt im Querschnitt ein Dreieck bildend (116 rechts). Nur Südmadagaskar, 15 Arten .... *Neodypsis* (115)
–	Blätter stets spiralig angeordnet *13*
13.	Pflanze mit verzweigtem Rhizom im Brackwasser wachsend und hier große Bestände bildend. Blütenstände in den obersten Blattachseln (116 links), 1 Art .... *Nypa* (116)
–	Pflanze nicht im Brackwasser, teilweise aber in Süßwassersümpfen wachsend *14*
14.	Blätter meist nicht länger als 10 m *16*
–	Blätter meist länger als 10 m *15*
15.	Blätter bis zu 18 m lang, im spitzen Winkel aufrecht, an der Spitze überhängend. Stamm 10–15 m hoch, aber auch stammlos, undeutlich von den Blattnarben bedeckt. Früchte an kleine Kokosnüsse erinnernd, zahlreich, ca. 22 Arten .... *Orbignya* (118)
–	Blätter bis 20 m lang, überhängend, mit 1–2 m langen, z. T. bestachelten Seitenfiedern. Stamm im oberen Teil von den Blattbasen bedeckt. Früchte hühner- bis gänseeigroß, mit glänzenden braunen Schuppen (98 unten), ca. 30 Arten .... *Raphia* (131)
16 (14).	Pflanzen ohne Stacheln oder Dornen *18*
–	Pflanzen mit Stacheln und Dornen *17*
17.	Blattscheiden dicht mit braunen oder braunschwarzen Stacheln bedeckt; unterhalb derselben die mehrfach verzweigten Infloreszenzen, 2 Arten .... *Acanthophoenix* (63)
–	Dornen und Stacheln auch am Stamm und Blättern; Stämme mit auffallenden Stammverdickungen, die bei allen Pflanzen auf gleicher Höhe stehen und in Ringen angeordneten Stacheln; auch Blatt- und Infloreszenzstiele bestachelt, ca. 26 Arten .... *Acrocomia* (65)
18 (16).	Stämmchen nur bis 1,5 m hoch (auch im Alter) und bis 5 cm dick, von den abstehenden, hellbraunen Mittelrippen der abgefallenen Blätter und braunen Blattgrundfasern eingehüllt. Fiederblätter grazil, bis 1,5 m lang (113 unten). Pflanze als »Kokospälmchen« bekannt, 2 Arten .... *Microcoelum* (114)
–	Pflanzen größer als 1,5 m *19*
19.	Früchte groß, 20(–30) cm im Durchmesser, 3kantige, anfangs grüne, später gelbe oder braune Steinfrüchte mit faserigem Mesokarp und Steinkern, der das »Kokosfleisch« und die »Kokosmilch« umschließt (29A, 40 oben rechts). Pflanzen bis 30 m hoch. Vorwiegend an tropischen Stränden, aber auch plantagenmäßig angepflanzt, 1 Art .... *Cocos* (87)
–	Früchte kleiner; Steinfrüchte oder Beeren .. *20*
20.	Steinfrüchte mit fleischigem oder ölhaltigem Mesokarp, rot oder schwarz, in großen Fruchtständen, die einer riesigen Erdbeere gleichen. Stämme aufrecht, 10–20 m hoch oder zunächst kriechend und wurzelnd, sich im Alter aufrichtend und 2–3 m hoch, 8 Arten .... *Elaeis* (97)
–	Früchte nicht in großen, erdbeerähnlichen Fruchtständen *21*
21.	Früchte länglich, beerenartig, z. T. genießbar, mit hartem, längs gefurchtem Steinkern, in lockeren, herabhängenden Fruchtständen. Pflanzen mit 15–20 m hohen, schlanken oder gedrungenen Stämmen, auch kleiner und nur 1–2 m hoch, einzeln wachsend oder buschig verzweigt. Stämme von den Blattbasenresten umhüllt (120), 13 Arten .... *Phoenix* (118)
–	Früchte anders gestaltet *22*
22.	Palmen mit im Verhältnis zur Länge schlanken, glatten oder geringelten Stämmen *31*
–	Palmen mit im Verhältnis zu ihrer Länge recht dicken, glatten oder geringelten, selten niederliegend-aufsteigenden Stämmen *23*
23.	Stamm anfangs im Boden, im Alter bis 2 m lang, niederliegend-aufsteigend, von den zahlreichen sproßbürtigen Wurzeln gestützt mit terminaler Blattrosette. Blätter kurz gestielt, sehr regelmäßig gefiedert (125). Fruchtstände mit meist 6,

teilweise verwachsenen Einzelfrüchten. Samen eigroß, sehr hart, als »vegetabilisches Elfenbein« bekannt (38 Mitte), 13 Arten .... *Phytelephas* (124–125)
- Stamm auch in der Jugend aufrecht 24
24. Stamm im Alter flaschenförmig, nicht länger als 2 m, aber bis 50 cm dick, mit breiten Ringfurchen aus den Narben der abgefallenen Blätter (104), 2 Arten .... *Hyophorbe* (102)
- Stamm im Alter nicht kurz-flaschenförmig . 25
25. Stamm bis 20 m hoch und 1,3 m dick (44), sich zur Spitze etwas verjüngend. Blätter zahlreich, 4–5 m lang. Blütenstände zahlreich. Früchte 4–5 cm große Steinfrüchte mit eßbarem Nährgewebe (Coquitos). Nur in Zentralchile, 1 Art .... *Jubaea chilensis* 103
- Stämme dünner als 1 m im Durchmesser ... 26
26. Infloreszenzen zwischen den Blättern, axillär 29
- Infloreszenzen unterhalb der Blattrosette .. 27
27. Stämme bis 40 m hoch und 60 cm im Durchmesser, dick, glatt, grau, leicht geringelt. Blätter 5–7 m lang (12), 16 Arten .... *Roystonea* (135)
- Stämme niedriger als 40 m 28
28. Blätter am Grund mit gekräuselten Haaren, 2–3 m lang. Stamm bis 6 m hoch, 30 cm dick, anfangs von Blattbasenresten umhüllt, diese später abfallend, auch der Stamm dann deutlich geringelt (76). Früchte gelborange-farbene Beeren, der Geleeherstellung dienend, 21 Arten .... *Butia* (74)
- Blätter am Grund ohne Haare, steif aufrecht. Fiedern an der Spitze fischflossenartig gezähnt. Stamm bis 20 m hoch. Infloreszenzen wie bei *Caryota*, bis 2,5 m lang, aus ruhenden Knospen abgefallener Blätter sich entwickelnd, 18 Arten .... *Arenga* (69)
29 (26). Dimorphismus zwischen Primär- und Folgeblättern; die ersteren mit großer, ungeteilter Spreite; Folgeblätter als Fiederblätter in Erscheinung tretend. Blattgrund älterer Blätter mit langen, gelben Fasern. Stämme bis 7 m hoch und 30 cm dick, mit dichtstehenden, unvollständigen Ringen, in der Jugend von Blattgrundresten bedeckt. In den männlichen Blüten 90–120 Staubblätter, 2 Arten .... *Polyandrococos* (127)
- Primär- und Folgeblätter meist gleichgestaltet, nur verschieden groß 30
30. Blätter sehr kurz gestielt, steil aufsteigend, 4–6 m lang. Rhachis am Grund mit langen Fasern (Bahia-Piassava-Fasern). Stämme bis 9 m hoch und 40 cm dick, 38 Arten ... *Attalea* (70)
- Blätter länger gestielt, groß, regelmäßig gefiedert. Blattgrund mit langen Fasern, diese für lange Zeit auch den Stamm einhüllend (Para-Piassava-Fasern). Stämme 6–12 m hoch, 4 Arten .... *Leopoldinia* (106)
31 (22). Stämme bis 60 m hoch, 20–30 cm dick (35), quergeringelt, unterhalb der Wedelkrone und den Blattstielen mit dicker Wachskruste, 12 Arten .... *Ceroxylon* (83)
- Stämme niedriger, ohne dicke Wachskrusten 32
32. Infloreszenzen blattachselständig. Stämme grau, glatt, 8–10 m hoch und 40–60 cm dick. Fiederblätter bis 6 m lang, überhängend (76 links), Blattgrund mit Fasern, welche den Stamm umhüllen, 7 Arten .... *Arecastrum* (68)
- Infloreszenzen unterhalb der terminalen Blattrosette 33
33. Stämme an der Basis ohne Anschwellung .. 36
- Stämme an der Basis mit Anschwellung 34
34. Stamm in der Jugend rohrartig dünn, glänzend grün, glatt, durch die Narben der abfallenden Blätter geringelt, im Alter braungrau. Fiederblätter bis 2,5 m lang, mit kurzem, schuppigem Stiel; Fiedern meist mit 5 Falten und an der Spitze gestutzt oder unregelmäßig gekerbt, 40 Arten .... *Ptychosperma* (130)
- Sprosse in der Jugend nicht rohrartig dünn. Blattfiedern nicht mit Falten 35
35. Stamm glatt, grün, von den Blattnarben gemustert, bis 12 m hoch (bei *H. forsteriana* Stammverdickung fehlend), 2 Arten ...... *Howea* (100)
- Stamm bis 20 m hoch, in der Jugend braun, im Alter grau mit Ringfurchen der abgefallenen Blätter. Fiederblätter überhängend, bis 4 m lang, am Grund mit herabhängenden Fasern. Früchte feuerrote Beeren, 4 Arten .... *Archontophoenix* (64–66)
36 (33.) Stamm bis 45 m hoch und 50 cm dick, glatt. Fiederblätter überhängend, mit langem, glattem, röhrenförmigem Blattgrund, 50 Arten .... *Euterpe* (98–99)
- Stamm kleiner als 45 m 37
37. Blätter mit braunfilziger Rhachis. Stamm bis 6 m hoch, 12–15 cm dick. Blätter bis 3 m lang. Früchte kleine, scharlachrote Beeren, 3 Arten .... *Rhopalostylis* (134)
- Blattrhachis nicht braunfilzig; Wedelkrone mit steif-aufrechten oder bogenförmig übergeneigten Blättern. Stamm 18–30 m hoch, im Alter grau und geringelt. Eigroße, gelb- bis orangerote Steinfrüchte. Samen mit strahlig zerklüftetem Nährgewebe (= Betelnuß, 38 oben), 50–80 Arten .... *Areca* (66)

Verzeichnis der deutschen Pflanzennamen

Vom lateinischen Namen abgeleitete deutsche Namen, wie Washingtonie *(Washingtonia)*, sind in dem Verzeichnis nicht enthalten.

Anden-Wachspalme – *Ceroxylon alpinum*
Assaipalme – *Euterpe edulis*
Babassupalme – *Orbignya*
Bahiapiassavepalme – *Attalea funifera*
Bastpalme – *Raphia farinifera*
Bergpalme – *Chamaedorea*
– Zierliche – *Chamaedorea elegans*
Betelpalme – *Areca*
Betelnußpalme – *Areca catechu*
Brennpalme – *Caryota urens*
Buripalme – *Polyandrococos caudescens*
Carnaubapalme – *Copernicia prunifera*
Cohunepalme – *Orbignya cohune*
Corozopalme – *Orbignya cohune*
Dattelpalme – *Phoenix dactylifera*
– Kanarische – *Phoenix canariensis*
– Senegalesische – *Phoenix reclinata*
– Zierliche – *Phoenix roebelenii*
Drachenblutpalme – *Daemonorops draco*
Dumpalme – *Hyphaene thebaica*
Elfenbeinpalme – *Phytelephas*
Faltenpalme – *Ptychosperma elegans*
Faßpalme – *Colpothrinax wrightii*
Fischschwanzpalme – *Caryota mitis, C. urens*
Flaschenpalme – *Hyophorbe amaricaulis*
Futterpalme – *Hyophorbe*
Geleepalme – *Butia capitata*
Goldfruchtpalme – *Chrysalidocarpus lutescens*
Gomutipalme – *Arenga porphyrocarpa*
Hanfpalme – *Trachycarpus fortunei*
Honigpalme – *Jubaea chilensis*
Hutpalme – *Sabal causiarum*
Katechupalme – *Areca catechu*
Kentiapalme – *Howea*
– Belmoreanische – *Howea belmoreana*
– Forstersche – *Howea forsteriana*
Kittulpalme – *Caryota urens*
Kletterpalmen – *Calamus* und andere
Kohlpalme – *Euterpe oleracea, Roystonea oleracea*
Kokospälmchen – *Microcoelum weddelianum*
Kokospalme – *Cocos nucifera*
Königspalme – *Roystonea*
– Karibische – *Roystonea oleracea*
– Kubanische – *Roystonea regia*
Lackpalme – *Cyrtostachys renda*
Lontaropalme – *Borassus flabellifer*
Nikanpalme – *Rhopalostylis sapida*
Ölpalme – *Elaeis*
– Afrikanische – *Elaeis guineensis*
– Amerikanische – *Elaeis oleifera*
Palmettopalme – *Sabal palmetto*
Palmyrapalme – *Borassus flabellifer*
Para-Piassavapalme – *Leopoldinia piassaba*
Pfirsichpalme – *Bactris gasipaës*
Rotstielpalme – *Cyrtostachys renda*
Rotangpalmen – *Calamus* und andere
Sagopalme – *Metroxylon sagu*
Sagwirepalme – *Arenga pinnata*
Salakpalme – *Salacca*
Schopfpalme – *Corypha*
Seychellennußpalme – *Lodoicea maldivica*
Siegellackpalme – *Cyrtostachys renda*
Steckenpalme – *Rhapis excelsa*
– Niedrige – *Rhapis humilis*
Steinnußpalme – *Phytelephas*
Sternnußpalme – *Astrocaryum aculeatum*
Strahlenpalme – *Licuala*
Talipotpalme – *Corypha umbraculifera*
Toddypalme – *Caryota urens*
Wachspalme – *Ceroxylon, Copernicia*
Weinpalme – *Raphia vinifera*
Zuckerpalme – *Arenga*
Zwergdattelpalme – *Phoenix roebelenii*
Zwergpalme – *Chamaerops humilis*

Verzeichnis der wissenschaftlichen Pflanzennamen

Halbfette Seitenzahlen verweisen auf eine Abbildung. Kursive Zahlen verweisen auf die ausführliche Beschreibung der Gattung oder Art.

Acanthophoenix H. Wendl. 56, *63*
– *crinita* (Bory) H. Wendl. 62, *63*
– *rubra* (Bory) H. Wendl. *63*
Acrocomia Mart. 56, *65*, 71
– *armentalis* (Morales) L. H. Bailey *65*
Aiphanes Willd. 71
Ancistrophyllum Mann et H. Wendl. **79**, 81
Archontophoenix H. Wendl. et Drude *65*
– *alexandrae* (F. v. Muell.) H. Wendl. et Drude **30**, 62, **64**, 66
– – var. *beatricae* (F. v. Muell.) White 66
– *cunninghamiana* (H. Wendl.) H. Wendl. et Drude **54, 55**, 56, 58, 62, 66
Areca L. 7, 66
– *baueri* (Seem.) Hook. f. s. *Rhopalostylis baueri*
– *catechu* L. 7, **38**, 43, 56, *67*
– *crinita* Bory s. *Acanthophoenix crinita*
– *rubra* Bory s. *Acanthophoenix rubra*
– *sapida* Soland. ex G. Forst. s. *Rhopalostylis sapida*
– *speciosa* hort. s. *Hyophorbe amaricaulis*
Arecastrum (Drude) Becc. 24, *68*, 74
– *romanzoffianum* (Cham.) Becc. 12, 35, 56, 62, *68*, **76**
Arenga Labill. 39, 40, *69*
– *hastata* (Becc.) Whitm. 70
– *hookeriana* (Becc.) Whitm. 70
– *pinnata* (Wurmb.) Merr. **29**, 56, *69*
– *porphyrocarpa* (Bl.) H. E. Moore 62, *70*
– *saccharifera* Labill. s. *A. pinnata*
Astrocaryum G. F. W. Mey 19, *71*
– *mexicanum* Liebm. 26, 60
Attalea H. B. K. 56, *70*
– *cohune* Mart. s. *Orbignya cohune*
– *funifera* Mart. ex Spreng. *71*, 106
Bactris Jacq. ex Scop. *71*
– *gasipaës* H. B. K. **30**, 56, *71*
– *utilis* s. *B. gasipaës*
Borassus L. 39, 56, *72*
– *flabellifer* L. *72*
– *flabelliformis* Murr. s. *B. flabellifer*

Brahea Mart. ex Endl. 39, 97
– *armata* S. Wats s. *Erythea armata*
– *edulis* H. Wendl. ex S. Wats. s. *Erythea edulis*
Butia (Becc.) Becc. 56, *74*
– *bonnetii* (Becc.) Becc. 61, 75
– *capitata* (Mart.) Becc. 39, 61, *74*, **76**
Calamus L. 14, 20, 23, 35, 40, **42**, 56, 75, **80**
– *angustifolius* Griff. **36**, 36
– *ciliaris* Bl. 62, *78*
– *javensis* Bl. 36
– *laevigatus* Mart. 36
Caryota L. 39, 43, 56, 69, *81*
– *aequatorialis* Ridl. 81
– *cumingii* Lodd. ex Mart. 81
– *mitis* Lous. **31**, 54, **55**, 58, 62, *82*
– *ochlandra* Hance 81
– *rumphiana* Mart. 81, 82
– *sobolifera* Wall. ex Mart. s. *C. mitis*
– *urens* L. 24, 40, 45, 62, **80**, *81*, 82
Ceratolobus Bl. *37*, 78, 79
Ceroxylon Bonpl. ex DC. 14, *83*
– *alpinum* Bonpl. 12, 43, 62, **80**, *83*
– *andicola* Humb. et Bonpl. s. *C. alpinum*
– *ferrugineum* Regel 83
– *klopstockiae* Mart. 83
– *niveum* hort. s. *Polyandrococos caudescens*
– *quindiuense* H. Wendl. 83
Chamaedorea Willd. 14, 24, 33, 35, 56, 58, *83*
– *desmoncoides* H. Wendl. s. *Ch. elatior*
– *elatior* Mart. **80**, *84*
– *elegans* Mart. 25, 54, 58, *84*
– *ernesti-augusti* H. Wendl. **60**, 62, *84*
– *geonomiformis* H. Wendl. 62, *85*
– *tenella* H. Wendl. 62, 85
Chamaerops L. 24
– *fortunei* Hook s. *Trachycarpus fortunei*
– *humilis* L. 15, **26**, **31**, 33, 34, 40, 54, 58, 62, *85*, **89**
Chrysalidocarpus H. Wendl. 87
– *lutescens* (Bory) H. Wendl. **41**, 45, 54, 56, 58, 59, 62, *87*
Cocos L. 25, 30, 39, 74, 87
– *australis* hort. non Mart. s. *Butia capitata*
– *nucifera* L. 11, 20, **24**, 27, **28**, **29**, 33, 35, 39, **41**, **55**, 56, 58, 62, **73**, *87*, **92**

– *plumosa* Hook s. *Arecastrum romanzoffianum*
– *romanzoffiana* Cham s. *Arecastrum romanzoffianum*
– *weddeliana* H. Wendl. s. *Microcoelum weddelianum*
Colpothrinax Griseb. et H. Wendl. *90*
– *wrightii* Griseb. et H. Wendl. 65, *90*
Copernicia Mart. ex Endl. 25, 35, 56, *91*
– *alba* Morong s. *C. australis*
– *australis* Becc. *91*
– *cerifera* (Arr. da la Cam. ex Koster) Mart. s. *C. prunifera*
– *macroglossa* H. Wendl. ex Becc. **93**
– *prunifera* (Mill.) H. E. Moore 43, 62, *91*
Cornera Furtado 78, 79
Corypha L. 40, 43, 56, 74, *92*
– *australis* R. Br. s. *Livistona australis*
– *elata* Roxb. s. *C. utan*
– *gembanga* (Bl.) Bl. s. *C. utan*
– *talieri* Roxb. 62, *93*, **94**
– *umbraculifera* L. 20, 26, **41**, 62, *93*, **93**
– *utan* Lam. 26, 62, *94*
Cryosophila Bl. 23
Cyrtostachys Bl. *95*
– *lakka* Becc. 97
– *renda* Bl. **27**, 45, 56, 62, *95*, **96**
Daemonorops Bl. 78
– *draco* Bl. 43
– *ursina* Becc. 36
– *verticillaris* Mart. 38
Desmoncus Mart. 20, 23, 35, 71, 81
– *horridus* Splitg. 81
– *orthacanthos* Mart. 62, 81
Didymosperma H. Wendl. et Drude ex Hook. s. *Arenga*
– *porphyrocarpum* (Bl.) H. Wendl. et Drude ex Hook s. *Arenga porphyrocarpa*
Diplothemium caudescens Mart. s. *Polyandrococos caudescens*
Elaeis Jacq. 30, 33, 39, 40, 56, *97*
– *guineensis* Jacq. 11, 20, **22**, 34, **96**, *97*
– *oleifera* (H. B. K.) Cortés *97*
Eremosphata (Mann et H. Wendl.) Mann et H. Wendl. ex Hook. 81
Erythea S. Wats. 56, *97*
– *armata* (S. Wats.) S. Wats. 62, **96**
– *edulis* (H. Wendl. ex S. Wats.) S. Wats 62
Eupritchardia pacifica (Seem. et H. Wendl. ex. H. Wendl.) O. Kuntze s. *Pritchardia pacifica*
Euterpe Mart. 39, *98*
– *edulis* Mart. **54, 55,** 56, 58, 59, 62, *99*
– *globosa* Gaertn. 99
– *oleracea* Mart. 25, 62, **96,** *99*
– *precatoria* Mart. 99
Gastrococos crispa (H. B. K.) H. E. Moore s. *Acrocomia armentalis*

Gaussia princeps 23, 35
Geonoma Willd. 56, *99*
– *acaulis* Mart. 20
– *elegans* Mart. 59, 62, *100*
– *pinnatifrons* Willd. 100
Guilielma Mart. s. *Bactris gasipaës*
– *gasipaës* (H. B. K.) L. H. Bailey s. *Bactris gasipaës*
– *speciosa* Mart. s. *Bactris gasipaës*
– *utilis* Oerst. s. *Bactris gasipaës*
Howea Benth. et Hook. *(Howeia* Becc.) 56, *100*
– *belmoreana* (C. Moore et F. v. Muell.) Becc. 58, *100*
– *forsteriana* (C. Moore et F. v. Muell.) Becc. **31, 48,** 54, 58, *101,* **109**
Hyophorbe Gaertn. 56, 101
– *amaricaulis* hort. non Mart. 59, 62, *102,* **105**
– *verschaffeltii* H. Wendl. 102
Hyphaene Gaertn. 39, 43, *102*
– *coriacea* Gaertn. 102
– *thebaica* (L.) Mart. 12, 20, *102,* **108**
Jubaea (Mol.) Baill. 39, 56, *103*
– *chilensis* (Mol.) Baill. 11, 18, **44,** 45, 62, *103*
– *spectabilis* H. B. K. s. *J. chilensis*
Kentia Bl. s. *Howea*
– *baueri* Seem. s. *Rhopalostylis baueri*
Kentia sapida (Soland. ex G. Forst.) Mart. s. *Rhopalostylis sapida*
Korthalsia Bl. **36,** 38, 78, 79, 81
Latania Comm. ex Juss. 56, *104*
– *aurea* hort. s. *L. verschaffeltii*
– *borbonica* hort. non Lam. s. *Livistona chinensis*
– *borbonica* Lam. s. *L. lontaroides*
– *commersonii* J. F. Gmel. s. *L. lontaroides*
– *glaucophylla* hort. s. *L. loddigesii*
– *loddigesii* Mart. 62, *106*
– *lontaroides* (Gaertn.) H. E. Moore 62, *106*
– *rubra* Jacq. s. *L. lontaroides*
– *verschaffeltii* Lem. 62, *106*
Leopoldinia Mart. 40, *106*
– *piassaba* Wallace *106*
Lepidorhachis O. F. Cook 15
– *mooreana* (F. v. Muell.) O. F. Cook 15
Licuala Thunb. 23, 33, 35, 56, *107*
– *acutifida* Mart. 108
– *grandis* H. Wendl. 58, 59, 62, *107,* **109**
Livistona R. Br. 24, 45, 56, *109*
– *australis* (R. Br.) Mart. 58, 62, *110*
– *chinensis* (Jacq.) R. Br. 58, 62, *110,* 145
– *mariae* F. v. Muell. *111*
– *rotundifolia* (Lam.) Mart. 58, 62, **109,** *110*
Lodoicea Comm. ex DC. 56, *111*
– *maldivica* (J. F. Gmel.) Pers. **9,** 11, 17, 30, **31,** 62, *111,* **112**
– *sechellarum* Labill. s. *Lodoicea maldivica*
Mascarena L. H. Bailey s. *Hyophorbe*

– *lagenicaulis* L. H. Bailey s. *Hyophorbe amaricaulis*
Metroxylon Rottb. 43, 56, *113*
– *rumphii* (Willd.). Mart. s. *Metroxylon sagu*
– *sagu* Rottb. 11, 26, 40, 62, *113*, **113**
Microcoelum Burret et Potzt. 56, *114*
– *martianum* (Glaz. ex Drude) Burret et Potzt. s. *M. weddelianum*
– *weddelianum* (H. Wendl.) H. E. Moore 54, 58, 59, **113**, *114*
Myrialepis Becc. 79
Neodypsis Baill. 56, *115*
– *decaryi* Jumelle 58, *115*, **116**
Nipa Thunb. s. *Nypa*
– *fruticans* (Wurmb) Thunb. s. *Nypa fruticans Nypa* Steck *115*
– *fruticans* Wurmb **34**, 35, 62, *116*, **116**
Oncocalamus (Mann et H. Wendl.) Mann et H. Wendl. ex Hook. 81
Oncosperma tigillarium (Jack) Ridley **77**
Orbignya Mart. ex Endl. 40, 56, 71, *118*
– *cohune* (Mart.) Dahlgr. ex Standl. 46, 62, *118*
– *martiana* Barb. Rodr. 118
– *speciosa* Barb. Rodr. 40, 118
Oreodoxa Willd. s. *Roystonea*
– *oleracea* (Jacq.) Mart. s. *Roystonea oleracea*
– *regia* H. B. K. s. *Roystonea regia*
Phoenix L. 25, 27, 33, 39, 45, 56, 58, 59, 62, *118*
– *atlantica* Chev. 121
– *canariensis* hort. ex Chabaud 12, **30**, 45, 54, 58, **117**, *119*, **120**
– *dactylifera* L. 12, **13, 28, 29**, 33, **35**, 39, 58, **120**, *121*
– *humilis* Royle d124
– – var. *loureirii* (Kunth) Becc. 124
– *leonensis* Lodd. s. *Ph. reclinata*
– *paludosa* Roxb. **122**, *123*
– *reclinata* Jacq. 12, *123*
– *roebelenii* O'Brien 58, 62, *123*
– *sylvestris* (L.) Roxb. 121, 124
– *spinosa* Schumach. s. *Ph. reclinata*
– *theophrasti* Greuter 15, **26, 120**, 121, *124*
Phytelephas Ruiz et Pav. 43, 56, *124*, **125**
– *macrocarpa* Ruiz et Pav. 28, 32, **38**, 43, 62, *124*, **129**
Pinanga Bl. 14, 56, *126*
– *decora* Lind. et Rodig. 62, *126*
– *kuhlii* Bl. 62, *127*
Plectocomia Mart. ex Bl. 78, **79**, 81
Polyandrococos Barb. Rodr. 56, *127*
– *caudescens* (Mart.) Barb. Rodr. 62, *127*
Pritchardia Seem. et H. Wendl. ex H. Wendl. 15, 25, 45, 56, *128*, 144
– *filifera* Lind. ex André s. *Washingtonia filifera*
– *lanigera* Becc. 128
– *pacifica* Seem. et H. Wendl. ex H. Wendl. 62, *128*, **129**
– *thurstonii* F. v. Muell. et Drude 62, *130*
– *wrightii* Becc. s. *Colpothrinax wrightii*

Ptychosperma Labill. 56, *130*
– *alexandrae* F. v. Muell. s. *Archontophoenix alexandrae*
– *cunninghamianum* H. Wendl. s. *Archontophoenix cunninghamianum*
– *elegans* (R. Br.) Bl. 62, 66, *130*
Raphia P. Beauv. 24, 25, 39, 56, *131*
– *farinifera* (Gaertn.) Hyl. **38**, 40, **41**, 62, *131*
– *ruffia* (Jacq.) Mart. s. *R. farinifera*
– *vinifera* P. Beauv. 39, 62, *133*
Rhapis L. f. ex Ait. 42, 56, 58, *133*
– *excelsa* (Thunb.) Henry 54, 58, **60**, 62, *134*
– *flabelliformis* L'Hérit. ex Ait. s. *R. excelsa*
– *humilis* Bl. 58, 62, **129**, *134*
Rhopaloblaste ceramica (Miq.) Burret **129**
Rhopalostylis H. Wendl. et Drude 56, *134*
– *baueri* (Seem.) H. Wendl. et Drude 62, *135*
– *sapida* (Soland. ex G. Forst.) H. Wendl. et Drude 58, 60, 62, *135*
Roystonea O. F. Cook 56, *135*
– *oleracea* (Jacq.) O. F. Cook 12, 46, 62, *137*
– *regia* (H. B. K.) O. F. Cook 7, 11, **12**, 20, **30**, 39, 45, 62, **132**, *137*
Sabal Adans. 35, 43, 45, 56, **132**, *138*
– *adansonii* Guersent s. *S. minor*
– *blackburniana* Glazebr. ex Schult. et Schult. f. *138*
– *causiarum* (O. F. Cook) 140
– *mauritiiformis* (Karst.) Griseb. et H. Wendl. 62, 141
– *mexicana* Mart. 62, **139**, *140*
– *minor* (Jacq.) Pers. 34, *140*
– *palmetto* (Walt.) Lodd. ex Schult. et Schult. f. **34**, 56, 62, *140*
– *umbraculifera* hort. ex Mart. s. *S. mexicana*
– *umbraculifera* Mart. s. *S. blackburniana*
Salacca Reinw. 56, *141*
– *S. edulis* s. *S. zalacca*
– *zalacca* (Gaertn.) Voss ex Vilmorin **28, 39**, 62, 141, **142**
Schizospatha Furtado 78, 79
Seaforthia elegans R. Br. s. *Ptychosperma elegans*
Syagrus Mart.
– *romanzoffiana* (Cham.) Glassmann s. *Arecastrum romanzoffianum*
Trachycarpus H. Wendl. 56, *143*
– *fortunei* (Hook.) H. Wendl. 12, **16, 31**, 34, 40, 54, 58, 62, 119, **136**, *143*
Verschaffeltia H. Wendl. 27
– *splendida* H. Wendl. **27**
Wallichia Roxb. 69, *143*
– *densiflora* (Mart.) Mart. 62, *143*
– *disticha* T. Anders. 144
Washingtonia H. Wendl. 45, 56, *144*
– *filifera* (Lind. ex André) H. Wendl. 12, **24**, 54, **55**, 58, 62, *144*
– – var. *robusta* (H. Wendl.) Parish s. *W. robusta*
– *robusta* H. Wendl. 46, 62, **133**, *145*

Literatur

ALAIN, H.: Palms of Cuba. Principes 5, 59–70 (1961).

ALLEN, P. H.: Palms in Middle America. Principes 9, 44–48 (1965).

ANDERSON, A. B.: In search of Wax Palms. Principes 20, 127–135 (1976).

BAILEY, L. H., and E. Z. BAILEY: Hortus Third. Collin Macmillan Publishers, London 1978.

BAILEY, L. H.: Palms. The Standard Cyclopedia of Horticulture Vol. III 2437–2446. The Macmillan Company, New York 1947.

BECCARI, O.: Malesia. II. Piante ospitatrici (ossia piante formicarie della Malesia e della Papuasia descritte ed illustrate de O. Beccari) 340 p. 65 tav. Genova 1884–86.

BLOMBERY, A., and T. RODD: Palms. 199 S. Angus u. Robertson, Publ. London, Sydney, Melbourne 1982.

BÜNNING, E.: Der tropische Regenwald. Springer Verlag, Berlin/Göttingen/Heidelberg, 1956.

CORNER, E. J. H.: The Natural History of Palms. 393 p. Univ. Calif. Press, Berkeley and Los Angeles 1966.

DAMMER, U.: Palmen und Palmenpflege. Trowitsch & Sohn, Frankfurt/Oder 1897.

DRUDE, O.: Palmae. Flora Brasiliensis 3 (2) 251–610, 71 Taf. 1881–82.

ENCKE, F.: Palmen. Pareys Blumengärtnerei. 2. Aufl. S. 143–164. Parey, Berlin u. Hamburg 1958.

ENCKE, F., G. BUCHHEIM und S. SEYBOLD: Zander, Handwörterbuch der Pflanzennamen. 15. Aufl. 1994.

ENGLER, A., und K. PRANTL: Die natürlichen Pflanzenfamilien II, 3. 1–95 (O. DRUDE, Palmae). Leipzig 1889.

HOYOS, F. und A. BRAUN: Palmas tropicales en Venezuela. Sociedad y Fundaçon La Salle de Sciençias Naturales, Monographie No. 33, Caracas 1984.

KAUL, K. N.: Anatomy of Plants. Palms I. Bull. Nat. Bot. Gardens Lucknow Nr. 51, 51 p. (1960).

KOHLMAIER, G., und B. v. SARTORY: Das Glashaus. Studien zur Kunst des 19. Jahrh. 43. 735 S. Prestel, München 1981.

LANGLOIS, A. C.: Supplement to Palms of the World. The University Press of Florida. Gainesville 1976.

LARCHER, W.: Untersuchungen zur Frostresistenz von Palmen. Sitz. ber. Österr. Akad. Wiss. Math.-naturwiss. Kl. Nr. 3, 1–12 (1980).

– Frost suspectibility of Palms. Experimental data and their interpretations. Principes 25, 143–152 (1981).

LEON, H.: Flora de Cuba. Vol. I, 441 p. Contribuciones Ocasionales Museo Hist. Nat. Colegio de la Salle 8. Cultural S. A. La Habana 1946.

LIONNET, J. F. G.: The Valleé de Mai and the Coco-de-Mer Palm (Lodoicea). Principes 9, 134–138 (1965).

LÖTSCHERT, W.: Vegetationsbilder aus Westcuba. 1. Die Faßpalmen-Savanne. Natur und Volk 86, 33–41 (1956). 4. Die Königspalme Ibid. 86, 421–427 (1956).

– Palmen. Natur und Museum 110 (3). Frankfurt 1980.

– u. K. MÄDLER: Plio-pleistozäne Flora aus dem Sisimico-Tal, El Salvador. Geol. Jb. B. 13, 97–191 (1975).

McCURRACH, J. C.: Palms of the World. Harper & Broth., New York 1960, Reprint 1977 bei Hortic. Books Inc., Stuart, Florida 33494.

MUIZENBERG, E. W. VAN DEN: A History of Greenhouses. 435 p. Publ. Inst. Agricult. Engin., Wageningen 1980.

POTZTAL, E.: Principes. Syllabus der Pflanzenfamilien. 12. Aufl. 579–588. Borntraeger, Berlin-Nikolassee 1964.

READ, R. W.: The Genus Thrinax. 98 S. Smithonian Contrib. Washington 1975.

– Madagascar's Three-sided Palm Neodypsis decaryi. Principes 5, 71–76 (1961).

REITZ, P. R.: Flora Ilustrada Catarinense I. Parte: Palmeiras. Itajai, Santa Catarina 1974.

RIKLI, M. A.: Das Pflanzenkleid der Mittelmeerländer. 1942–1948.

SCHOUTE, J. C.: Die Stammesbildung der Monocotylen. Flora 92, 32–48 (1903).

– Über die Verästelung bei monocotylen Bäumen. II. Die Verästelung von Hyphaene. Rec. trav. bot. Neérlandais 6, 211–232 (1909).

SEEMANN, B.: Popular History of the Palms and their Allies. London 1856.

STANDLEY, P. C., and J. A. STEYERMARK: Flora of Guatemala. Fieldiana: Botany 24, I, 478 p. (1958).

STEVENSON, G.: Palms of South Florida. 256 p. Banyon Books, Miami 1974.

TOMLINSON, P. B.: Anatomy of the Monocotyledons. II. Palmae. 453 S. The Clarendon Press, Oxford 1961.

Treub, M.: Observations sur les plantes grimpantes du Jardin Botanique de Buitenzorg. Ann. Jard. Bot. Buitenzorg 3, 160 (1883).

Troll, W.: Allgemeine Botanik. 4. Aufl. Stuttgart 1973.

Uhl, N.W. and J. Dransfield: Genera Palmarum. A classification of palms, based on the work of Harald E. Moore. The C. H. Baley Hortorum and the International Palm Society, Allen Press, Lawrence, Kansas 1987.

Weber, C.: Palms on Postage Stamps. Principes 4, 9–16 (1960).

Wettstein, R.: Handbuch der systematischen Botanik. Verlag Deuticke, Leipzig und Wien 1924.

Whitmore, T. Ch.: Palms of Malaya. 132 S. Univ. Press, Oxford 1973.

Bildquellen

Besonderer Dank gilt dem Botanischen Museum in Berlin-Dahlem und der Bücherei des Deutschen Gartenbaues in Berlin sowie dem Botanischen Institut der Universität Stuttgart-Hohenheim für ihre freundliche Hilfe und die Bereitstellung von älterer Literatur und historischem Bildmaterial.

Alle Neuzeichnungen fertigte Helmut Flubacher, Stuttgart, nach Angaben des Autors: Seite 28, 57, 78 und unter Verwendung älterer Literatur:

nach BÜNNING 1956: Seite 79 rechts
nach CORNER 1966: Seite 22, 36
nach KAUL 1960: Seite 14
nach LANGE (LÖTSCHERT 1980): Seite 33
nach LARCHER 1980: Seite 34
nach READ 1975: Seite 18 links
nach RIKLI 1942–1948: Seite 86
nach TOMLINSON 1961: Seite 19
nach TROLL 1973: Seite 18 rechts, 23
nach WHITMORE 1973: Seite 107

Schwarzweißbilder

HIERONYMUS BOCK, Kreütterbuch. Straßburg 1577. Reprint 1964: Seite 10
ENGLER und PRANTL 1889: Seite 32, 42, 79 links, 94, 125, 142
Gartenflora, Erlangen 1858: Seite 52 oben
KARSTEN, H.: Florae Columbianae terrarumque adiacentium specima selecta 1 (4) Berlin 1861. Botanisches Museum Berlin-Dahlem. t.63: Seite 21
MARTIUS, K. PH. v.: Historia naturalis palmarum. pars 6. München 1837. Botanisches Museum Berlin-Dahlem. t.111: Seite 2 und t.115: Seite 37
Neubert's Deutsches Gartenmagazin, 36, Stuttgart 1883: Seite 52 unten

M. Neumann's Glashäuser aller Art. 2. Aufl. Weimar 1852. Reprint Bauverlag Wiesbaden 1984: Seite 46 und 47
NEUMANN/HARTWIG, Glashäuser aller Art. 4. Aufl. Weimar o.J.: Seite 53 unten
N.N.: Das Etablissement Flora in Berlin-Charlottenburg. Berlin o.J.: Seite 53 oben
Palmengarten, Frankfurt am Main: Seite 50
K. REIS Frankfurt am Main: Seite 51
HERMANN SCHÄFER in LÖTSCHERT 1980: Seite 24
STANDLEY und STEYERMARK 1958 (Botanisches Museum Berlin-Dahlem), Fig. 49: Seite 139
TROLL 1973: Seite 119
WETTSTEIN 1924: Seite 29
WHITMORE 1973: Seite 95, 122
KARL ZIMMER, Hannover: Seite 54, 55, 56

Farbfotos

Johannes Apel, Baden-Baden: Seite 89, 113 u.
Fleckenstein: Seite 31 u.l., 39, 45, 93 r.
Hoffmann: Seite 34 o.
Aja Coester, Frankfurt am Main: Seite 96 o.l., 133 u.
Georges Lévêque, Cloyes sur le Loir: Seite 61
Eberhard Morell, Dreieich: Seite 109 o.l., o.r.
Werner Rauh, Heidelberg: Seite 34 u., 35, 38 M., u., 41 o.l., 80 u.l., 93 l., 96 u., 113 o., 116, 120 u.l., 129 o.l., 132 o., 133 o.
Karlheinz Rücker, Stuttgart: Seite 26 o., 31 u.r., 48, 60, 80 u.r., 136
Anton Weber, Wien: Seite 16
Zizka: Seite 80 o.l.

Alle übrigen Fotos vom Verfasser

Sachregister

Areca-Rot, Arecain, *(Areca catechu)* 67
Atemwurzeln 22
Ausläuferwurzeln 22

Babassunüsse (von *Orbignya cohune*) 40, 118
Bahiapiassave Fasern (von *Leopoldinia piassaba*) 107
Bast (von *Raphia farinifera*) 131
Beerenfrüchte (bei Dattelpalmen) 29, 119 ff.
Bestäubung 28
Betelbissen (von *Areca catechu*), Betelnuß, Betelpfeffer 43, 67
Blasenfuß (Thrips) 62
Blattanatomie 25
Blattdimorphismus *(Polyandrococos caudescens)* 127
Blattfleckenkrankheit 62
Blattformen 23
Blattgrund 23
Blattrhachis 24
Blattscheide (Ochrea) 23
Blütenbau und Blütenverteilung 27

Caranday-Wachs (von *Copernicia alba*) 91
Carnauba-Wachs (von *Copernicia prunifera*) 91
Cirrus (stachlige Fortsätze der Fiederblätter bei *Calamus*) 75
Coir-Faser (von *Cocos nucifera*) 89
Coquitos (Früchte von *Jubaea chilensis*) 104
Corpus 18
costapalmates Blatt 23
costapalmates Fächerblatt (von *Sabal mexicana*) 139
Crin végétal 40
– – (von *Chamaerops humilis*) 86

Dattel-Arrak (von *Phoenix dactylifera*) 122
– Brot 122
– Honig 122
Datteln, Stärke- 122
–, - Zucker 122
Dickenwachstum, primäres 18
Domatien 36, 38
Doppel-Kokosnuß *(Lodoicea maldivica)* 111
Drachenblut (von *Calamus*) 76
–, echtes (von *Dracaena cinnabarina*) 43

–, indisches (von *Daemorops draco*) 43

Elfenbein, vegetabilisches *(Hyphaene thebaica / Phytelephas macrocarpa)* 38, 43, 103, 126
Endocarp 30
Endosperm (Nährgewebe des Samens) 15, 30
Exocarp 30

Fächerpalmen 23
Fasern: Bahia-Piassave, Para-Piassave 71
Fiedern, induplizierte 25
–, reduplizierte 25
Fiederpalmen 23
Fourcroya laevigata (Agavaceae) 92
Frostresistenz bei Palmen 34

Graphiola phoenicis, Pilz auf *Phoenix dactylifera* 121

hapaxanthe Palmen 26
Hastula (Blattzunge) (bei *Washingtonia filifera*) 144
Haustorium (beim Keimling) 15, 32
–, von *Cocos nucifera* 92
Hemizellulose (s. Endosperm) 30
Hydrokultur 59
Hyla gillenii (Laubfrosch) 111

Ingwerbrotpalme *(Hyphaene thebaica)* 103

Kälteresistenz bei Palmen 34
Kalebassenbaum *(Crescentia alata)* 43
Kalthauspalmen 60
Keimdauer der Palmensamen 56
Kittulfasern (von *Caryota urens*) 82
Kletterpalmen 78, 79 ff.
Kokosfasern 40
– fleisch 88
– läufer 40
– matten 40
– milch 88
Kolben (Spadix) 26
Korkrohr 40
Kopra (von *Cocos nucifera*) 88
Kontinentalverschiebungstheorie 13

Krankheiten (Schädlinge) 62
Kronenschaft 23
Kübelkultur 60

Lady-Palmen (*Rhapis excelsa* und *R. humilis*) 134
Langzeitdünger, Volldünger 59
Lapageria rosea (*Liliaceae*, Chile) 11
Leitbündel, Bau und Verteilung 19

Malakka-Rohr 40
Manau-Rohr 40
Manila-Rohr 40
Meristem 18
Mesocarp 30
Myrmecophilie (bei Palmen) 36 ff.

Nipa-Branntwein (von *Nypa fruticans*) 117
– Whisky 117

Orangerie 47 ff.
Oxosporium (Pilz, Erreger der Blattfleckenkrankheit) 62

Palmacites, fossile Palme aus dem Tertiär 15
Palmetto-Formation (*Chamaerops humilis*) 85
Palmherzen 39
Palmhonig (*Jubaea chilensis*) 104
Palmitos 39
Palmkernöl 40
Palmkohl, *Areca catechu* 67
–, *Euterpe oleracea* 99
–, *Livistona australis*, *L. chinensis* 110
–, *Roystonia regia* 12, 39, 137
Palmin 40
Palmöl 40
Palmoxylon, fossile Palme aus dem Tertiär 15
Palmwein 39
–, *Arenga* 69
–, *Borassus flabellifer* (Toddy, Arrak) 74
–, *Cocos nucifera* (Arrak) 90
–, *Nypa fruticans* (Toddy) 117
–, *Raphia vinifera* 133
Palmzucker, *Borassus flabellifer* (Jaggery) 74
–, *Caryota urens* 78
Panzerbeeren bei *Coelococcus* 28, 29
Panzerfrucht (bei Bastpalme) 28, 38
paracarpes Gynäceum 28

Parapiassave-Fasern (*Leopoldinia piassabe*) 107
Peddigrohr 41
Peddigschienen 41
Perlsago 26
Pfefferkuchenbaum (*Hyphaene thebaica*) 103
Piassave-Fasern (von *Raphia vinifera*) 133
pollakanthe Palmen 26

Roßhaar, vegetabilisches (von *Chamaerops humilis*) 40, 86
Rotang (von *Calamus*) 78
Rote Spinne (Spinnmilben) 62

Sago (*Corypha utan*) 95
–, Flocken- (*Metroxylon sagu*) 114
–, Perl- (*Metroxylon sagu*) 114
Sagopulver (*Metroxylon sagu*) 114
Sarcotesta 76
Saugorgan (Palmenkeimling) 17, 32
Scheitelgrube 18
Spanisches Rohr (von *Calamus*) 40
Spatha (= Hüllblatt der jungen Infloreszenz) 25
Spreizklimmer 75
Stamm, Ausbildungsformen 20
Steinfrucht (Kokospalme) 29
Steinkokosnüsse (Coquilla-Nüsse, *Attalea funifera*) 71
Steinnuß, polynesische (*Metroxylon*) 43
Synandrium 117
Syncarpes Gynäceum 28

Tagua-Bier (*Phytelephas macrocarpa*) 126
– Nüsse 126
–, Pipa de 126
Tal-Baum (*Corypha talieri*) 94
Tunica 18

Umtopfen 58

Verbreitung und Häufigkeit der Palmen 14

Wachs (von *Ceroxylon alpinum*) 83
Walddattel (*Phoenix sylvestris*) 121
Wintergärten 49 ff.
Wurzelbildung 22
Wurzeldornen 23
Wurzelhaube (Calyptra) 23